D0617721

Diese Ausgabe der »Suhrkamp BasisBibliothek – Arbeitstexte für Schule und Studium« bietet Theodor Storms letztes und bedeutendstes Werk, *Der Schimmelreiter*, zusammen mit einem Kommentar, der alle für das Verständnis dieser Novelle erforderlichen Informationen enthält: die Entstehungs- und Textgeschichte, eine Analyse der Wirkungsgeschichte, einen kommentierten Forschungsüberblick, Literaturhinweise sowie Wort- und Sacherläuterungen zu dem zeit- und ideengeschichtlichen Hintergrund, zu den Motivketten und sprachlichen Strukturen der Novelle.

»Der Kommentar bietet eine fundierte wissenschaftliche Darstellung und eine über die bisherige Forschungsliteratur hinausweisende eigenständige Leistung des Verfassers.« *Schriften der Theodor-Storm-Gesellschaft.*

Zu diesem Buch sind auch eine CD-ROM und ein Hörbuch im Cornelsen Verlag erschienen. Weitere Informationen erhalten Sie unter www.cornelsen.de.

Heribert Kuhn, geboren 1953, ist freier Publizist. Veröffentlichungen u. a. zu Robert Musil, Thomas Mann, Max Frisch (SBB 24), Franz Kafka (SBB 13, SBB 18) und Hermann Hesse (SBB 2, SBB 12, SBB 16, SBB 34, SBB 40).

Theodor Storm
Der Schimmelreiter

Mit einem Kommentar
von Heribert Kuhn

Suhrkamp

Der vorliegende Text folgt der Ausgabe:
Theodor Storm, Sämtliche Werke in vier Bänden.
Herausgegeben von Karl Ernst Laage und Dieter Lohmeier.
Band 3: Novellen 1881–1888.
Herausgegeben von Karl Ernst Laage, S. 634–756.
Frankfurt am Main: Deutscher Klassiker Verlag 1988.

Originalausgabe
Suhrkamp BasisBibliothek 9
Erste Auflage 1999

Satz: Pagina GmbH, Tübingen
Druck: Ebner & Spiegel, Ulm
Umschlaggestaltung: Hermann Michels
Printed in Germany

ISBN 3-518-18809-7

5 6 7 8 – 09

Inhalt

Theodor Storm, Der Schimmelreiter   7

Kommentar

Storm und Füßlis Vierbeiner. Verteidigung und Auf-
lösung »epischer Naivität« in Theodor Storms *Der
Schimmelreiter*   141

    Entstehungs- und Textgeschichte   152

    Wirkung   160

    Deutungsansätze   163

    Literaturhinweise   174

    Wort- und Sacherläuterungen   175

Der Schimmelreiter

Was ich zu berichten beabsichtige, ist mir vor reichlich einem halben Jahrhundert ⌐im Hause meiner Urgroßmutter, der alten Frau Senator Feddersen¬, kund geworden, während ich, an ihren Lehnstuhl sitzend, mich mit dem Lesen eines in blaue Pappe eingebundenen Zeitschriftenheftes beschäftigte; ich vermag mich nicht mehr zu entsinnen, ob von den ⌐»Leipziger«¬ oder von ⌐»Pappes Hamburger Lesefrüchten«¬. Noch fühl ich es gleich einem Schauer, wie dabei die linde Hand der über Achtzigjährigen mitunter liebkosend über das Haupthaar ihres Urenkels hinglitt. Sie selbst und jene Zeit sind längst begraben; vergebens auch habe ich seitdem jenen Blättern nachgeforscht, und ich kann daher um so weniger weder die Wahrheit der Tatsachen verbürgen, als, wenn Jemand sie bestreiten wollte, dafür aufstehen; nur so viel kann ich versichern, daß ich sie seit jener Zeit, obgleich sie durch keinen äußeren Anlaß in mir aufs Neue belebt wurden, niemals aus dem Gedächtnis verloren habe.

*

Es war im dritten Jahrzehnt unseres Jahrhunderts, an einem Oktober-Nachmittag – so begann der damalige Erzähler –, als ich bei starkem Unwetter auf einem nordfriesischen ⌐Deich¬ entlang ritt. Zur Linken hatte ich jetzt schon seit über einer Stunde die öde, bereits von allem Vieh geleerte Marsch*, zur Rechten, und zwar in unbehaglichster Nähe, das ⌐Wattenmeer¬ der Nordsee; zwar sollte man vom Deiche aus auf Halligen* und Inseln sehen können; aber ich sah nichts als die gelbgrauen Wellen, die unaufhörlich wie mit Wutgebrüll an den Deich hinaufschlugen und mitunter mich und das Pferd mit schmutzigem Schaum bespritzten; dahinter wüste Dämmerung, die Himmel und Erde nicht unterscheiden ließ; denn auch der halbe Mond,

vgl. Storms Erl.
S. 137,4–5

vgl. Storms Erl.
S. 137,13

der jetzt in der Höhe stand, war meist von treibendem Wolkendunkel überzogen. Es war eiskalt; meine verklommenen Hände konnten kaum den Zügel halten, und ich verdachte es nicht den Krähen und Möwen, die sich fortwährend krächzend und gackernd vom Sturm ins Land hineintreiben ließen. Die Nachtdämmerung hatte begonnen, und schon konnte ich nicht mehr mit Sicherheit die Hufen meines Pferdes erkennen; keine Menschenseele war mir begegnet, ich hörte nichts als das Geschrei der Vögel, wenn sie mich oder meine treue Stute fast mit den langen Flügeln streiften, und das Toben von Wind und Wasser. Ich leugne nicht, ich wünschte mich mitunter in sicheres Quartier.

Das Wetter dauerte jetzt in den dritten Tag, und ich hatte mich schon über Gebühr von einem mir besonders lieben Verwandten auf seinem Hofe halten lassen, den er in einer der nördlicheren ⌐Harden¬ besaß. Heute aber ging es nicht länger; ich hatte Geschäfte in der Stadt, die auch jetzt wohl noch ein paar Stunden weit nach Süden vor mir lag, und trotz aller Überredungskünste des Vetters und seiner lieben Frau, trotz der schönen selbstgezogenen ⌐Perinette- und Grand-Richard-Äpfel¬, die noch zu probieren waren, am Nachmittag war ich davon geritten. »Wart nur, bis du ans Meer kommst«, hatte er noch an seiner Haustür mir nachgerufen; »du kehrst noch wieder um; dein Zimmer wird dir vorbehalten!«

Und wirklich, einen Augenblick, als eine schwarze Wolkenschicht es pechfinster um mich machte, und gleichzeitig die heulenden Böen mich samt meiner Stute vom Deich herabzudrängen suchten, fuhr es mir wohl durch den Kopf: »Sei kein Narr! Kehr um und setz dich zu deinen Freunden ins warme Nest.« Dann aber fiel's mir ein, der Weg zurück war wohl noch länger als der nach meinem Reiseziel; und so trabte ich weiter, den Kragen meines Mantels um die Ohren ziehend.

Jetzt aber kam auf dem Deiche etwas gegen mich heran; ich

hörte nichts; aber immer deutlicher, wenn der halbe Mond ein karges Licht herabließ, glaubte ich eine dunkle Gestalt zu erkennen, und bald, da sie näher kam, sah ich es, sie saß auf einem Pferde, einem hochbeinigen hageren Schimmel; ein dunkler Mantel flatterte um ihre Schultern, und im Vorbeifliegen sahen mich zwei brennende Augen aus einem bleichen Antlitz an.

Wer was das? Was wollte der? – Und jetzt fiel mir bei, ich hatte keinen Hufschlag, kein Keuchen des Pferdes vernommen; und Roß und Reiter waren doch hart an mir vorbeigefahren!

In Gedanken darüber ritt ich weiter; aber ich hatte nicht lange Zeit zum Denken; schon fuhr es von rückwärts wieder an mir vorbei; mir war, als streifte mich der fliegende Mantel, und die Erscheinung war, wie das erste Mal, lautlos an mir vorüber gestoben. Dann sah ich sie fern und ferner vor mir; dann war's, als säh ich plötzlich ihren Schatten an der Binnenseite des Deiches* hinuntergehen.

Etwas zögernd ritt ich hintendrein. Als ich jene Stelle erreicht hatte, sah ich hart am Deich im Kooge* unten das Wasser einer großen ⌐Wehle⌐ blinken – so nennen sie dort die Brüche, welche von den Sturmfluten in das Land gerissen werden, und die dann meist als kleine, aber tiefgründige Teiche stehen bleiben.

Das Wasser war, trotz des schützenden Deiches, auffallend unbewegt; der Reiter konnte es nicht getrübt haben; ich sah nichts weiter von ihm. Aber ein Anderes sah ich, das ich mit Freuden jetzt begrüßte: vor mir, von unten aus dem Kooge, schimmerten eine Menge zerstreuter Lichtscheine zu mir herauf; sie schienen aus jenen langgestreckten friesischen Häusern zu kommen, die vereinzelt auf mehr oder minder hohen Werften* lagen; dicht vor mir aber auf halber Höhe des ⌐Binnendeiches⌐ lag ein großes Haus derselben Art; an der Südseite, rechts von der Haustür, sah ich alle Fenster erleuchtet; dahinter gewahrte ich Menschen und glaubte

Dem Land zu-, vom Meer abgewandte (Innen-)Seite des Deichs

vgl. Storms Erl. S. 137,21–22

vgl. Storms Erl. S. 137,11–12

Stangen
Stützbalken, der den Dach- stuhl trägt

Ndt. für: »Das mag wohl sein.«

einige

vgl. Storms Erl. S. 137,16–17

Ndt. für: »Es geht um das Hochwasser!«

verlässliche, zuverlässige

trotz des Sturmes sie zu hören. Mein Pferd war schon von selbst auf den Weg am Deich hinabgeschritten, der mich vor die Tür des Hauses führte. Ich sah wohl, daß es ein Wirtshaus war; denn vor den Fenstern gewahrte ich die sogenannten »Ricks«*, das heißt auf zwei Ständern* ruhen- de Balken mit großen eisernen Ringen zum Anbinden des Viehes und der Pferde, die hier Halt machten.

Ich band das meine an einen derselben und überwies es dann dem Knechte, der mir beim Eintritt in den Flur ent- gegenkam. »Ist hier Versammlung?« frug ich ihn, da mir jetzt deutlich ein Geräusch von Menschenstimmen und Gläserklirren aus der Stubentür entgegendrang.

»Is wull so wat«*, entgegnete der Knecht auf ⌐Plattdeutsch⌐ – und ich erfuhr nachher, daß dieses ⌐neben dem Friesi- schen⌐ hier schon seit über hundert Jahren im Schwange gewesen sei – »⌐Diekgraf⌐ un ⌐Gevollmächtigten⌐ un wecke* von de annern Interessenten!* Dat is um't hoge Water!*«

Als ich eintrat, sah ich etwa ein Dutzend Männer an einem Tische sitzen, der unter den Fenstern entlang lief; eine ⌐Punschbowle⌐ stand darauf, und ein besonders statlicher Mann schien die Herrschaft über sie zu führen.

Ich grüßte und bat, mich zu ihnen setzen zu dürfen, was bereitwillig gestattet wurde. »Sie halten hier die Wacht!« sagte ich, mich zu jenem Manne wendend; »es ist bös Wet- ter draußen; die Deiche werden ihre Not haben!«

»Gewiß«, erwiderte er; »wir, hier an der Ostseite, aber glauben jetzt außer Gefahr zu sein; nur drüben an der an- deren Seite ist's nicht sicher; ⌐die Deiche sind dort meist noch mehr nach altem Muster⌐; unser Hauptdeich ist schon im vorigen Jahrhundert ⌐umgelegt⌐. – Uns ist vorhin da draußen kalt geworden, und Ihnen«, setzte er hinzu, »wird es ebenso gegangen sein; aber wir müssen hier noch ein paar Stunden aushalten; wir haben sichere* Leute draußen, die uns Bericht erstatten.« Und ehe ich meine Bestellung bei dem Wirte machen konnte, war schon ein dampfendes Glas mir hingeschoben.

Ich erfuhr bald, daß mein freundlicher Nachbar der Deichgraf sei; wir waren ins Gespräch gekommen, und ich hatte begonnen, ihm meine seltsame Begegnung auf dem Deiche zu erzählen. Er wurde aufmerksam, und ich bemerkte plötzlich, daß alles Gespräch umher verstummt war. »Der Schimmelreiter!« rief einer aus der Gesellschaft, und eine Bewegung des Erschreckens ging durch die Übrigen.

Der Deichgraf war aufgestanden. »Ihr braucht nicht zu erschrecken«, sprach er über den Tisch hin; »das ist nicht bloß für uns; ⌐anno 17⌐ hat es auch Denen drüben gegolten; mögen sie auf Alles vorgefaßt* sein!«

vorbereitet

Mich wollte nachträglich ein Grauen überlaufen: »Verzeiht!« sprach ich, »was ist das mit dem Schimmelreiter?«

Abseits hinter dem Ofen, ein wenig gebückt, saß ein kleiner hagerer Mann in einem abgeschabten schwarzen Röcklein; die eine Schulter schien ein wenig ausgewachsen. Er hatte mit keinem Worte an der Unterhaltung der Anderen teilgenommen; aber seine bei dem spärlichen grauen Haupthaar noch immer mit dunklen Wimpern besäumten Augen zeigten deutlich, daß er nicht zum Schlaf hier sitze.

Gegen diesen streckte der Deichgraf seine Hand: »Unser Schulmeister«, sagte er mit erhobener Stimme, »wird von uns hier Ihnen das am besten erzählen können; freilich nur in seiner Weise und nicht so richtig, wie zu Haus meine alte Wirtschafterin Antje Vollmers es beschaffen* würde.«

bewerkstelligen

»Ihr scherzet, Deichgraf!« kam die etwas kränkliche Stimme des Schulmeisters hinter dem Ofen hervor, »daß Ihr mir Euern dummen Drachen wollt zur Seite stellen!«

»Ja, ja, Schulmeister!« erwiderte der Andere; »aber bei den Drachen sollen derlei Geschichten am besten in Verwahrung sein!«

»Freilich!« sagte der kleine Herr; »wir sind hierin nicht ganz derselben Meinung«; und ein überlegenes Lächeln glitt über das feine Gesicht.

»Sie sehen wohl«, raunte der Deichgraf mir ins Ohr; »er ist
immer noch ein wenig hochmütig; er hat in seiner Jugend

einer aufgelös-
ten Verlobung

einmal Theologie studiert und ist nur einer verfehlten
Brautschaft* wegen hier in seiner Heimat als Schulmeister
behangen geblieben.«   5

Dieser war inzwischen aus seiner Ofenecke hervorgekom-
men und hatte sich neben mir an den langen Tisch gesetzt.
»Erzählt, erzählt nur, Schulmeister«, riefen ein paar der
Jüngeren aus der Gesellschaft.

»Nun freilich«, sage der Alte, sich zu mir wendend, »will   1
ich gern zu Willen sein; aber es ist viel Aberglaube dazwischen, und eine Kunst, es ohne diesen zu erzählen.«

»Ich muß Euch bitten, den nicht auszulassen«, erwiderte
ich; »traut mir nur zu, daß ich schon selbst ⌈die Spreu vom
Weizen sondern⌉ werde!«   1

Der Alte sah mich mit verständnisvollem Lächeln an: »Nun
also!« sagte er. ⌈»In der Mitte des vorigen Jahrhunderts,
oder vielmehr, um genauer zu bestimmen, vor und nach
derselben, gab es hier einen Deichgrafen⌉, der von Deich-
und ⌈Sielsachen⌉ mehr verstand, als Bauern und Hofbesit-   2
zer sonst zu verstehen pflegten; aber es reichte doch wohl
kaum; denn was die studierten Fachleute darüber nieder-
geschrieben, davon hatte er wenig gelesen; sein Wissen hatte er sich, wenn auch von Kindesbeinen an, nur selber ausgesonnen. Ihr hörtet wohl schon, Herr, ⌈die Friesen rech- 2
nen gut⌉, und habet auch wohl schon über unseren ⌈Hans
Mommsen⌉ von Fahretoft reden hören, der ein Bauer war
und doch ⌈Boussolen⌉ und ⌈Seeuhren⌉, Teleskopen und Or-
geln machen konnte. Nun, ein Stück von solch einem Manne war auch der Vater des nachherigen Deichgrafen ge-   3
wesen; freilich wohl nur ein kleines. Er hatte ein paar Fen-

vgl. Storms Erl.
S. 137,8

nen*, wo er Raps und Bohnen baute, auch eine Kuh graste,
⌈ging unterweilen im Herbst und Frühjahr auch aufs Land-
messen⌉ und saß im Winter, wenn der Nordwest von draußen kam und an seinen Läden rüttelte, zu ⌈ritzen⌉ und zu   3

⌐prickeln⌐, in seiner Stube. ⌐Der Junge saß meist dabei und sah über seine ⌐Fibel oder Bibel⌐ weg dem Vater zu, wie er maß und berechnete, und grub sich mit der Hand in seinen blonden Haaren. Und eines Abends frug er den Alten, warum denn das, was er eben hingeschrieben hatte, gerade so sein müsse und nicht anders sein könne, und stellte dann eine eigene Meinung darüber auf. Aber der Vater, der darauf nicht zu antworten wußte, schüttelte den Kopf und sprach: ›Das kann ich dir nicht sagen; genug, es ist so, und du selber irrst dich.⌐ Willst du mehr wissen, so suche morgen aus der Kiste, die auf unserem Boden steht, ein Buch; einer, der ⌐Euklid⌐ hieß, hat's geschrieben; das wird's dir sagen!‹

– – Der Junge war Tags darauf zu Boden gelaufen und hatte auch bald das Buch gefunden; denn viele Bücher gab es überhaupt nicht in dem Hause; aber der Vater lachte, als er es vor ihm auf den Tisch legte. Es war ⌐ein holländischer Euklid⌐, und Holländisch, wenngleich es doch halb Deutsch war, verstanden alle Beide nicht. ›Ja, ja,‹ sagte er, ›das Buch ist noch von meinem Vater, der verstand es; ist denn kein deutscher da?‹

Der Junge, der von wenig Worten war, sah den Vater ruhig an und sagte nur: ›Darf ich's behalten? Ein deutscher ist nicht da.‹

Und als der Alte nickte, wies er noch ein zweites, halbzerrissenes Büchlein vor. ›Auch das?‹ frug er wieder.

›Nimm sie alle beide!‹ sagte Tede Haien; ›sie werden dir nicht viel nützen.‹

Aber das zweite Buch war eine kleine holländische Grammatik, und da der Winter noch lange nicht vorüber war, so hatte es, als endlich die Stachelbeeren in ihrem Garten wieder blühten, dem Jungen schon so weit geholfen, daß er den Euklid, welcher damals stark im Schwange war, fast überall verstand.

Es ist mir nicht unbekannt, Herr«, unterbrach sich der Erzähler, »daß dieser Umstand auch von Hans Mommsen erzählt wird; aber vor dessen Geburt ist hier bei uns schon die Sache von Hauke Haien – so hieß der Knabe – berichtet worden. Ihr wisset auch wohl, es braucht nur einmal ein Größerer zu kommen, so wird ihm Alles aufgeladen, was in ⌜Ernst oder Schimpf⌝ seine Vorgänger einst mögen verübt haben.

Als der Alte sah, daß der Junge weder für Kühe noch Schafe Sinn hatte, und kaum gewahrte, wenn die Bohnen blühten, was doch die Freude von jedem Marschmann ist, und weiterhin bedachte, daß die kleine Stelle* wohl mit einem Bauer und einem Jungen, aber nicht mit einem Halbgelehrten und einem Knecht bestehen könne, ⌜ingleichen⌝, daß er auch selber nicht auf einen grünen Zweig gekommen sei, so schickte er seinen großen Jungen an den Deich, wo er mit anderen Arbeitern von Ostern bis ⌜Martini⌝ Erde karren mußte. ›Das wird ihn vom Euklid kurieren‹, sprach er bei sich selber.

Und der Junge karrte, aber den Euklid hatte er allzeit in der Tasche, und wenn die Arbeiter ihr Frühstück oder ⌜Vesper⌝ aßen, saß er auf seinem umgestülpten Schubkarren mit dem Buche in der Hand. Und wenn im Herbst die Fluten höher stiegen und manch ein Mal die Arbeit eingestellt werden mußte, dann ging er nicht mit den Anderen nach Haus, sondern blieb, die Hände über die Knie gefaltet, an der abfallenden Seeseite des Deiches sitzen und sah stundenlang zu, wie die trüben Nordseewellen immer höher an die Grasnarbe des Deiches hinaufschlugen; erst wenn ihm die Füße überspült waren, und der Schaum ihm ins Gesicht spritzte, rückte er ein paar Fuß höher und blieb dann wieder sitzen. Er hörte weder das Klatschen das Wassers noch das Geschrei der Möwen und Strandvögel, die um oder über ihm flogen und ihn fast mit ihren Flügeln streiften, mit den schwarzen Augen in die seinen blitzend; er sah auch nicht, wie vor ihm über die weite, wilde Wasserwüste sich

*Bauerstelle, Hof

16   Der Schimmelreiter

die Nacht ausbreitete; was er allein hier sah, war der bran- Zeitpunkt des Stillstands zwischen Steigen und Ablaufen des Wassers
dende Saum des Wassers, der, als die Flut stand*, mit har-
tem Schlage immer wieder dieselbe Stelle traf und vor seinen Augen die Grasnarbe des steilen Deiches auswusch.

Nach langem Hinstarren nickte er wohl langsam mit dem
Kopfe oder zeichnete, ohne aufzusehen, mit der Hand eine
weiche Linie in die Luft, als ob er dem Deiche damit einen
sanfteren Abfall geben wollte. Wurde es so dunkel, daß alle
Erdendinge vor seinen Augen verschwanden und nur die
Flut ihm in die Ohren donnerte, dann stand er auf und
trabte halbdurchnäßt nach Hause.

Als er so eines Abends zu seinem Vater in die Stube trat, der
an seinen Meßgeräten putzte, fuhr dieser auf: ›Was treibst
du draußen? Du hättest ja versaufen können; ⌈die Wasser
beißen heute in den Deich⌉.‹

Hauke sah ihn trotzig an.

– ›Hörst du mich nicht nicht? Ich sag, du hättst versaufen
können.‹

⌈Ja⌉, sagte Hauke; ›ich bin doch nicht versoffen!‹

›Nein‹, erwiderte nach einer Weile der Alte und sah ihm wie
abwesend ins Gesicht, – ›diesmal noch nicht.⌉

›Aber‹, sagte Hauke wieder, ›unsere Deiche sind nichts
wert!‹

– ›Was für was, Junge?‹* ›Was bitte, Junge?‹

›Die Deiche, sag ich!‹

– ›Was sind die Deiche?‹

›Sie taugen nichts, Vater!‹ erwiderte Hauke.

Der Alte lachte ihm ins Gesicht. ›Was denn, Junge? Du bist
wohl ⌈das Wunderkind aus Lübeck⌉!‹

Aber der Junge ließ sich nicht irren. ›Die Wasserseite ist zu
steil‹, sagte er; ›wenn es einmal kommt, wie es mehr als
einmal schon gekommen ist, so können wir hier auch hinterm Deich ersaufen!‹

Der Alte holte seinen ⌈Kautabak⌉ aus der Tasche, drehte
einen ⌈Schrot⌉ ab und schob ihn hinter die Zähne. ›Und

wieviel Karren hast du heut geschoben?‹ frug er ärgerlich;
denn er sah wohl, daß auch die Deicharbeit bei dem Jungen
die Denkarbeit nicht hatte vertreiben können.

›Weiß nicht, Vater‹, sagte dieser, ›so, was die Anderen
machten; vielleicht ein halbes Dutzend mehr; aber – die
Deiche müssen anders werden!‹

›Nun‹, meinte der Alte und stieß ein Lachen aus; ›du kannst
es ja vielleicht zum Deichgraf bringen; dann mach sie anders!‹

›Ja, Vater!‹ erwiderte der Junge.

Der Alte sah ihn an und schluckte ein paar Mal; dann ging
er aus der Tür; er wußte nicht, was er dem Jungen antworten sollte.

Auch als zu Ende Oktobers die Deicharbeit vorbei war,
blieb der Gang ⌐nordwärts nach dem Haf⌐¬ hinaus für Hauke Haien die beste Unterhaltung; den ⌐Allerheiligentag⌐,
um den herum die ⌐Äquinoktialstürme⌐ zu tosen pflegen,
von dem wir sagen, daß Friesland ihn wohl beklagen mag,
erwartete er wie heut die Kinder das Christfest. Stand eine
Springflut* bevor, so konnte man sicher sein, er lag trotz
Sturm und Wetter weit draußen am Deiche mutterseelenal-
lein; und wenn die Möwen gackerten, wenn die Wasser
gegen den Deich tobten und beim Zurückrollen ganze Fet-
zen von der Grasdecke mit ins Meer hinabrissen, dann hätte man Haukes zorniges Lachen hören können. ›Ihr könnt
nichts Rechtes‹, schrie er in den Lärm hinaus, ›sowie die
Menschen auch nichts können!‹ Und endlich, oft im Fin-
steren, trabte er aus der weiten Öde den Deich entlang nach
Hause, bis seine aufgeschossene Gestalt die niedrige Tür
unter seines Vaters Rohrdach* erreicht hatte und darunter
durch in das kleine Zimmer schlüpfte.

Manchmal hatte er eine Faust voll ⌐Kleierde⌐ mitgebracht;
dann setzte er sich neben den Alten, der ihn jetzt gewähren
ließ, und knetete bei dem Schein der dünnen Unschlittker-
ze* allerlei Deichmodelle, legte sie in ein flaches Gefäß mit

vgl. Storms Erl.
S. 137,7

vgl. Storms Erl.
S. 137,9–10

Reetdach;
Dach aus
Schilfrohr, das
in den Mar-
schen wächst

Aus Hammel-
oder Rinder-
talg gezogene
Kerze

Der Schimmelreiter

Wasser und suchte darin die Ausspülung der Wellen nach-
zumachen, oder er nahm seine Schiefertafel und zeichnete
darauf das ⌈Profil* der Deiche⌉ nach der Seeseite, wie es
nach seiner Meinung sein mußte.

vgl. Storms Erl.
S. 137,14

Mit denen zu verkehren, die mit ihm auf der Schulbank
gesessen hatten, fiel ihm nicht ein; auch schien es, als ob
ihnen an dem Träumer nichts gelegen sei. Als es wieder
Winter geworden und der Frost hereingebrochen war,
wanderte er noch weiter, wohin er früher nie gekommen,
auf den Deich hinaus, bis die unabsehbare eisbedeckte Fläche der Watten* vor ihm lag.

vgl. Storms Erl.
S. 137, 24–25

Im Februar bei dauerndem Frostwetter wurden angetrie-
bene Leichen aufgefunden; draußen am offenen Haf auf
den gefrorenen Watten hatten sie gelegen. Ein junges Weib,
die dabei gewesen war, als man sie in das Dorf geholt hatte,
stand redselig vor dem alten Haien: ›Glaubt nicht, daß sie
wie Menschen aussahen‹, rief sie; ›nein, wie die ⌈Seeteufel⌉!
So große Köpfe‹, und sie hielt die ausgespreizten Hände
von Weitem gegen einander, ›gnidderschwarz* und blank,
wie frisch gebacken Brot! Und die Krabben hatten sie an-
geknabbert; und die Kinder schrien laut, als sie sie sahen!‹

pechschwarz,
glänzend
schwarz

Dem alten Haien war so was just* nichts Neues: ›Sie haben
wohl seit November schon ⌈in See⌉ getrieben!‹ sagte er
gleichmütig.

eben, gerade

Hauke stand schweigend daneben; aber sobald er konnte,
schlich er sich auf den Deich hinaus; es war nicht zu sagen,
wollte er noch nach weiteren Toten suchen, oder zog ihn
nur das Grauen, das noch auf den jetzt verlassenen Stellen
brüten mußte. Er lief weiter und weiter, bis er einsam in der
Öde stand, wo nur die Winde über den Deich wehten, wo
nichts war als die klagenden Stimmen der großen Vögel,
die rasch vorüberschossen; zu seiner Linken die leere weite
Marsch, zur anderen Seite der unabsehbare Strand mit seiner jetzt vom Eise schimmernden Fläche der Watten; es
war, als liege die ganze Welt in weißem Tod.

Hauke blieb oben auf dem Deiche stehen, und seine scharfen Augen schweiften weit umher; aber von Toten war nichts mehr zu sehen; nur wo die unsichtbaren Wattströme sich darunter drängten, hob und senkte die Eisfläche sich in stromartigen Linien.

Er lief nach Hause; aber an einem der nächsten Abende war er wiederum da draußen. Auf jenen Stellen war jetzt das Eis gespalten; wie Rauchwolken stieg es aus den Rissen, und über das ganze Watt spann sich ein Netz von Dampf und Nebel, das sich seltsam mit der Dämmerung des Abends mischte. Hauke sah mit starren Augen darauf hin; denn in dem Nebel schritten dunkle Gestalten auf und ab, sie schienen ihm so groß wie Menschen. Würdevoll, aber mit seltsamen, erschreckenden Gebärden; mit langen Nasen und Hälsen sah er sie fern an den rauchenden Spalten auf und ab spazieren; plötzlich begannen sie wie Narren unheimlich auf und ab zu springen, die großen über die kleinen und die kleinen gegen die großen; dann breiteten sie sich aus und verloren alle Form.

›Was wollen die? Sind es die Geister der Ertrunkenen?‹ dachte Hauke. ›Hoiho!‹ schrie er laut in die Nacht hinaus; aber die draußen kehrten sich nicht an seinen Schrei, sondern trieben ihr wunderliches Wesen fort.

Da kamen ihm die furchtbaren norwegischen Seegespenster in den Sinn, von denen ein alter Kapitän ihm einst erzählt hatte, die statt des Angesichts einen stumpfen Pull* von Seegras auf dem Nacken tragen; aber er lief nicht fort, sondern bohrte die Hacken seiner Stiefel fest in den Klei des Deiches und sah starr dem possenhaften Unwesen zu, das in der einfallenden Dämmerung vor seinen Augen fortspielte. ›Seid ihr auch hier bei uns?‹ sprach er mit harter Stimme: ›ihr sollt mich nicht vertreiben!‹

Erst als die Finsternis Alles bedeckte, schritt er steifen langsamen Schrittes heimwärts. Aber hinter ihm drein kam es wie Flügelrauschen und hallendes Geschrei. ⌜Er sah nicht

Haarschopf,
Büschel

um¹; aber er ging auch nicht schneller und kam erst spät nach Hause; doch niemals soll er seinem Vater oder einem Anderen davon erzählt haben. Erst viele Jahre später hat er sein blödes* Mädchen, womit später der Herrgott ihn belastete, um dieselbe Tages- und Jahreszeit mit sich auf den Deich hinausgenommen, und dasselbe Wesen soll sich derzeit draußen auf den Watten gezeigt haben; aber er hat ihr gesagt, sie solle sich nicht fürchten, das seien nur die Fischreiher und die Krähen, die im Nebel so groß und fürchterlich erschienen; die holten sich die Fische aus den offenen Spalten.

geistig behindertes

Weiß Gott, Herr!« unterbrach sich der Schulmeister, »es gibt auf Erden allerlei Dinge, die ein ehrlich Christenherz verwirren können; aber der Hauke war weder ein Narr noch ein Dummkopf.«

Da ich nichts erwiderte, wollte er fortfahren; aber unter den übrigen Gästen, die bisher lautlos zugehört hatten, nur mit dichterem Tabaksqualm das niedrige Zimmer füllend, entstand eine plötzliche Bewegung; erst Einzelne, dann fast Alle wandten sich dem Fenster zu. Draußen – man sah es durch die unverhangenen Fenster – trieb der Sturm die Wolken, und Licht und Dunkel jagten durcheinander, aber auch mir war es, als hätte ich den hageren Reiter auf seinem Schimmel vorbeisausen gesehen.

»Wart Er ein wenig, Schulmeister!« sagte der Deichgraf leise.

»Ihr braucht Euch nicht zu fürchten, Deichgraf!« erwiderte der kleine Erzähler, »ich hab ihn nicht geschmäht, und hab auch dessen keine Ursach«; und er sah mit seinen kleinen, klugen Augen zu ihm auf.

»Ja, ja«, meinte der Andere, »laß Er Sein Glas nur wieder füllen.« Und nachdem das geschehen war und die Zuhörer, meist mit etwas verdutzten Gesichtern, sich wieder zu ihm gewandt hatten, fuhr er in seiner Geschichte fort:

»So für sich, und am liebsten nur mit Wind und Wasser und mit den Bildern der Einsamkeit verkehrend, wuchs Hauke zu einem langen, hageren Burschen auf. Er war schon über ein Jahr lang eingesegnet*, da wurde es auf einmal anders mit ihm, und das kam von dem alten weißen ⌐Angorakater⌐, welchen der alten Trien' Jans einst ihr später verunglückter Sohn von seiner spanischen Seereise mitgebracht hatte. Trien' wohnte ein gut Stück hinaus auf dem Deiche in einer kleinen ⌐Kate⌐, und wenn die Alte in ihrem Hause herumarbeitete, so pflegte diese Unform* von einem Kater vor der Haustür zu sitzen und in den Sommertag und nach den vorüberfliegenden Kiebitzen* hinauszublinzeln. Ging Hauke vorbei, so mauzte der Kater ihn an, und Hauke nickte ihm zu; die Beiden wußten, was sie miteinander hatten.

Nun aber war's einmal im Frühjahr, und Hauke lag nach seiner Gewohnheit oft draußen am Deich, schon weiter unten dem Wasser zu, zwischen Strandnelken* und dem duftenden Seewermut*, und ließ sich von der schon kräftigen Sonne bescheinen. Er hatte sich Tags zuvor droben auf der Geest* die Taschen voll Kieseln gesammelt, und als in der Ebbezeit die Watten bloßgelegt waren und die kleinen grauen ⌐Strandläufer⌐ schreiend darüber hinhuschten, holte er jählings einen Stein hervor und warf ihn nach den Vögeln. Er hatte das von Kindesbeinen an geübt, und meistens blieb einer auf dem Schlicke* liegen; aber ebenso oft war er dort auch nicht zu holen; Hauke hatte schon daran gedacht, den Kater mitzunehmen und als apportierenden Jagdhund zu dressieren. Aber es gab auch hier und dort feste Stellen oder Sandlager*; solchenfalls lief er hinaus und holte sich seine Beute selbst. Saß der Kater bei seiner Rückkehr noch vor der Haustür, dann schrie das Tier vor nicht zu bergender* Raubgier so lange, bis Hauke ihm einen der erbeuteten Vögel zuwarf.

Als er heute, seine Jacke auf der Schulter, heimging, trug er

konfirmiert

Missgestalt

vgl. Erl. zu 78,4

Sumpfwiesenblume

Blume mit stark aromatischem Kraut
vgl. Storms Erl. S. 137,6

Weiche, tonige Meeresablagerung (in festem Zustand: Klei); vgl. auch Storms Erl. S. 137,2–5

kleine Sandbänke

verbergender

nur einen ihm noch unbekannten, aber wie mit bunter Seide und Metall gefiederten Vogel mit nach Hause, und der Kater mauzte wie gewöhnlich, als er ihn kommen sah. Aber Hauke wollte seine Beute – es mag ein ⌈Eisvogel⌉ gewesen sein – diesmal nicht hergeben und kehrte sich nicht an die Gier des Tieres. ›Umschicht!‹* rief er ihm zu, ›heute mir, morgen dir; das hier ist ⌈kein Katerfressen⌉!‹ Aber der Kater kam vorsichtigen Schrittes herangeschlichen; Hauke stand und sah ihn an, der Vogel hing an seiner Hand, und der Kater blieb mit erhobener Tatze stehen. Doch der Bursche schien seinen Katzenfreund noch nicht so ganz zu kennen; denn während er ihm seinen Rücken zugewandt hatte und eben fürbaß* wollte, fühlte er mit einem Ruck die Jagdbeute sich entrissen, und zugleich schlug eine scharfe Kralle ihm ins Fleisch. Ein Grimm, wie gleichfalls eines Raubtieres, flog dem jungen Menschen ins Blut; er griff wie rasend um sich und hatte den Räuber schon am Genicke gepackt. Mit der Faust hielt er das mächtige Tier empor und ⌈würgte⌉ es, daß die Augen ihm aus den rauhen Haaren vorquollen, nicht achtend, daß die starken Hintertatzen ihm den Arm zerfleischten. ›Hoiho!‹ schrie er und packte ihn noch fester; ›wollen sehen, wer's von uns Beiden am längsten aushält!‹

Plötzlich fielen die Hinterbeine der großen Katze schlaff herunter, und Hauke ging ein paar Schritte zurück und warf sie gegen die Kate der Alten. Da sie sich nicht rührte, wandte er sich und setzte seinen Weg nach Hause fort.

Aber der Angorakater war das Kleinod seiner Herrin; er war ihr Geselle* und das Einzige, was ihr Sohn, der Matrose, ihr nachgelassen hatte, nachdem er hier an der Küste seinen jähen Tod gefunden hatte, da er im Sturm seiner Mutter beim Porrenfangen* hatte helfen wollen. Hauke mochte kaum hundert Schritte weiter getan haben, während er mit einem Tuch das Blut aus seinen Wunden auffing, als schon von der Kate her ihm ein Geheul und Zetern

›Wechsel-
weise!‹

besser fort,
weiter fort

Gefährte, mit
dem man das
Leben teilt

Krabben-
fangen

in die Ohren gellte. Da wandte er sich und sah davor das alte Weib am Boden liegen; das greise Haar flog ihr im Winde um das rote Kopftuch: ›Tot!‹ rief sie, ›tot!‹ und erhob dräuend* ihren mageren Arm gegen ihn: ›Du sollst verflucht sein! Du hast ihn totgeschlagen, du nichtsnutziger Strandläufer; du warst nicht wert, ihm seinen Schwanz zu bürsten!‹ Sie warf sich über das Tier und wischte zärtlich mit ihrer Schürze ihm das Blut fort, das noch aus Nase und Schnauze rann; dann hob sie aufs Neue an zu zetern.

›Bist du bald fertig?‹ rief Hauke ihr zu, ›dann laß dir sagen: ich will dir einen Kater schaffen, der mit Maus- und Rattenblut zufrieden ist!‹

Darauf ging er, scheinbar auf nichts mehr achtend, fürbaß. Aber die tote Katze mußte ihm doch im Kopfe Wirrsal machen; denn er ging, als er zu den Häusern gekommen war, ⌐dem seines Vaters und auch den übrigen vorbei⌐ und eine weite Strecke noch ⌐nach Süden⌐ auf den Deich der Stadt zu.

Inmittelst* wanderte auch Trien' Jans auf demselben in der gleichen Richtung; sie trug in einem alten blaukarierten Kissenüberzug eine Last in ihren Armen, die sie sorgsam, ⌐als wär's ein Kind⌐, umklammerte; ihr greises Haar flatterte in dem leichten Frühlingswind. ›Was schleppt Sie da, Trina?‹ frug ein Bauer, der ihr entgegenkam. ›Mehr als dein Haus und Hof‹, erwiderte die Alte; dann ging sie eifrig weiter. Als sie dem unten liegenden Hause des alten Haien nahe kam, ging sie den Akt*, wie man bei uns die Trift- und Fußwege nennt, die schräg an der Seite des Deiches hinab- oder hinaufführten, zu den Häusern hinunter.

Der alte Tede Haien stand eben vor der Tür und sah ins Wetter: ›Na, Trien'!‹ sagte er, als sie pustend vor ihm stand und ihren Krückstock in die Erde bohrte, ›was bringt Sie Neues in Ihrem Sack?‹

›Erst laß mich in die Stube, Tede Haien! dann soll Er's sehen!‹ und ihre Augen sahen ihn mit seltsamem ⌐Funkeln⌐ an!

›So komm Sie!‹ sagte der Alte. Was gingen ihn die Augen des dummen Weibes an.

Und als Beide eingetreten waren, fuhr sie fort: ›Bring Er den alten Tabakskasten und das Schreibzeug von dem Tisch – – Was hat Er denn immer zu schreiben? – – So; und nun wisch Er ihn sauber ab!‹

Und der Alte, der fast neugierig wurde, tat Alles, was sie sagte; dann nahm sie den blauen Überzug bei beiden Zipfeln und schüttete daraus den großen Katerleichnam auf den Tisch. ›Da hat Er ihn!‹ rief sie; ›Sein Hauke hat ihn totgeschlagen.‹ Hierauf aber begann sie ein bitterliches Weinen; sie streichelte das dicke Fell des toten Tieres, legte ihm die Tatzen zusammen, neigte ihre lange Nase über dessen Kopf und raunte ihm unverständliche Zärtlichkeiten in die Ohren.

Tede Haien sah dem zu. ›So‹, sagte er; ›Hauke hat ihn totgeschlagen?‹ Er wußte nicht, was er mit dem heulenden Weibe machen sollte.

Die Alte nickte ihn grimmig an: ›Ja, ja; so Gott, das hat er getan!‹ und sie wischte sich mit ihrer von Gicht verkrümmten Hand das Wasser aus den Augen. ›Kein Kind, kein ⌜Lebigs⌝ mehr!‹ klagte sie. ›Und Er weiß es ja auch wohl, uns Alten, wenn's nach Allerheiligen kommt, frieren Abends im Bett die Beine, und statt zu schlafen, hören wir den Nordwest an unseren Fensterläden rappeln. Ich hör's nicht gern, Tede Haien, er kommt daher, wo mein Junge mir im Schlick versank.‹

Tede Haien nickte, und die Alte streichelte das Fell ihres toten Katers: ›Der aber‹, begann sie wieder, ›wenn ich Winters am Spinnrad saß, dann saß er bei mir und spann auch und sah mich an mit seinen grünen Augen! Und kroch ich, wenn's mir kalt wurde, in mein Bett – es dauerte nicht lang, so sprang er zu mir und legte sich auf meine frierenden Beine, und wir schliefen so warm mitsammen, als hätte ich noch meinen jungen Schatz im Bett!‹ Die Alte, als suche sie bei dieser Erinnerung nach Zustimmung, sah den neben ihr am Tische stehenden Alten mit ihren funkelnden Augen an.

Tede Haien aber sagte bedächtig: ›Ich weiß Ihr einen Rat, Trien' Jans‹, und er ging nach seiner Schatulle und nahm eine Silbermünze aus der Schublade – ›Sie sagt, daß Hauke Ihr das Tier vom Leben gebracht hat, und ich weiß, Sie lügt nicht; aber hier ist ein ⌐Krontaler von Christian dem Vierten⌐; damit kauf Sie sich ein gegerbtes Lammfell für Ihre kalten Beine! Und wenn unsere Katze nächstens Junge wirft, so mag Sie sich das größte davon aussuchen; das zusammen tut wohl einen altersschwachen Angorakater! Und nun nehm Sie das Vieh und bring Sie es meinethalb an den ⌐Racker⌐ in der Stadt, und halt Sie das Maul, daß es hier ⌐auf meinem ehrlichen Tisch⌐ gelegen hat!‹

Während dieser Rede hatte das Weib schon nach dem Taler gegriffen und ihn in einer kleinen Tasche geborgen, die sie unter ihren Röcken trug; dann stopfte sie den Kater wieder in das Bettbühr*, wischte mit ihrer Schürze die Blutflecken von dem Tisch und stakte zur Tür hinaus. ›Vergiß Er mir nur den jungen Kater nicht!‹ rief sie noch zurück.

– – Eine Weile später, als der alte Haien in dem engen Stüblein auf- und abschritt, trat Hauke herein und warf seinen bunten Vogel auf den Tisch; als er aber auf der weiß gescheuerten Platte den noch kennbaren* Blutfleck sah, frug er, wie beiläufig: ›Was ist denn das?‹

Der Vater blieb stehen: ›Das ist Blut, was du hast fließen machen!‹

Dem Jungen schoß es doch heiß ins Gesicht: ›Ist denn Trien' Jans mit ihrem Kater hier gewesen?‹

Der Alte nickte: ›Weshalb hast du ihr den totgeschlagen?‹

Hauke entblößte seinen blutigen Arm. ›Deshalb‹, sagte er, ›er hatte mir den Vogel fortgerissen!‹

Der Alte sagte nichts hierauf; er begann eine Zeit lang wieder auf- und abzugehen; dann blieb er vor dem Jungen stehen und sah eine Weile wie abwesend auf ihn hin. ›Das

(Marginalien:) Bettbezug — erkennbar

Der Schimmelreiter

mit dem Kater hab ich rein gemacht‹, sagte er dann; ›aber, siehst du, Hauke, die Kate ist hier zu klein; zwei Herren können darauf nicht sitzen – es ist nun Zeit, du mußt dir einen Dienst besorgen!‹

›Ja, Vater‹, entgegnete Hauke; ›hab dergleich auch gedacht.‹

›Warum?‹ frug der Alte.

– ›Ja, man wird grimmig in sich, wenn man's nicht an einem ordentlichen Stück Arbeit auslassen kann.‹

›So?‹ sagte der Alte, ›und darum hast du den Angorer totgeschlagen? Das könnte leicht noch schlimmer werden?‹

– ›Er mag wohl recht haben, Vater; aber der Deichgraf hat seinen Kleinknecht fortgejagt; das könnt ich schon verrichten!‹

Der Alte begann wieder auf- und abzugehen und spritzte dabei die schwarze Tabaksjauche von sich: ›Der Deichgraf ist ein Dummkopf, dumm wie 'ne ⌜Saatgans⌝! Er ist nur Deichgraf, weil sein Vater und Großvater es gewesen sind, und wegen seiner neunundzwanzig Fennen. Wenn Martini herankommt und hernach die Deich- und Sielrechnungen abgetan werden müssen, dann füttert er den Schulmeister mit Gansbraten und Met* und Weizenkringeln* und sitzt dabei und nickt, wenn der mit seiner Feder die Zahlenreihen hinunterläuft, und sagt: Ja, ja, Schulmeister, Gott vergönn's Ihm! Was kann Er rechnen! Wenn aber einmal der Schulmeister nicht kann oder auch nicht will, dann muß er selber dran und sitzt und schreibt und streicht wieder aus, und der große dumme Kopf wird ihm rot und heiß, und die Augen quellen wie Glaskugeln, als wollte das bißchen Verstand da hinaus.‹

Der Junge stand gerade auf vor dem Vater und wunderte sich, was der reden könne; so hatte er's noch nicht von ihm gehört. ›Ja, Gott tröst!‹ sagte er, ›dumm ist er wohl; aber seine Tochter Elke, die kann rechnen!‹

Der Alte sah ihn scharf an. ›Ahoi, Hauke‹, rief er; ›was weißt du von Elke Volkerts?‹

Honigwein

Kringel (Kuchen) aus feinem Weizenmehl

– ›Nichts, Vater; der Schulmeister hat's mir nur erzählt.‹

Der Alte antwortete nicht darauf; er schob nur bedächtig seinen Tabaksknoten* aus einer Backe hinter die andere. ›Und du denkst‹, sagte er dann, ›du wirst dort auch mitrechnen können.‹

Stück Kautabak

›O ja, Vater, das möcht schon gehen‹, erwiderte der Sohn, und ein ernstes Zucken lief um seinen Mund.

Der Alte schüttelte den Kopf: ›Nun, aber meinethalb; versuch einmal dein Glück!‹

›Dank auch, Vater!‹ sagte Hauke und stieg zu seiner Schlafstatt auf dem Boden; hier setzte er sich auf die Bettkante und sann, weshalb ihn denn sein Vater um Elke Volkerts angerufen* habe. Er kannte sie freilich, das ranke achtzehnjährige Mädchen mit dem bräunlichen schmalen Antlitz und den dunklen Brauen, die über den trotzigen Augen und der schmalen Nase ineinander liefen; doch hatte er noch kaum ein Wort mit ihr gesprochen; nun, wenn er zu dem alten Tede Volkerts ging, wollte er sie doch besser darauf ansehen, was es mit dem Mädchen auf sich habe. Und gleich jetzt wollte er gehen, damit kein Anderer ihm die Stelle abjage; es war ja kaum noch Abend. Und so zog er seine Sonntagsjacke und seine besten Stiefel an und machte sich guten Mutes auf den Weg.

zugerufen

– ⌜Das langgestreckte Haus des Deichgrafen war durch seine hohen Werfte, besonders durch den höchsten Baum des Dorfes, eine gewaltige Esche, schon von Weitem sichtbar; der Großvater des jetzigen, der erste Deichgraf des Geschlechtes, hatte in seiner Jugend eine solche osten* der Haustür hier gesetzt; aber die beiden ersten Anpflanzungen waren vergangen, und so hatte er an seinem Hochzeitsmorgen diesen dritten Baum gepflanzt, der noch jetzt mit seiner immer mächtiger werdenden Blätterkrone in dem hier unablässigen Winde wie von alten Zeiten rauschte.⌝

östlich

Als nach einer Weile der lang aufgeschossene Hauke die hohe Werfte* hinaufstieg, welche an den Seiten mit Rüben

vgl. Storms Erl. S. 137,11–12

Der Schimmelreiter

und Kohl bepflanzt war, sah er droben die Tochter des Hauswirts neben der niedrigen Haustür stehen. Ihr einer etwas hagerer Arm hing schlaff herab, die andere Hand schien im Rücken nach einem Eisenring zu greifen, von denen je einer zu beiden Seiten der Tür in der Mauer war, damit, wer vor das Haus ritt, sein Pferd daran befestigen könne. Die Dirne* schien von dort ihre Augen über den Deich hinaus nach dem Meer zu haben, wo an dem stillen Abend die Sonne eben in das Wasser hinabsank und zugleich das bräunliche Mädchen mit ihrem letzten Schein vergoldete.

> Von ndt. »Deern«, Mädchen

Hauke stieg etwas langsamer an der Werfte hinan und dachte bei sich: ›So ist sie nicht so dösig*!‹ dann war er oben. ›Guten Abend auch!‹* sagte er zu ihr tretend; ›wonach guckst du denn mit deinen großen Augen, Jungfer Elke?‹

> dumm

> In Anlehnung an ndt. »n' Abend ok«

›Nach dem‹, erwiderte sie, ›was hier alle Abend vor sich geht; aber hier nicht alle Abend just zu sehen ist.‹ Sie ließ den Ring aus der Hand fallen, daß er klingend gegen die Mauer schlug. ›Was willst du, Hauke Haien?‹ frug sie.

›Was dir hoffentlich nicht zuwider ist‹, sagte er. ›Dein Vater hat seinen Kleinknecht fortgejagt, da dachte ich bei euch in Dienst*.‹

> Ergänze: »zu treten«

Sie ließ ihre Blicke an ihm herunterlaufen: ›Du bist noch so was schlanterig*, Hauke!‹ sagte sie; ›aber uns dienen zwei feste Augen besser als zwei feste Arme!‹ Sie sah ihn dabei fast düster an; aber Hauke hielt ihr tapfer Stand. ›So komm‹, fuhr sie fort; ›der Wirt* ist in der Stube, laß uns hineingehen!‹

> schlaksig, hager

> hier: Hausherr, Hofbesitzer

⌐Am anderen Tage trat Tede Haien mit seinem Sohne in das geräumige Zimmer des Deichgrafen; die Wände waren mit glasurten* Kacheln bekleidet, auf denen hier ein Schiff mit vollen Segeln oder ein Angler an einem Uferplatz, dort ein Rind, das kauend vor einem Bauernhause lag, den Be-

> glasierten

schauer vergnügen konnte; unterbrochen war diese dauerhafte Tapete durch ein mächtiges Wandbett mit jetzt zugeschobenen Türen und einem Wandschrank, der durch seine beiden Glastüren allerlei Porzellan- und Silbergeschirr erblicken ließ; neben der Tür zum anstoßenden Pesel* war hinter einer Glasscheibe eine holländische Schlaguhr in die Wand gelassen.⌐

vgl. Storms Erl.
S. 137,27–28

Der starke, etwas ⌐schlagflüssige⌐ Hauswirt saß am Ende des blank gescheuerten Tisches im Lehnstuhl auf seinem bunten Wollenpolster*. ⌐Er hatte seine Hände über dem Bauch gefaltet und starrte aus seinen runden Augen befriedigt auf das Gerippe einer fetten Ente; Gabel und Messer ruhten vor ihm auf dem Teller.

mit Wolle
gefütterten
Kissen

›Guten Tag, Deichgraf!‹ sagte Haien, und der Angeredete drehte langsam Kopf und Augen zu ihm hin.

›Ihr seid es, Tede?‹ entgegnete er, und der Stimme war die verzehrte fette Ente anzuhören, ›setzt Euch; es ist ein gut Stück von Euch zu mir herüber!‹

›Ich komme, Deichgraf‹, sagte Tede Haien, indem er sich auf die an der Wand entlang laufende Bank dem Anderem im Winkel gegenübersetzte. ›Ihr habt Verdruß mit Euerem Kleinknecht gehabt und seid mit meinem Jungen einig geworden, ihn an dessen Stelle zu setzen!‹

Der Deichgraf nickte: ›Ja, ja, Tede; aber – was meint Ihr mit Verdruß? Wir Marschleute haben, Gott tröst uns, was dagegen einzunehmen!‹ und er nahm das vor ihm liegende Messer und klopfte wie liebkosend auf das Gerippe der armen Ente. ›Das war mein Leibvogel‹, setzte er behaglich lachend hinzu; ›sie fraß mir aus der Hand!⌐

›Ich dachte‹, sagte der alte Haien, das Letzte überhörend, ›der Bengel hätte Euch Unheil im Stall gemacht.‹

›Unheil? Ja, Tede; freilich Unheil genug! Der dicke ⌐Mopsbraten⌐ hatte die Kälber nicht gebörmt*; aber er lag voll getrunken auf dem Heuboden, und das Viehzeug schrie die ganze Nacht vor Durst, daß ich bis Mittag nachschlafen mußte; dabei kann die Wirtschaft nicht bestehen!‹

Ndt. börmen
oder börnen:
getränkt

›Nein, Deichgraf; aber dafür ist keine Gefahr bei meinem Jungen.‹

Hauke stand, die Hände in den Seitentaschen, am Türpfosten, hatte den Kopf im Nacken und studierte an den ⌐Fensterrähmen⌐ ihm gegenüber.

Der Deichgraf hatte die Augen zu ihm gehoben und nickte hinüber: ›Nein, nein, Tede‹; und er nickte nun auch dem Alten zu; ›Euer Hauke wird mir die Nachtruh nicht verstören; der Schulmeister hat's mir schon vordem gesagt, der sitzt lieber vor der Rechentafel, als vor einem Glas mit Branntwein.‹

Hauke hörte nicht auf diesen Zuspruch, denn Elke war in die Stube getreten und nahm mit ihrer leichten Hand die Reste der Speisen von dem Tisch, ihn mit ihren dunklen Augen flüchtig streifend. Da fielen seine Blicke auch auf sie. ›Bei Gott und Jesus‹, sprach er bei sich selber, ›sie sieht auch so nicht dösig aus!‹

Das Mädchen war hinausgegangen. ›Ihr wisset, Tede‹, begann der Deichgraf wieder, ›unser Herrgott hat mir einen Sohn versagt!‹

›Ja, Deichgraf; aber laßt Euch das nicht kränken‹, entgegnete der Andere, ›denn im dritten Gliede soll der Familienverband ja verschleißen; Euer Großvater, das wissen wir noch Alle, war Einer, der das Land geschützt hat!‹

Der Deichgraf, nach einigem Besinnen, sah schier* verdutzt aus: ›Wie meint Ihr das, Tede Haien?‹ sagte er und setzte sich in seinem Lehnstuhl auf; ›ich bin ja doch im dritten Gliede!‹

›Ja so! Nicht für ungut, Deichgraf; es geht nur so die Rede!‹ Und der hagere Tede Haien sah den alten Würdenträger mit etwas boshaften Augen an.

Der aber sprach unbekümmert: ›Ihr müßt Euch von alten Weibern dergleichen Torheit nicht aufschwatzen lassen. Tede Haien; Ihr kennt nur meine Tochter nicht, die rechnet mich selber dreimal um und um! Ich wollt nur sagen, Euer

*nahezu

Hauke wird außer im Felde auch hier in meiner Stube mit Feder oder Rechenstift so Manches profitieren können, was ihm nicht schaden wird!‹

›Ja, ja, Deichgraf, das wird er; da habt Ihr völlig recht!‹ sagte der alte Haien und begann dann noch einige Vergünstigungen bei dem Mietkontrakt sich auszubedingen, die Abends vorher von seinem Sohne nicht bedacht waren. So sollte dieser außer seinen leinenen Hemden im Herbst auch noch acht Paar wollene Strümpfe als Zugabe seines Lohnes genießen; so wollte er selbst ihn im Frühling acht Tage bei der eigenen Arbeit haben, und was dergleichen mehr war. Aber der Deichgraf war zu Allem willig; Hauke Haien schien ihm eben der rechte Kleinknecht.

– – ›Nun, Gott tröst dich, Junge‹, sagte der Alte, da sie eben das Haus verlassen hatten, ›wenn der dir die Welt klarmachen soll!‹.

Aber Hauke erwiderte ruhig: ›Laß Er nur, Vater; es wird schon Alles werden.‹

Und Hauke hatte so unrecht nicht gehabt; die Welt, oder was ihm die Welt bedeutete, wurde ihm klarer, je länger sein Aufenthalt in diesem Hause dauerte; vielleicht um so mehr, je weniger ihm eine überlegene Einsicht zu Hülfe kam, und je mehr er auf seine eigene Kraft angewiesen war, mit der er sich von jeher beholfen hatte. Einer freilich war im Hause, für den er nicht der Rechte zu sein schien; das war der Großknecht Ole Peters, ein tüchtiger Arbeiter und ein maulfertiger* Geselle. Ihm war der träge, aber dumme und stämmige Kleinknecht von vorhin besser nach seinem Sinn gewesen, dem er ruhig die Tonne* Hafer auf den Rükken hatte laden und den er nach Herzenslust hatte herumstoßen können. Dem noch stilleren, aber ihn geistig überragenden Hauke vermochte er in solcher Weise nicht beizukommen; er hatte eine gar zu eigne Art, ihn anzublicken. Trotzdem verstand er es, Arbeiten für ihn auszusuchen, die

Der Schimmelreiter

seinem noch nicht gefesteten* Körper hätten gefährlich werden können, und Hauke, wenn der Großknecht sagte: ›Da hättest du den dicken Niß nur sehen sollen; dem ging es von der Hand!‹ faßte nach Kräften an und brachte es, wenn auch mit Mühsal, doch zu Ende. Ein Glück war es für ihn, daß Elke selbst oder durch ihren Vater das meistens abzustellen wußte. Man mag wohl fragen, was mitunter ganz fremde Menschen aneinander bindet; vielleicht – sie waren beide geborene Rechner, und das Mädchen konnte ihren Kameraden in der groben Arbeit nicht verderben sehen.

Der Zwiespalt zwischen Groß- und Kleinknecht wurde auch im Winter nicht besser, als nach Martini die verschiedenen Deichrechnungen zur Revision eingelaufen waren.

Es war an einem Maiabend; aber es war Novemberwetter; von drinnen im Hause hörte man draußen hinterm Deich die Brandung donnern. ›He, Hauke‹, sagte der Hausherr, ›komm herein; nun magst du weisen, ob du rechnen kannst!‹

›Uns' Weert‹*, entgegnete dieser; – denn so nennen hier die Leute ihre Herrschaft – ›ich soll aber erst das Jungvieh füttern*!‹

›Elke!‹ rief der Deichgraf; ›wo bist du, Elke! – Geh zu Ole und sag ihm, er sollte das Jungvieh füttern; Hauke soll rechnen!‹

Und Elke eilte in den Stall und machte dem Großknecht die Bestellung, der eben damit beschäftigt war, das über Tag gebrauchte Pferdegeschirr wieder an seinen Platz zu hängen.

Ole Peters schlug mit einer Trense* gegen den Ständer, neben dem er sich beschäftigte, als wolle er sie kurz und klein haben: ›Hol der Teufel den verfluchten Schreiberknecht*!‹ Sie hörte die Worte noch, bevor sie die Stalltür wieder geschlossen hatte.

›Nun?‹ frug der Alte, als sie in die Stube trat.

›Ole wollte es schon besorgen‹, sagte die Tochter, ein wenig

ausgewachsenen, gefestigten

Ndt. für »unser Wirt«; also der Dienstherr bzw. »Herr des Hauses«

Stallarbeit, die unter der Würde des Großknechts liegt

Zaumzeug mit Gebissstange und Zügel

Ursprünglich: Sekretär, hier abfällig gebraucht

sich die Lippen beißend, und setzte sich Hauke gegenüber auf einen grobgeschnitzten Holzstuhl, wie sie noch derzeit hier an Winterabenden im Hause selbst gemacht wurden. Sie hatte aus einem Schubkasten einen weißen Strumpf mit ⌐rotem Vogelmuster genommen, an dem sie nun weiterstrickte; die langbeinigen Kreaturen darauf mochten Reiher oder Störche bedeuten sollen⌐. Hauke saß ihr gegenüber in seine Rechnerei vertieft, der Deichgraf selbst ruhte in seinem Lehnstuhl und blinzelte schläfrig nach Haukes Feder; auf dem Tisch brannten, wie immer im Deichgrafenhause, zwei Unschlittkerzen, und vor den beiden in Blei gefaßten Fenstern waren von außen die Läden vorgeschlagen und von innen zugeschroben*; mochte der Wind nun poltern, wie er wollte. Mitunter hob Hauke seinen Kopf von der Arbeit und blickte einen Augenblick nach den Vogelstrümpfen oder nach dem schmalen ruhigen Gesicht des Mädchens.

zugeschraubt

Da tat es aus dem Lehnstuhl plötzlich einen lauten Schnarcher, und ein Blick und ein Lächeln flog zwischen den beiden jungen Menschen hin und wider; dann folgte allmählich ein ruhigeres Atmen; man konnte wohl ein wenig plaudern; Hauke wußte nur nicht, was.

⌐Als sie aber das Strickzeug in die Höhe zog, und die Vögel sich nun in ihrer ganzen Länge zeigten, flüsterte er über den Tisch hinüber: ›Wo hast du das gelernt, Elke?‹

›Was gelernt?‹ frug das Mädchen zurück.

– ›Das Vogelstricken?‹ sagte Hauke.

›Das? Von Trien' Jans draußen am Deich; sie kann allerlei; sie war vor Zeiten einmal bei meinem Großvater hier im Dienst.‹

›Da warst du aber wohl noch nicht geboren?‹ fragte Hauke.

›Ich denk wohl nicht; aber sie ist noch oft ins Haus gekommen.‹

›Hat denn die die Vögel gern?‹ frug Hauke; ›ich meint, sie hielt es nur mit Katzen!‹

Elke schüttelte den Kopf: ›Sie zieht ja Enten und verkauft sie; aber im vorigen Frühjahr, als du den Angorer totgeschlagen hattest, sind ihr hinten im Stall die Ratten dazwischen gekommen; nun will sie sich vorn am Hause einen anderen bauen.⌐

›So‹, sagte Hauke und zog einen leisen Pfiff durch die Zähne, ›dazu hat sie von der Geest sich Lehm und Steine hergeschleppt! Aber dann kommt sie in den Binnenweg*; – hat sie denn Konzession*?‹

Weg innerhalb des eingedeichten Gebiets

behördliche Genehmigung

›Weiß ich nicht‹, meinte Elke; aber er hatte das letzte Wort so laut gesprochen, daß der Deichgraf aus seinem Schlummer auffuhr. ›Was Konzession?‹ frug er und sah fast wild von Einem zu der Anderen. ›Was soll die Konzession?‹

Als aber Hauke ihm dann die Sache vorgetragen hatte, klopfte er ihm lachend auf die Schulter: ›Ei was, der Binnenweg ist breit genug; Gott tröst den Deichgrafen, sollt er sich auch noch um die Entenställe kümmern?‹

Hauke fiel es aufs Herz, daß er die Alte mit ihren jungen Enten den Ratten sollte preisgegeben haben, und er ließ sich mit dem Einwand abfinden. ›Aber, uns' Weert‹, begann er wieder, ›es tät wohl Dem und Jenem ein kleiner Zwicker* gut, und wollet Ihr ihn nicht selber greifen, so zwicket den Gevollmächtigten, der auf die Deichordnung passen soll!‹

Erinnerung, Ermahnung

›Wie, was sagt der Junge?‹ und der Deichgraf setzte sich vollends auf, und Elke ließ ihren künstlichen* Strumpf sinken und wandte das Ohr hinüber.

kunstvollen

›Ja, uns' Weert‹, fuhr Hauke fort, ›Ihr habt doch schon die ⌐Frühlingsschau⌐ gehalten; aber trotzdem hat Peter Jansen auf seinem Stück das Unkraut auch noch heute nicht gebuscht*; im Sommer werden die ⌐Stieglitzer⌐ da wieder lustig um die roten Distelblumen spielen! Und dicht daneben, ich weiß nicht, wem's gehört, ist an der Außenseite eine ganze Wiege in dem Deich; bei schön Wetter liegt es immer voll von kleinen Kindern, die sich darin wälzen; aber – Gott bewahr uns vor Hochwasser!‹

gejätet, abgemäht

Die Augen des alten Deichgrafen waren immer größer geworden.

›Und dann‹ – sagte Hauke wieder.

›Was dann noch, Junge?‹ frug der Deichgraf; ›bist du noch nicht fertig?‹ und es klang, als sei der Rede seines Kleinknechts ihm schon zu viel geworden.

›Ja, dann, uns' Weert‹, sprach Hauke weiter; ›Ihr kennt die dicke Vollina, die Tochter vom Gevollmächtigten Harders, die immer ihres Vaters Pferde aus der Fenne holt, – wenn sie nur eben mit ihren runden Waden auf der alten gelben Stute sitzt, hü hopp! so geht's allemal schräg an der Dossierung* den Deich hinan!‹

vgl. Storms Erl. S. 137,15

Hauke bemerkte erst jetzt, daß Elke ihre klugen Augen auf ihn gerichtet hatte und leise ihren Kopf schüttelte.

Er schwieg; aber ein Faustschlag, den der Alte auf den Tisch tat, dröhnte ihm in die Ohren, ›da soll das Wetter dreinschlagen!‹ rief er, und Hauke erschrak beinahe über die Bärenstimme, die plötzlich hier hervorbrach: ›Zur Brüche*! Notier mir das dicke Mensch* zur Brüche, Hauke! Die Dirne hat mir im letzten Sommer drei junge Enten weggefangen! Ja ja, notier nur‹, wiederholte er, als Hauke zögerte; ›ich glaub sogar, es waren vier!‹

Von ndt. »Brök«: Geldstrafe

Abfällig-abwertende Bezeichnung für weibliche Person

›Ei, Vater‹, sagte Elke, ›war's nicht die Otter, die die Enten nahm?‹

›Eine große Otter!‹ rief der Alte schnaufend; ›werd doch die dicke Vollina und eine Otter auseinander kennen! Nein, nein, vier Enten, Hauke – Aber was du im Übrigen schwatzest, der Herr Oberdeichgraf und ich, nachdem wir zusammen in meinem Hause hier gefrühstückt hatten, sind im Frühjahr an deinem Unkraut und an deiner Wiege vorbeigefahren und haben's doch nicht sehen können. Ihr Beide aber‹, und er nickte ein paar Mal bedeutsam gegen Hauke und seine Tochter, ›danket Gott, daß ihr nicht Deichgraf seid! Zwei Augen hat man nur, und mit hundert soll man sehen. – – Nimm nur die Rechnungen über die Bestikkungsarbeiten*, Hauke, und sieh sie nach; die Kerls rechnen oft zu liederlich!‹

vgl. Storms Erl. S. 137,18–19

Dann lehnte er sich wieder in seinen Stuhl zurück, ruckte den schweren Körper ein paar Mal, und überließ sich bald dem sorgenlosen Schlummer.

Dergleichen wiederholte sich an manchem Abend. Hauke hatte scharfe Augen und unterließ es nicht, wenn sie beisammen saßen, das Eine oder Andere von schädlichem Tun oder Unterlassen in Deichsachen dem Alten vor die Augen zu rücken, und da dieser sie nicht immer schließen konnte, so kam unversehens ein lebhafter Geschäftsgang in die Verwaltung, und die, welche früher im alten Schlendrian fortgesündigt hatten und jetzt unerwartet ihre frevlen oder faulen Finger geklopft fühlten, sahen sich unwillig und verwundert um, woher die Schläge denn gekommen seien. Und Ole, der Großknecht, säumte nicht, möglichst weit die Offenbarung zu verbreiten und dadurch gegen Hauke und seinen Vater, der doch die Mitschuld tragen mußte, in diesen Kreisen einen Widerwillen zu erregen; die Anderen aber, welche nicht getroffen waren, oder denen es um die Sache selbst zu tun war, lachten und hatten ihre Freude, daß der Junge den Alten doch einmal etwas in Trab gebracht habe. ›Schad nur‹, sagten sie, ›daß der Bengel nicht den gehörigen Klei unter den Füßen hat*; das gäbe später sonst einmal wieder einen Deichgrafen, wie vordem sie da gewesen sind; aber die paar Demat* seines Alten, die täten's denn doch nicht!‹

nicht genügend Land besitzt

vgl. Storms Erl. S. 137,26

Als im nächsten Herbst der Herr Amtmann und ⌐Oberdeichgraf⌐ zur Schauung* kam, sah er sich den alten Tede Volkerts von oben bis unten an, während dieser ihn zum Frühstück nötigte. ›Wahrhaftig, Deichgraf‹, sagte er, ›ich dacht's mir schon, Ihr seid in der Tat um ein Halbstieg* Jahre jünger geworden; Ihr habt mir diesmal mit all Euern Vorschlägen warm gemacht; wenn wir mit alledem nur heute fertig werden!‹

Deichbesichtigung

Mengenangabe: zehn Stück

›Wird schon, wird schon, gestrenger Herr Oberdeichgraf‹, erwiderte der Alte schmunzelnd; ›der Gansbraten da wird schon die Kräfte stärken! Ja Gott sei Dank, ich bin noch allezeit frisch und munter!‹ Er sah sich in der Stube um, ob auch nicht etwa Hauke um die Wege* sei; dann setzte er in würdevoller Ruhe noch hinzu: ›So hoffe ich zu Gott, noch meines Amtes ein paar Jahre in Segen warten* zu können.‹

›Und darauf, lieber Deichgraf‹, erwiderte sein Vorgesetzter, sich erhebend, ›wollen wir dieses Glas zusammen trinken!‹

Elke, die das Frühstück bestellt hatte, ging eben, während die Gläser aneinander klangen, mit leisem Lachen aus der Stubentür. Dann holte sie eine Schüssel Abfall aus der Küche und ging durch den Stall, um es vor der Außentür dem ⌐Federvieh⌐ vorzuwerfen. Im Stall stand Hauke Haien und steckte den Kühen, die man der argen Witterung wegen schon jetzt hatte heraufnehmen* müssen, mit der Furke* Heu in ihre Raufen*. Als er aber das Mädchen kommen sah, stieß er die Furke auf den Grund. ›Nu, Elke!‹ sagte er. Sie blieb stehen und nickte ihm zu: ›Ja, Hauke; aber eben hättest du drinnen sein müssen!‹

›Meinst du? Warum denn, Elke!‹

›Der Herr Oberdeichgraf hat den Wirt gelobt!‹

– ›Den Wirt? Was tut das mir?‹

– ›Nein, ich mein, den Deichgrafen hat er gelobt!‹

Ein dunkles Rot flog über das Gesicht des jungen Menschen: ›Ich weiß wohl‹, sagte er, ›wohin du damit segeln willst!‹

›Werd nur nicht rot, Hauke; du warst es ja doch eigentlich, den der Oberdeichgraf lobte!‹

Hauke sah sie mit halbem Lächeln an. ›Auch du doch, Elke!‹ sagte er.

Aber sie schüttelte den Kopf: ›Nein, Hauke; als ich allein der Helfer war, da wurden wir nicht gelobt. Ich kann ja

Der Schimmelreiter

in der Nähe

ausüben

von der Weide
in den Stall
holen
Forke, Mist-
oder Heugabel
Futtergestelle
für Heu

auch nur rechnen; du aber siehst draußen Alles, was der Deichgraf doch wohl selber sehen sollte; du hast mich ausgestochen!‹

›Ich hab das nicht gewollt, dich am mindesten‹, sagte Hauke zaghaft, und er stieß den Kopf einer Kuh zur Seite: ›Komm, Rotbunt, friß mir nicht die Furke auf, du sollst ja Alles haben!‹

›Denk nur nicht, daß mir's leid tut, Hauke‹, sagte nach kurzem Sinnen das Mädchen; ›das ist ja Mannessache!‹

Da streckte Hauke ihr den Arm entgegen: ›Elke, gib mir die Hand darauf!‹

Ein tiefes Rot schoß unter die dunklen Brauen des Mädchens. ›Warum? Ich lüg ja nicht!‹ rief sie.

Hauke wollte antworten; aber sie war schon zum Stall hinaus, und er stand mit seiner Furke in der Hand und hörte nur, wie draußen die Enten und Hühner um sie schnatterten und krähten.

Es war im Januar von Haukes drittem Dienstjahr, als ein Winterfest gehalten werden sollte; ⌐›Eisboseln‹⌐ nennen sie es hier. Ein ständiger Frost hatte beim Ruhen der Küstenwinde alle Gräben zwischen den Fennen mit einer festen ebenen Krystallfläche belegt, so daß die zerschnittenen Landstücke nun eine weite Bahn für das Werfen der kleinen mit Blei ausgegossenen Holzkugeln bildeten, womit das Ziel erreicht werden sollte. Tag aus, Tag ein wehte ein leichter Nordost: Alles war schon in Ordnung; die Geestleute in dem zu Osten über der Marsch belegenen* Kirchdorf, die im vorigen Jahre gesiegt hatten, waren zum Wettkampf gefordert und hatten angenommen; von jeder Seite waren neun Werfer aufgestellt; auch der Obmann* und die ⌐Kretler⌐ waren gewählt. Zu letzteren, die bei Streitfällen über einen zweifelhaften Wurf miteinander zu verhandeln hatten, wurden allezeit Leute genommen, die ihre Sache ins beste Licht zu rücken verstanden, am liebsten Burschen,

gelegenen

Schiedsrichter

die außer gesundem Menschenverstand auch noch ein lustig Mundwerk hatten. Dazu gehörte vor Allen Ole Peters, der Großknecht des Deichgrafen. ›Werft nur wie die Teufel‹, sagte er; ›das Schwatzen tu ich schon umsonst!‹

Es war gegen Abend vor dem Festtag; in der Nebenstube des Kirchspielkruges* droben auf der Geest war eine Anzahl von den Werfern erschienen, um über die Aufnahme einiger zuletzt noch Angemeldeten zu beschließen. Hauke Haien war auch unter diesen; er hatte erst nicht wollen, obschon er seiner wurfgeübten Arme sich wohl bewußt war: aber er fürchtete durch Ole Peters, der einen Ehrenposten in dem Spiel bekleidete, zurückgewiesen zu werden; die Niederlage wollte er sich sparen. Aber Elke hatte ihm noch in der elften Stunde den Sinn gewandt: ›Er wird's nicht wagen, Hauke‹, hatte sie gesagt; ›er ist ein Tagelöhnersohn*; dein Vater hat Kuh und Pferd und ist dazu der klügste Mann im Dorf!‹

›Aber, wenn er's dennoch fertig bringt?‹

Sie sah ihn halb lächelnd aus ihren dunklen Augen an.

›Dann‹, sagte sie, ›soll er sich den Mund wischen*, wenn er Abends mit seines Wirts Tochter zu tanzen denkt!‹ – Da hatte Hauke ihr mutig zugenickt.

Nun standen die jungen Leute, die noch in das Spiel hineinwollten, frierend und fußtrampelnd vor dem Kirchspielskrug und sahen nach der Spitze des aus Felsblöcken gebauten Kirchturms hinauf, neben dem das Krughaus lag. Des Pastors Tauben*, die sich im Sommer auf den Feldern des Dorfes nährten, kamen eben von den Höfen und Scheuern der Bauern zurück, wo sie sich jetzt ihre Körner gesucht hatten, und verschwanden unter den Schindeln des Turmes, hinter welchen sie ihre Nester hatten; im Westen über dem Haf stand ein glühendes Abendrot.

›Wird gut Wetter morgen!‹ sagte der eine der jungen Burschen und begann heftig auf und ab zu wandern; ›aber kalt! kalt!‹ Ein zweiter, als er keine Taube mehr fliegen sah, ging

Wirtshaus innerhalb eines Pfarrbezirks

Sohn eines Arbeiters ohne Landbesitz, sozial deklassierender Status

Redensart gleich der: »Einen Korb bekommen«

vgl. Erl. zu S. 38,16

in das Haus und stellte sich horchend neben die Tür der Stube, aus der jetzt ein lebhaftes Durcheinander-Reden herausscholl; auch des Deichgrafen Kleinknecht war neben ihn getreten. ›Hör, Hauke‹, sagte er zu diesem; ›nun schreien sie um dich!‹ und deutlich hörte man von drinnen Ole Peters' knarrende Stimme: ›Kleinknechte und Jungens gehören nicht dazu!‹

›Komm‹, flüsterte der Andere und suchte Hauke am Rock-ärmel an die Stubentür zu ziehen, ›hier kannst du lernen, wie hoch sie dich taxieren*!‹ einschätzen

Aber Hauke riß sich los und ging wieder vor das Haus: ›Sie haben uns nicht ausgesperrt, damit wir's hören sollen!‹ rief er zurück.

Vor dem Hause stand der Dritte der Angemeldeten. ›Ich fürcht, mit mir hat's einen Haken‹, rief er ihm entgegen; ›ich hab kaum achtzehn Jahre; wenn sie nur den Tauf-schein nicht verlangen! Dich, Hauke, wird dein Groß-knecht schon herauskreteln*!‹ herausreden

›Ja, heraus!‹ brummte Hauke und schleuderte mit dem Fuße einen Stein über den Weg; ›nur nicht hinein!‹

Der Lärm in der Stube wurde stärker; dann allmählich trat eine Stille ein; die draußen hörten wieder den leisen Nord-ost, der sich oben an der Kirchturmspitze brach. Der Hor-cher trat wieder zu ihnen. ›Wen hatten sie da drinnen?‹ frug der Achtzehnjährige.

›Den da!‹ sagte Jener und wies auf Hauke; ›Ole Peters woll-te ihn zum Jungen machen; aber Alle schrien dagegen. Und sein Vater hat Vieh und Land, sagte Jeß Hansen. Ja, Land, rief Ole Peters, das man auf dreizehn Karren wegfahren kann! – Zuletzt kam Ole Hensen: Still da! schrie er; ich will's euch lehren: sagt nur, wer ist der erste Mann im Dorf? Da schwiegen sie erst und schienen sich zu besinnen; dann sagte eine Stimme: Das ist doch wohl der Deichgraf! Und alle Anderen riefen: Nun ja; unserthalb der Deichgraf! – Und wer ist denn der Deichgraf? rief Ole Hensen wieder;

aber nun bedenkt euch recht! – – Da begann Einer leis zu
lachen, und dann wieder Einer, bis zuletzt nichts in der
Stube war als lauter Lachen. Nun, so ruft ihn, sagte Ole
Hensen; ihr wollt doch nicht den Deichgrafen von der Tür
stoßen! Ich glaub, sie lachen noch; aber Ole Peters' Stimme
war nicht mehr zu hören!‹ schloß der Bursche seinen Bericht.

Fast in demselben Augenblicke wurde drinnen im Hause
die Stubentür aufgerissen, und: ›Hauke! Hauke Haien!‹
rief es laut und fröhlich in die kalte Nacht hinaus.

Da trabte Hauke in das Haus und hörte nicht mehr, wer
denn der Deichgraf sei; was in seinem Kopfe brütete, hat
indessen Niemand wohl erfahren.

– – Als er nach einer Weile sich dem Hause seiner Herrschaft nahte, sah er Elke drunten am Heck* der Auffahrt
stehen: das Mondlicht schimmerte über die unermeßliche
weiß bereifte Weidefläche. ›Stehst du hier, Elke?‹ frug er.

Sie nickte nur: ›Was ist geworden?‹ sagte sie; ›hat er's ge-
wagt?‹

– ›Was sollt er nicht!‹

›Nun, und?‹

– ›Ja, Elke; ich darf es morgen doch versuchen!‹

›Gute Nacht, Hauke!‹ Und sie lief flüchtig* die Werfte hinan und verschwand im Hause.

Langsam folgte er ihr.

Auf der weiten Weidefläche, die sich ⌜zu Osten⌝ an der
Landseite des Deiches entlang zog, sah man am Nachmittag darauf eine dunkle Menschenmasse bald unbeweglich
stille stehen, bald, nachdem zweimal eine hölzerne Kugel
aus derselben über den durch die Tagessonne jetzt von Reif
befreiten Boden hingeflogen war, abwärts von den hinter
ihr liegenden langen und niedrigen Häusern allmählich
weiter rücken; die Parteien der Eisbosler in der Mitte, umgeben von Alt und Jung, was mit ihnen, sei es in jenen

Häusern oder in denen droben auf der Geest Wohnung oder Verbleib hatte; die älteren Männer in langen Röcken, bedächtig aus kurzen Pfeifen rauchend, die Weiber in Tüchern und Jacken, auch wohl Kinder an den Händen ziehend oder auf den Armen tragend. Aus den gefrorenen Gräben, welche allmählich überschritten wurden, ⌐funkelte durch die scharfen Schilfspitzen der bleiche Schein der Nachmittagssonne⌐, es fror mächtig; aber das Spiel ging unablässig vorwärts, und Aller Augen verfolgten immer wieder die fliegende Kugel; denn an ihr hing heute für das ganze Dorf die Ehre des Tages. Der Kretler der Parteien trug hier einen weißen, bei den Geestleuten einen schwarzen Stab mit eiserner Spitze; wo die Kugel ihren Lauf geendet hatte, wurde dieser, je nachdem, unter schweigender Anerkennung oder dem Hohngelächter der Gegenpartei in den gefrorenen Boden eingeschlagen, und wessen Kugel zuerst das Ziel erreichte, der hatte für seine Partei das Spiel gewonnen.

Gesprochen wurde von all den Menschen wenig; nur wenn ein Kapitalwurf* geschah, hörte man wohl einen Ruf der jungen Männer oder Weiber; oder von den Alten einer nahm seine Pfeife aus dem Mund und klopfte damit unter ein paar guten Worten den Werfer auf die Schulter: ›Das war ein Wurf, sagte Zacharies und warf sein Weib aus der Luke!‹ oder: ›So warf dein Vater auch; Gott tröst ihn in der Ewigkeit!‹ oder was sie sonst für Gutes sagten.

Meisterwurf

Bei seinem ersten Wurfe war das Glück nicht mit Hauke gewesen: als er eben den Arm hinten ausschwang, um die Kugel fortzuschleudern, war eine Wolke von der Sonne fortgezogen, die sie vorhin bedeckt hatte, und diese traf mit ihrem vollen Strahl in seine Augen; der Wurf wurde zu kurz, die Kugel fiel auf einen Graben und blieb im Bummeis* stecken.

dünnes Eis, auch »Windeis«

›Gilt nicht! Gilt nicht! Hauke, noch einmal‹, riefen seine Partner.

Aber der Kretler der Geestleute sprang dagegen auf: ›Muß wohl gelten; geworfen ist geworfen!‹

›Ole! Ole Peters!‹ schrie die Marschjugend. ›Wo ist Ole? Wo, zum Teufel, steckt er?‹

»Will man Hauke in Schwierigkeiten bringen?«

Aber er war schon da: ›Schreit nur nicht so! Soll Hauke wo geflickt werden?* Ich dacht's mir schon.‹

– ›Ei was! Hauke muß noch einmal werfen; nun zeig, daß du das Maul am rechten Fleck hast!‹

›Das hab ich schon!‹ rief Ole und trat dem Geest-Kretler gegenüber und redete einen Haufen ⌈Gallimathias⌉ auf einander. Aber die Spitzen und Schärfen, die sonst aus seinen Worten blitzten, waren diesmal nicht dabei. Ihm zur Seite stand das Mädchen mit den Rätselbrauen* und sah scharf aus zornigen Augen auf ihn hin; aber reden durfte sie nicht; denn die Frauen hatten keine Stimme in dem Spiel.

zusammengewachsenen Augenbrauen

›Du leierst Unsinn‹, rief der andere Kretler, ›weil dir der Sinn nicht dienen kann! Sonne, Mond und Sterne sind für uns Alle gleich und allezeit am Himmel; der Wurf war ungeschickt, und alle ungeschickten Würfe gelten!‹

So redeten sie noch eine Weile gegen einander; aber das Ende war, daß nach Bescheid* des Obmanns Hauke seinen Wurf nicht wiederholen durfte.

Entscheidung

›Vorwärts!‹ riefen die Geestleute, und ihr Kretler zog den schwarzen Stab aus dem Boden, und der Werfer trat auf seinen Nummer-Ruf dort an und schleuderte die Kugel vorwärts. Als der Großknecht des Deichgrafen dem Wurfe zusehen wollte, hatte er an Elke Volkerts vorbei müssen: ›Wem zu Liebe ließest du heut deinen Verstand zu Hause?‹ raunte sie ihm zu.

Da sah er sie fast grimmig an, und aller Spaß war aus seinem breiten Gesichte verschwunden. ›Dir zu Lieb!‹ sagte der, ›denn du hast deinen auch vergessen!‹

›Geh nur; ich kenne dich, Ole Peters!‹ erwiderte das Mädchen, sich hoch aufrichtend; er aber kehrte den Kopf ab und tat, als habe er das nicht gehört.

Und das Spiel und der schwarze und der weiße Stab gingen weiter. Als Hauke wieder am Wurf war, flog seine Kugel schon so weit, daß das Ziel, die große weiß gekalkte Tonne, klar in Sicht kam. Er war jetzt ein fester junger Kerl, und Mathematik und Wurfkunst hatte er täglich während seiner Knabenzeit getrieben. ›Oho, Hauke!‹ rief es aus dem Haufen; ›das war ja, als habe der ⌈Erzengel Michael⌉ selbst geworfen!‹ Eine alte Frau mit Kuchen und Branntwein drängte sich durch den Haufen zu ihm; sie schenkte ein Glas voll und bot es ihm: ›Komm‹, sagte sie, ›wir wollen uns vertragen: das heut ist besser, als da du mir die Katze totschlugst!‹ Als er sie ansah, erkannte er, daß es Trien' Jans war. ›Ich dank dir, Alte‹, sagte er; ›aber ich trink das nicht.‹ Er griff in seine Tasche und drückte ihr ein frischgeprägtes Markstück in die Hand: ›Nimm das und trink selber das Glas aus, Trien'; so haben wir uns vertragen!‹ ›Hast recht, Hauke!‹ erwiderte die Alte, indem sie seiner Anweisung folgte; ›hast recht; das ist auch besser für ein altes Weib, wie ich!‹

›Wie geht's mit deinen Enten?‹ rief er ihr noch nach, als sie sich schon mit ihrem Korbe fortmachte; aber sie schüttelte nur den Kopf, ohne sich umzuwenden, und patschte mit ihren alten Händen in die Luft. ›Nichts, nichts, Hauke; da sind zu viele Ratten in euren Gräben; Gott tröst mich; man muß sich anders nähren!‹ Und somit drängte sie sich in den Menschenhaufen und bot wieder ihren Schnaps und ihre Honigkuchen an.

Die Sonne war endlich schon hinter den Deich hinabgesunken; statt ihrer glimmte ein rotvioletter Schimmer empor; mitunter flogen schwarze Krähen vorüber und waren auf Augenblicke wie vergoldet, es wurde Abend. Auf den Fennen aber rückte der dunkle Menschentrupp noch immer weiter von den schwarzen schon fern liegenden Häusern nach der Tonne zu; ein besonders tüchtiger Wurf mußte sie jetzt erreichen können. Die Marschleute waren an der Reihe; Hauke sollte werfen.

Die kreidige Tonne zeichnete sich weiß in dem breiten Abendschatten, der jetzt von dem Deiche über die Fläche fiel. ›Die werdet ihr uns diesmal wohl noch lassen!‹ rief einer von den Geestleuten; denn es ging scharf her; sie waren um mindestens ein halb Stieg Fuß* im Vorteil.

etwa 3 m

Die hagere Gestalt des Genannten trat eben aus der Menge; die grauen Augen sahen aus dem langen Friesengesicht vorwärts nach der Tonne; in der herabhängenden Hand lag die Kugel.

⌐›Der Vogel ist dir wohl zu groß‹⌐, hörte er in diesem Augenblicke Ole Peters' Knarrstimme dicht vor seinen Ohren; ›sollen wir ihn um einen grauen Topf vertauschen?‹

Hauke wandte sich und blickte ihn mit festen Augen an: ›Ich werfe für die Marsch!‹ sagte er. ›Wohin gehörst denn du?‹

›Ich denke, auch dahin; du wirfst doch wohl für Elke Volkerts!‹

›Beiseit!‹ schrie Hauke und stellte sich wieder in Positur. Aber Ole drängte mit dem Kopf noch näher auf ihn zu. Da plötzlich, bevor noch Hauke selber etwas dagegen unternehmen konnte, packte den Zudringlichen eine Hand und riß ihn rückwärts, daß der Bursche gegen seine lachenden Kameraden taumelte. Es war keine große Hand gewesen, die das getan hatte; denn als Hauke flüchtig den Kopf wandte, sah er neben sich Elke Volkerts ihren Ärmel zurecht zupfen, und die dunklen Brauen standen ihr wie zornig in dem heißen Antlitz.

Da flog es wie eine Stahlkraft in Haukes Arm; er neigte sich ein wenig, er wiegte die Kugel ein paarmal in der Hand; dann holte er aus, und eine Todesstille war auf beiden Seiten; alle Augen folgten der fliegenden Kugel, man hörte ihr Sausen, wie sie die Luft durchschnitt; ⌐plötzlich, schon weit vom Wurfplatz, verdeckten sie die Flügel einer Silbermöwe, die ihren Schrei ausstoßend vom Deich herüberkam⌐; zugleich aber hörte man es in der Ferne an die Tonne klat-

Der Schimmelreiter

schen. ›Hurra für Hauke!‹ riefen die Marschleute und lärmend ging es durch die Menge: ›Hauke! Hauke Haien hat das Spiel gewonnen!‹

Der aber, da ihn Alle dicht umdrängten, hatte seitwärts nur nach einer Hand gegriffen; auch da sie wieder riefen: ›Was stehst du, Hauke? Die Kugel liegt ja in der Tonne!‹ nickte er nur und ging nicht von der Stelle; erst als er fühlte, daß sich die kleine Hand fest an die seine schloß, sagte er: ›Ihr mögt schon recht haben; ich glaube auch, ich hab gewonnen!‹

Dann strömte der ganze Trupp zurück, und Elke und Hauke wurden getrennt und von der Menge auf den Weg zum Kruge fortgerissen, der an des Deichgrafen Werfte nach der Geest hinaufbog. Hier aber entschlüpften Beide dem Gedränge, und während Elke auf ihre Kammer ging, stand Hauke hinten vor der Stalltür auf der Werfte und sah, wie der dunkle Menschentrupp allmählich nach dort hinaufwanderte, wo im Kirchspielskrug ein Raum für die Tanzenden bereit stand. Das Dunkel breitete sich allmählich über die weite Gegend; es wurde immer stiller um ihn her, nur hinter ihm im Stalle regte sich das Vieh; oben von der Geest her glaubte er schon das Pfeifen der Klarinetten aus dem Kruge zu vernehmen. Da hörte er um die Ecke des Hauses das Rauschen eines Kleides, und kleine feste Schritte gingen den Fußsteig hinab, der durch die Fennen nach der Geest hinaufführte. Nun sah er auch im Dämmer die Gestalt dahinschreiten und sah, daß es Elke war; sie ging auch zum Tanze nach dem Krug. Das Blut schoß ihm in den Hals hinauf; sollte er ihr nicht nachlaufen und mit ihr gehen? Aber Hauke war kein Held den Frauen gegenüber; mit dieser Frage sich beschäftigend blieb er stehen, bis sie im Dunkel seinem Blick entschwunden war.

Dann, als die Gefahr sie einzuholen vorüber war, ging auch er denselben Weg, bis er droben den Krug bei der Kirche erreicht hatte, und das Schwatzen und Schreien der vor dem Hause und auf dem Flur sich Drängenden und das

Schrillen der Geigen und Klarinetten betäubend ihn umrauschte. Unbeachtet drückte er sich in den ›Gildesaal‹*; er war nicht groß und so voll, daß man kaum einen Schritt weit vor sich hinsehen konnte. Schweigend stellte er sich an den Türpfosten und blickte in das unruhige Gewimmel; die Menschen kamen ihm wie Narren vor; er hatte auch nicht zu sorgen, daß Jemand noch an den Kampf des Nachmittages dachte, und wer vor einer Stunde erst das Spiel gewonnen hatte; Jeder sah nur auf seine Dirne und drehte sich mit ihr im Kreis herum. Seine Augen suchten nur die Eine, und endlich – dort! Sie tanzte mit ihrem Vetter, dem jungen Deichgevollmächtigten; aber schon sah er sie nicht mehr; nur andere Dirnen aus Marsch und Geest, die ihn nicht kümmerten. Dann schnappten* Violinen und Klarinetten plötzlich ab, und der Tanz war zu Ende; aber gleich begann auch schon ein anderer. Hauke flog es durch den Kopf, ob denn Elke ihm auch Wort halten, ob sie nicht mit Ole Peters ihm vorbeitanzen werde. Fast hätte er einen Schrei bei dem Gedanken ausgestoßen; dann – – ja, was wollte er dann? Aber sie schien bei diesem Tanze gar nicht mitzuhalten, und endlich ging auch der zu Ende und ein anderer, ein Zweitritt*, der eben erst hier in die Mode gekommen war, folgte. Wie rasend setzte die Musik ein, die jungen Kerle stürzten zu den Dirnen, die Lichter an den Wänden flirrten. Hauke reckte sich fast den Hals aus, um die Tanzenden zu erkennen; und dort, im dritten Paare, das war Ole Peters; aber wer war die Tänzerin? Ein breiter Marschbursche stand vor ihr und deckte ihr Gesicht! Doch der Tanz raste weiter, und Ole mit seiner Partnerin drehte sich heraus; ›Vollina! Vollina Harders!‹ rief Hauke fast laut und seufzte dann gleich wieder erleichtert auf. Aber wo blieb Elke? Hatte sie keinen Tänzer, oder hatte sie alle ausgeschlagen, weil sie nicht mit Ole hatte tanzen wollen? – Und die Musik setzte wieder ab, und ein neuer Tanz begann; aber wieder sah er Elke nicht! Doch dort kam Ole,

Versammlungs-
raum in der
Dorfwirtschaft

brachen

Drehtanz im
Zweiviertel-
takt

noch immer die dicke Vollina in den Armen! ›Nun, nun‹, sagte Hauke; ›da wird Jeß Harders mit seinen fünfundzwanzig Demat auch wohl bald aufs ⌐Altenteil⌐ müssen! – Aber wo ist Elke?‹

Er verließ seinen Türpfosten und drängte sich weiter in den Saal hinein; da stand er plötzlich vor ihr, die mit einer älteren Freundin in der Ecke saß. ›Hauke!‹ rief sie, mit ihrem schmalen Antlitz zu ihm aufblickend; ›bist du hier? Ich sah dich doch nicht tanzen!‹

›Ich tanzte auch nicht‹, erwiderte er.

– ›Weshalb nicht, Hauke?‹ und sich halb erhebend, setzte sie hinzu: ›Willst du mit mir tanzen? Ich hab es Ole Peters nicht gegönnt; der kommt nicht wieder!‹

Aber Hauke machte keine Anstalt: ›Ich danke, Elke‹, sagte er; ›ich verstehe das nicht gut genug; sie könnten über dich lachen; und dann . . .‹ er stockte plötzlich und sah sie nur aus seinen grauen Augen herzlich an, als ob er's ihnen überlassen müsse, das Übrige zu sagen.

›Was meinst du, Hauke?‹ frug sie leise.

– ›Ich mein', Elke, es kann ja doch der Tag nicht schöner für mich ausgehn, als er's schon getan hat.‹

›Ja‹, sagte sie, ›du hast das Spiel gewonnen.‹

›Elke!‹ mahnte er kaum hörbar.

Da schlug ihr eine heiße Lohe in das Angesicht: ›Geh!‹ sagte sie; ›was willst du?‹ und schlug die Augen nieder.

Als aber die Freundin jetzt von einem Burschen zum Tanze fortgezogen wurde, sagte Hauke lauter: ›Ich dachte, Elke, ich hätt was Besseres gewonnen!‹

Noch ein paar Augenblicke suchten ihre Augen auf dem Boden; dann hob sie sie langsam, und ein Blick, mit der stillen Kraft ihres Wesens, traf in die seinen, der ihn wie Sommerluft durchströmte; ›Tu, wie dir ums Herz ist, Hauke!‹ sprach sie; ›wir sollten uns wohl kennen!‹

Elke tanzte an diesem Abend nicht mehr, und als Beide dann nach Hause gingen, hatten sie sich Hand in Hand gefaßt; aus der Himmelshöhe funkelten die Sterne über der schweigenden Marsch; ⌐ein leichter Ostwind¬ wehte und brachte strenge Kälte; die Beiden aber gingen, ⌐ohne viel Tücher und Umhang¬, dahin, als sei es plötzlich Frühling geworden.

Hauke hatte sich auf ein Ding besonnen, dessen passende Verwendung zwar in ungewisser Zukunft lag, mit dem er sich aber eine stille Feier zu bereiten gedachte. Deshalb ging er am nächsten Sonntag in die Stadt zum alten Goldschmied Andersen und bestellten einen starken Goldring. ›Streckt den Finger her, damit wir messen!‹ sagte der Alte und faßte ihm nach dem Goldfinger. ›Nun‹, meinte er, ›der ist nicht gar so dick, wie sie bei Euch Leuten sonst zu sein pflegen!‹ Aber Hauke sagte; ›Messet lieber am kleinen Finger!‹ und hielt ihm den entgegen.
Der Goldschmied sah ihn etwas verdutzt an; aber was kümmerten ihn die Einfälle der jungen Bauernburschen: ›Da werden wir schon so einen unter den Mädchenringen haben!‹ sagte er, und Hauke schoß das Blut durch beide Wangen. Aber der kleine Goldring paßte auf seinen kleinen Finger, und er nahm ihn hastig und bezahlte ihn mit blankem Silber; dann steckte er ihn unter lautem Herzklopfen, und als ob er einen feierlichen Akt begehe, in die Westentasche. Dort trug er ihn seitdem an jedem Tage mit Unruhe und doch mit Stolz, als sei die Westentasche nur dazu da, um einen Ring darin zu tragen.
Er trug ihn so über Jahr und Tag, ja der Ring mußte sogar aus dieser noch in eine neue Westentasche wandern; die Gelegenheit zu seiner Befreiung hatte sich noch immer nicht ergeben wollen. Wohl war's ihm durch den Kopf geflogen, nur graden Wegs vor seinen Wirt hinzutreten; sein Vater war ja doch auch ein Eingesessener! Aber wenn er ruhiger wurde, dann wußte er wohl, der alte Deichgraf würde seinen Kleinknecht ausgelacht haben. Und so lebten

er und des Deichgrafen Tochter neben einander hin; auch sie in mädchenhaftem Schweigen, und Beide doch, als ob sie allzeit Hand in Hand gingen.

Ein Jahr nach jenem Winterfesttag hatte Ole Peters seinen Dienst gekündigt und mit Vollina Harders Hochzeit gemacht; Hauke hatte recht gehabt: der Alte war auf Altenteil gegangen, und statt der dicken Tochter ritt nun der muntere Schwiegersohn die gelbe Stute in die Fenne und, wie es hieß, rückwärts* allzeit gegen den Deich hinan. Hauke war Großknecht geworden, und ein Jüngerer an seine Stelle getreten; wohl hatte der Deichgraf ihn erst nicht wollen aufrücken lassen. ›Kleinknecht ist besser!‹ hatte er gebrummt; ›ich brauch ihn hier bei meinen Büchern!‹ Aber Elke hatte ihm vorgehalten: ›dann geht auch Hauke, Vater!‹ Da war dem Alten bange geworden, und Hauke war zum Großknecht aufgerückt, hatte aber trotz dessen nach wie vor auch an der Deichgrafschaft mitgeholfen.

auf dem Rückweg

Nach einem anderen Jahr aber begann er gegen Elke davon zu reden, sein Vater werde kümmerlich, und die paar Tage, die der Wirt ihn im Sommer in dessen Wirtschaft lasse, täten's nun nicht mehr; der Alte quäle sich, er dürfe das nicht länger ansehen. – Es war ein Sommerabend; die Beiden standen im Dämmerschein unter der großen Esche vor der Haustür. Das Mädchen sah eine Weile stumm in die Zweige des Baumes hinauf; dann entgegnete sie: ›Ich hab's nicht sagen wollen, Hauke; ich dachte, du würdest selber wohl das Rechte treffen.‹

›Ich muß dann fort aus eurem Hause‹, sagte er, ›und kann nicht wiederkommen.‹

Sie schwiegen eine Weile und sahen in das Abendrot, das drüben hinterm Deiche in das Meer versank. ›Du mußt es wissen‹, sagte sie; ›ich war heut Morgen noch bei deinem Vater und fand ihn in seinem Lehnstuhl eingeschlafen; die Reißfeder* in der Hand, das Reißbrett mit einer halben Zeichnung lag vor ihm auf dem Tisch; – und da er erwacht

vgl. Erl. zu 14,35

war und mühsam ein Viertelstündchen mit mir geplaudert hatte, und ich nun gehen wollte, da hielt er mich so angstvoll an der Hand zurück, als fürchte er, es sei zum letzten Mal; aber . . .‹

›Was aber, Elke?‹ frug Hauke, da sie fortzufahren zögerte.

Ein paar Tränen rannen über die Wangen des Mädchens. ›Ich dacht nur an meinen Vater‹, sagte sie; ›glaub mir, es wird ihm schwer ankommen, dich zu missen.‹ Und als ob sie zu dem Worte sich ermannen müsse, fügte sie hinzu:

sich vorbereite

›Mir ist es oft, als ob auch er auf seine Totenkammer rüste*.‹

Hauke antwortete nicht; ihm war es plötzlich, als rühre sich der Ring in seiner Tasche; aber noch bevor er seinen Unmut über diese unwillkürliche Lebensregung unterdrückt hatte, fuhr Elke fort: ›Nein, zürn nicht, Hauke! Ich trau, du wirst auch so uns nicht verlassen!‹

Da ergriff er eifrig ihre Hand, und sie entzog sie ihm nicht. Noch eine Weile standen die jungen Menschen in dem sinkenden Dunkel bei einander, bis ihre Hände aus einander glitten, und Jedes seine Wege ging. – ⌜Ein Windstoß fuhr empor und rauschte durch die Eschenblätter und machte die Läden klappern, die an der Vorderseite des Hauses waren⌝; allmählich aber kam die Nacht, und Stille lag über der ungeheuren Ebene.

Durch Elkes Zutun war Hauke von dem alten Deichgrafen seines Dienstes entlassen worden, obgleich er ihm rechtzeitig nicht gekündigt hatte, und zwei neue Knechte waren jetzt im Hause. – Noch ein paar Monate weiter, dann starb Tede Haien; aber bevor er starb, rief er den Sohn an seine Lagerstatt: ›Setz dich zu mir, mein Kind‹, sagte der Alte mit matter Stimme, ›dicht zu mir! Du brauchst dich nicht zu fürchten; wer bei mir ist, das ist nur der dunkle Engel des Herrn, der mich zu rufen kommt.‹

Und der erschütterte Sohn setzte sich dicht an das dunkle Wandbett*: ›Sprecht, Vater, was Ihr noch zu sagen habt!‹ ›Ja, mein Sohn, noch Etwas‹, sagte der Alte und streckte seine Hände über das Deckbett. ›Als du, noch ein halber Junge, zu dem Deichgrafen in Dienst gingst, da lag's in deinem Kopf, das selbst einmal zu werden. Das hatte mich angesteckt, und ich dachte auch allmählich, du seiest der rechte Mann dazu. Aber dein Erbe war für solch ein Amt zu klein – ich habe während deiner Dienstzeit knapp gelebt – ich dacht es zu vermehren.‹

Nischenartig in die Wand eingebautes Bett mit Schiebetüren oder Vorhang

Hauke faßte heftig seines Vaters Hände, und der Alte suchte sich aufzurichten, daß er ihn sehen könne. ›Ja, ja, mein Sohn‹, sagte er, ›dort in der obersten Schublade der Schatulle* liegt das Dokument. Du weißt, die alte Antje Wohlers hat eine Fenne von fünf und einem halben Demat; aber sie konnte mit dem Mietgelde* allein in ihrem krüppelhaften Alter nicht mehr durchfinden; da habe ich allzeit um Martini eine bestimmte Summe, und auch mehr, wenn ich es hatte, dem armen Mensch gegeben; und dafür hat sie die Fenne mir übertragen; es ist Alles gerichtlich fertig. – – Nun liegt auch sie am Tode; ⌜die Krankheit unserer Marschen⌝, der Krebs, hat sie befallen; du wirst nicht mehr zu zahlen brauchen!‹

Kommode mit aufklappbarem Aufsatz

Pachtgeld; Summe, die sie aus der Verpachtung ihres Grunds erlöst

Eine Weile schloß er die Augen; dann sagte er noch: ›Es ist nicht viel; doch hast du mehr dann, als du bei mir gewohnt warst. Mög es dir zu deinem Erdenleben dienen!‹

Unter den Dankesworten des Sohnes schlief der Alte ein. Er hatte nichts mehr zu besorgen; und schon nach einigen Tagen hatte der dunkle Engel des Herrn ihm seine Augen für immer zugedrückt, und Hauke trat sein väterliches Erbe an.

– – Am Tage nach dem Begräbnis kam Elke in dessen Haus. ›Dank, daß du einguckst*, Elke!‹ rief Hauke ihr als Gruß entgegen.

hereinschaust

Aber sie erwiderte: ›Ich guck nicht ein; ich will bei dir ein wenig Ordnung schaffen, damit du ordentlich in deinem Hause wohnen kannst! Dein Vater hat vor seinen Zahlen und Rissen* nicht viel um sich gesehen, und auch der Tod schafft Wirrsal; ich will's dir wieder ein wenig lebig* machen!‹

gezeichneten Plänen

lebendig

Er sah aus seinen grauen Augen voll Vertrauen auf sie hin: ›So schaff nur Ordnung!‹ sagte er; ›ich hab's auch lieber.‹

Und dann begann sie aufzuräumen: das Reißbrett, das noch da lag, wurde abgestäubt und auf den Boden getragen; Reißfedern und Bleistift und Kreide sorgfältig in einer Schatullen-Schublade weggeschlossen; dann wurde die junge Dienstmagd zur Hülfe hereingerufen, und mit ihr das Geräte der ganzen Stube in eine andere und bessere Stellung gebracht, so daß es anschien*, als sei dieselbe nun heller und größer geworden. Lächelnd sagte Elke: ›Das können nur wir Frauen!‹ und Hauke, trotz seiner Trauer um den Vater, hatte mit glücklichen Augen zugesehen; auch wohl selber, wo es nötig war, geholfen.

den Anschein hatte

Und als gegen die Dämmerung – es war zu Anfang des Septembers – Alles war, wie sie es für ihn wollte, faßte sie seine Hand und nickte ihm mit ihren dunklen Augen zu: ›Nun komm und iß bei uns zu Abend; denn meinem Vater hab ich's versprechen müssen, dich mitzubringen; wenn du dann heimgehst, kannst du ruhig in dein Haus treten!‹

Als sie dann in die geräumige Wohnstube des Deichgrafen traten, wo bei verschlossenen Läden schon die beiden Lichter auf dem Tische brannten, wollte dieser aus seinem Lehnstuhl in die Höhe, aber mit seinem schweren Körper zurücksinkend, rief er nur seinem früheren Knecht entgegen: ›Recht, recht, Hauke, daß du deine alten Freunde aufsuchst! Komm nur näher, immer näher!‹ Und als Hauke an seinen Stuhl getreten war, faßte er dessen Hand mit seinen beiden runden Händen: ›Nun, nun, mein Junge‹, sagte er, ›sei nur ruhig jetzt; denn sterben müssen wir Alle, und dein Vater war keiner von den Schlechtesten! – Aber Elke, nun sorg, daß du den Braten auf den Tisch kriegst; wir müssen uns stärken! Es gibt viel Arbeit für uns, Hauke! Die ⌜Herbstschau⌝ ist in Anmarsch; Deich- und Sielrechnungen haushoch; der neuliche Deichschaden am Westerkoog* – ich weiß nicht, wo mir der Kopf steht; aber deiner, Gott Lob, ist um ein gut Stück jünger; du bist ein braver Junge, Hauke!‹

westlich liegender Koog

Und nach dieser langen Rede, womit der Alte sein ganzes Herz dargelegt hatte, ließ er sich in seinen Stuhl zurückfallen und blinzelte sehnsüchtig nach der Tür, durch welche Elke eben mit der Bratenschüssel hereintrat. Hauke stand lächelnd neben ihm. ›Nun setz dich‹, sagte der Deichgraf, ›damit wir nicht unnötig Zeit verspillen*; kalt schmeckt das nicht!‹

vergeuden

Und Hauke setzte sich; es schien ihm Selbstverstand*, die Arbeit von Elkes Vater mitzutun. Und als die Herbstschau dann gekommen war und ein paar Monde* mehr ins Jahr gingen, da hatte er freilich auch den besten Teil daran getan.«

selbstverständlich

Monate

⌜Der Erzähler⌝ hielt inne und blickte um sich. Ein Möwenschrei war gegen das Fenster geschlagen, und draußen vom Hausflur aus wurde ein Trampeln hörbar, als ob einer den Klei von seinen schweren Stiefeln abtrete.

Deichgraf und Gevollmächtigte wandten die Köpfe gegen die Stubentür. »Was ist?« rief der Erstere.

Ein starker Mann, den Südwester* auf dem Kopf, war eingetreten. »Herr«, sagte er, »wir Beide haben es gesehen, Hans Nickels und ich: der Schimmelreiter hat sich in den Bruch* gestürzt!«

wasserdichter breitkrempiger Schifferhut

Bruchstelle des Deichs

»Wo saht Ihr das?« frug der Deichgraf.

– »Es ist ja nur die eine Wehle*; in Jansens Fenne, wo der Hauke-Haienkoog beginnt.«

vgl. Erl. zu 11,21

»Saht Ihr's nur einmal?«

– »Nur einmal; es war auch nur wie Schatten; aber es braucht drum nicht das erste Mal gewesen zu sein.«

Der Deichgraf war aufgestanden. »Sie wollen entschuldigen«, sagte er, sich zu mir wendend, »wir müssen draußen nachsehn, wo das Unheil hin will!« Dann ging er mit dem Boten zur Tür hinaus; aber auch die übrige Gesellschaft brach auf und folgte ihm.

Ich blieb mit dem Schullehrer allein in dem großen öden Zimmer; durch die unverhangenen Fenster, welche nun nicht mehr durch die Rücken der davor sitzenden Gäste verdeckt wurden, sah man frei hinaus, und wie der Sturm die dunklen Wolken über den Himmel jagte. Der Alte saß noch auf seinem Platze, ein überlegenes, fast mitleidiges Lächeln auf seinen Lippen. »Es ist hier zu leer geworden«, sagte er; »darf ich Sie zu mir auf mein Zimmer laden? Ich wohne hier im Hause; und glauben Sie mir, ich kenne die Wetter hier am Deich; für uns ist nichts zu fürchten.«

Ich nahm das dankend an; denn auch mich wollte hier zu frösteln anfangen, und wir stiegen unter Mitnahme eines Lichtes die Stiegen zu einer Giebelstube hinauf, die zwar gleichfalls gegen Westen hinauslag, deren Fenster aber jetzt mit dunklen Wollteppichen verhangen waren. In einem Bücherregal sah ich eine kleine Bibliothek, daneben die Porträte zweier alter Professoren; vor einem Tische stand ein großer Ohrenlehnstuhl. »Machen Sie sich's bequem!« sagte mein freundlicher Wirt und warf einige Torf in den noch glimmenden kleinen Ofen, der oben von einem Blechkessel gekrönt war. »Nur noch ein Weilchen! Er wird bald sausen; dann brau ich uns ein Gläschen Grog*; das hält Sie munter!«

»Dessen bedarf es nicht«, sagte ich; »ich werd nicht schläfrig, wenn ich Ihren Hauke auf seinem Lebensweg begleite!«

– »Meinen Sie?« und er nickte mit seinen Klugen Augen zu mir herüber, nachdem ich behaglich in seinem Lehnstuhl untergebracht war. »Nun, wo blieben wir denn? – – Ja, ja; ich weiß schon! Also:

Rum mit heißem Wasser und Zucker

Der Schimmelreiter

Hauke hatte sein väterliches Erbe angetreten, und da die alte Antje Wohlers auch ihrem Leiden erlegen war, so hatte deren Fenne es vermehrt. Aber seit dem Tode, oder, richtiger, seit den letzten Worten seines Vaters war in ihm Etwas aufgewachsen, dessen Keim er schon seit seiner Knabenzeit in sich getragen hatte; er wiederholte es sich mehr als zu oft, er sei der rechte Mann, wenn's einen neuen Deichgrafen geben müsse. Das war es; sein Vater, der es verstehen mußte, der ja der klügste Mann im Dorf gewesen war, hatte ihm dieses Wort wie eine letzte Gabe seinem Erbe beigelegt; die Wohlersche Fenne, die er ihm auch verdankte, sollte den ersten Trittstein zu dieser Höhe bilden! Denn, freilich, auch mit dieser – ein Deichgraf mußte noch einen anderen Grundbesitz aufweisen können! – – Aber sein Vater hatte sich einsame Jahre knapp beholfen, und mit dem, was er sich entzogen hatte, war er des neuen Besitzes Herr geworden; das konnte er auch, er konnte noch mehr; denn seines Vaters Kraft war schon verbraucht gewesen, er aber konnte noch jahrelang die schwerste Arbeit tun! – – Freilich, wenn er es dadurch nach dieser Seite hin erzwang, durch die Schärfen und Spitzen, die er der Verwaltung seines alten Dienstherrn zugesetzt hatte, war ihm eben keine Freundschaft im Dorf zuwege gebracht worden, und Ole Peters, sein alter Widersacher, hatte jüngsthin eine Erbschaft getan und begann ein wohlhabender Mann zu werden! Eine Reihe von Gesichtern ging vor seinem inneren Blick vorüber, und sie sahen ihn alle mit bösen Augen an; da faßte ihn ein Groll gegen diese Menschen, er streckte die Arme aus, als griffe er nach ihnen; denn sie wollten ihn vom Amte drängen, zu dem von Allen nur er berufen war. – Und die Gedanken ließen ihn nicht; sie waren immer wieder da, und so wuchsen in seinem jungen Herzen neben der Ehrenhaftigkeit und Liebe auch die Ehrsucht und der Haß. Aber diese beiden verschloß er tief in seinem Inneren; selbst Elke ahnte nichts davon.

– Als das neue Jahr gekommen war, gab es eine Hochzeit; die Braut war eine Verwandte von den Haiens, und Hauke und Elke waren Beide dort geladene Gäste; ja, bei dem Hochzeitessen traf es sich durch das Ausbleiben eines näheren Verwandten, daß sie ihre Plätze nebeneinander fanden. Nur ein Lächeln, das über beider Antlitz glitt, verriet ihre Freude darüber. Aber Elke saß heute teilnahmlos in dem Geräusche des Plauderns und Gläserklirrens.

›Fehlt dir etwas?‹ frug Hauke.

– ›O, eigentlich nichts; es sind mir nur zu viele Menschen hier.‹

›Aber du siehst so traurig aus!‹

Sie schüttelte den Kopf; dann sprachen sie wieder nicht.

Da stieg es über ihr Schweigen wie Eifersucht in ihm auf, und heimlich unter dem überhängenden Tischtuch ergriff er ihre Hand; aber sie zuckte nicht, sie schloß sich wie vertrauensvoll um seine. Hatte ein Gefühl der Verlassenheit sie befallen, da ihre Augen täglich auf der hinfälligen Gestalt des Vaters haften mußten? – Hauke dachte nicht daran, sich so zu fragen; aber ihm stand der Atem still, als er jetzt seinen Goldring aus der Tasche zog. ›Läßt du ihn sitzen?‹ frug er zitternd, während er den Ring auf den Goldfinger der schmalen Hand schob.

Gegenüber am Tische saß die Frau Pastorin; sie legte plötzlich ihre Gabel hin und wandte sich zu ihrem Nachbar: ›Mein Gott, das Mädchen!‹ rief sie; ›sie wird ja totenblaß!‹

Aber das Blut kehrte schon zurück in Elkes Antlitz. ›Kannst du warten, Hauke?‹ frug sie leise.

Der kluge Friese besann sich doch noch ein paar Augenblicke. ›Auf was?‹ sagte er dann.

– ›Du weißt das wohl; ich brauch dir's nicht zu sagen.‹

›Du hast recht‹, sagte er; ›ja, Elke, ich kann warten – wenn's nur ein menschlich Abseh'n hat!‹

›O Gott, ich fürcht', ein nahes! Sprich nicht so, Hauke; du

Der Schimmelreiter

sprichst von meines Vaters Tod!‹ Sie legte die andere Hand
auf ihre Brust: ›Bis dahin‹, sagte sie, ›trag ich den Goldring
hier; du sollst nicht fürchten, daß du bei meiner Lebzeit ihn
zurückbekommst!‹

Da lächelten sie Beide, und ihre Hände preßten sich ineinander, daß bei anderer Gelegenheit das Mädchen wohl laut
aufgeschrien hätte.

Die Frau Pastorin hatte indessen unablässig nach Elkes
Augen hingesehen, die jetzt unter dem Spitzenstrich* des
goldbrokatenen Käppchens wie in dunklem Feuer brannten. Bei dem zunehmenden Getöse am Tische aber hatte sie
nichts verstanden; auch an ihren Nachbar wandte sie sich
nicht wieder; denn keimende Ehen – und um eine solche
schien es ihr sich denn doch hier zu handeln – schon um des
daneben keimenden Traupfennigs* für ihren Mann, den
Pastor, pflegte sie nicht zu stören.

Elkes Vorahnung war in Erfüllung gegangen; eines Morgens nach Ostern hatte man den Deichgrafen Tede Volkerts tot in seinem Bett gefunden; man sah's an seinem
Antlitz, ein ruhiges Ende war darauf geschrieben. Er hatte
auch mehrfach in den letzten Monden Lebensüberdruß ge-
äußert; sein Leibgericht, der Ofenbraten, ⌈selbst seine En-
ten⌉ hatten ihm nicht mehr schmecken wollen.

Und nun gab es eine große Leiche* im Dorf. Droben auf der
Geest auf dem Begräbnisplatz um die Kirche war zu Westen eine mit Schmiedegitter umhegte Grabstätte; ein breiter blauer Grabstein stand jetzt aufgehoben gegen eine
⌈Traueresche⌉, auf welchem das Bild des Todes mit stark
gezahnten Kiefern ausgehauen war; darunter in großen
Buchstaben:

> ⌈Dat is de Dot, de Allens fritt,
> Nimmt Kunst un Wetenschop di mit;
> De Kloke Mann ist nu vergån,
> Gott gäw em selik Uperstån.⌉

schmale Borte
aus geklöppel-
ter Spitze

Vom
Bräutigam für
die Trauung an
den Pfarrer zu
entrichtende
Gebühr

metonymisch
für: Begräbnis-
feier

Es war die Begräbnisstätte des früheren Deichgrafen Volkert Tedsen; nun war eine frische Grube gegraben, wo hinein dessen Sohn, der jetzt verstorbene Deichgraf Tede Volkerts begraben werden sollte. Und schon kam unten aus der Marsch der Leichenzug heran, eine Menge Wagen aus allen Kirchspielsdörfern*; auf dem vordersten stand der schwere Sarg, die beiden blanken Rappen des deichgräflichen Stalles zogen ihn schon den sandigen Anberg* zur Geest hinauf; Schweife und Mähnen der Pferde wehten in dem scharfen Frühjahrswind. Der Gottesacker um die Kirche war bis an die Wälle mit Menschen angefüllt; selbst auf dem gemauerten Tore huckten Buben mit kleinen Kindern in den Armen; sie wollten alle das Begraben ansehen.

Im Hause drunten in der Marsch hatte Elke in Pesel und Wohngelaß* das Leichenmahl gerüstet; alter Wein wurde bei den Gedecken hingestellt; an den Platz des Oberdeichgrafen – denn auch er war heut nicht ausgeblieben – und an den des Pastors je eine Flasche Langkork*. Als Alles besorgt war, ging sie durch den Stall vor die Hoftür; sie traf Niemanden auf ihrem Wege; die Knechte waren mit zwei Gespannen in der Leichenfuhr*. Hier blieb sie stehen und sah, während ihre Trauerkleider im Frühlingswinde flatterten, wie drüben an dem Dorfe jetzt die letzten Wagen zur Kirche hinauffuhren. Nach einer Weile entstand dort ein Gewühl, dem eine Totenstille zu folgen schien. Elke faltete die Hände; sie senkten wohl den Sarg jetzt in die Grube: ›Und zur Erde wieder sollst du werden!‹ Unwillkürlich, leise, als hätte sie von dort es hören können, sprach sie die Worte nach; dann füllten ihre Augen sich mit Tränen, ihre über der Brust gefalteten Hände sanken in den Schoß; ›Vater unser, der du bist im Himmel!‹ betete sie voll Inbrunst. Und als das Gebet des Herrn zu Ende war, stand sie noch lange unbeweglich, sie, die jetzige Herrin dieses großen Marschhofes; und Gedanken des Todes und des Lebens begannen sich in ihr zu streiten.

Dörfer aus einem Pfarrbezirk

Abhang

kleines, enges Zimmer

Flasche Wein, dessen Qualität durch einen langen Korken ausgewiesen wird

Reihe der Wagen, die den Sarg zum Friedhof geleitet

Ein fernes Rollen weckte sie. Als sie die Augen öffnete, sah sie schon wieder einen Wagen um den anderen in rascher Fahrt von der Marsch herab und gegen ihren Hof heran kommen. Sie richtete sich auf, blickte noch einmal scharf hinaus und ging dann, wie sie gekommen war, durch den Stall in die feierlich hergestellten Wohnräume zurück. Auch hier war Niemand; nur durch die Mauer hörte sie das Rumoren der Mägde in der Küche. Die Festtafel stand so still und einsam; ˥der Spiegel zwischen den Fenstern war mit weißen Tüchern zugesteckt und ebenso die Messingknöpfe an dem ˥Beilegerofen˥; es blinkte nichts mehr in der Stube˥. Elke sah die Türen vor dem Wandbett, in dem ihr Vater seinen letzten Schlaf getan hatte, offen stehen und ging hinzu und schob sie fest zusammen; wie gedankenlos las sie den Sinnspruch, der zwischen Rosen und Nelken mit goldenen Buchstaben darauf geschrieben stand:

>»Hest du din Dågwark richtig dån,
        Da kommt de Slåp von sülvst heran.«*

Das war noch von dem Großvater! – Einen Blick warf sie auf den Wandschrank; er war fast leer; aber durch die Glastüren sah sie noch den geschliffenen Pokal darin, der ihrem Vater, wie er gern erzählt hatte, einst bei einem ˥Ringreiten˥ in seiner Jugend als Preis zu Teil geworden war. Sie nahm ihn heraus und setzte ihn bei dem Gedeck des Oberdeichgrafen. Dann ging sie ans Fenster; denn schon hörte sie die Wagen an der Werfte heraufrollen; einer um den anderen hielt vor dem Hause, und munterer, als sie gekommen waren, sprangen jetzt die Gäste von ihren Sitzen auf den Boden. Hände reibend und plaudernd drängte sich Alles in die Stube; nicht lange, so setzte man sich an die festliche Tafel, auf der die wohlbereiteten Speisen dampften, im Pesel der Oberdeichgraf mit dem Pastor; und Lärm und lautes Schwatzen lief den Tisch entlang, als ob hier nimmer der Tod seine furchtbare Stille ausgebreitet hätte. Stumm, das Auge auf die Gäste, ging Elke mit den Mägden

»Hast du dein Tagwerk recht getan, / Dann kommt der Schlaf von selbst heran.«

an den Tischen herum, daß an dem Leichenmahle nichts versehen werde. Auch Hauke Haien saß im Wohnzimmer neben Ole Peters und anderen kleineren Besitzern.

Nachdem das Mahl beendet war, wurden die weißen Tonpfeifen aus der Ecke geholt und angebrannt, und Elke war wiederum geschäftig, die gefüllten Kaffeetassen den Gästen anzubieten; denn auch der wurde heute nicht gespart. Im Wohnzimmer an dem Pulte des eben Begrabenen stand der Oberdeichgraf im Gespräche mit dem Pastor und dem weißhaarigen Deichgevollmächtigten Jewe Manners. ›Alles gut, Ihr Herren‹, sagte der Erste, ›den alten Deichgrafen haben wir mit Ehren beigesetzt; aber woher nehmen wir den neuen? Ich denke, Manners, Ihr werdet Euch dieser Würde unterziehen müssen!‹

Der alte Manners hob lächelnd das schwarze Sammetkäppchen von seinen weißen Haaren: ›Herr Oberdeichgraf‹, sagte er, ›das Spiel würde zu kurz werden; als der verstorbene Tede Volkerts Deichgraf, da wurde ich Gevollmächtigter und bin es nun schon vierzig Jahre!‹

›Das ist kein Mangel, Manners; so kennt Ihr die Geschäfte um so besser und werdet nicht Not mit ihnen haben!‹

Aber der Alte schüttelte den Kopf: ›Nein, nein, Euer Gnaden, lasset mich, wo ich bin, so laufe ich wohl noch ein paar Jahre mit!‹

Der Pastor stand bei ihm: ›Weshalb‹, sagte er, ›nicht den ins Amt nehmen, der es tatsächlich in den letzten Jahren doch geführt hat?‹

Der Oberdeichgraf sah ihn an: ›Ich verstehe nicht, Herr Pastor!‹

Aber der Pastor wies mit dem Finger in den Pesel, wo Hauke in langsam ernster Weise zwei älteren Leuten Etwas zu erklären schien. ›Dort steht er‹, sagte er, ›die lange Friesengestalt mit den klugen grauen Augen neben der hageren Nase und den zwei Schädelwölbungen darüber! Er war des Alten Knecht und sitzt jetzt auf seiner eigenen kleinen Stelle; er ist zwar etwas jung!‹

›Er scheint ein Dreißiger‹, sagte der Oberdeichgraf, den ihm so Vorgestellten musternd.

›Er ist kaum vierundzwanzig‹, bemerkte der Gevollmächtigte Manners; ›aber der Pastor hat recht: was in den letzten Jahres Gutes für Deiche und Siele und dergleichen vom Deichgrafenamt in Vorschlag kam, das war von ihm; mit dem Alten war's doch zuletzt nichts mehr.‹

›So, so?‹ machte der Oberdeichgraf; ›und Ihr meinet, er wäre nun auch der Mann, um in das Amt seines alten Herrn einzurücken?‹

›Der Mann wäre er schon‹, entgegnete Jewe Manners; ›aber ihm fehlt das, was man hier »Klei unter den Füßen«* Landbesitz nennt; sein Vater hatte so um fünfzehn, er mag gut zwanzig Demat haben; aber damit ist bis jetzt hier Niemand Deichgraf geworden.‹

Der Pastor tat schon den Mund auf, als wolle er Etwas einwenden, da trat Elke Volkerts, die eine Weile schon im Zimmer gewesen, plötzlich zu ihnen: ›Wollen Euer Gnaden mir ein Wort erlauben?‹ sprach sie zu dem Oberbeamten; ›es ist nur, damit aus einem Irrtum nicht ein Unrecht werde!‹

›So sprecht, Jungfer Elke!‹ entgegnete dieser; ›Weisheit von hübschen Mädchenlippen hört sich allzeit gut!‹

– ›Es ist nicht Weisheit, Euer Gnaden; ich will nur die Wahrheit sagen.‹

›Auch die muß man ja hören können, Jungfer Elke!‹

Das Mädchen ließ ihre dunklen Augen noch einmal zur Seite gehen, als ob sie wegen überflüssiger Ohren sich versichern wolle: ›Euer Gnaden‹, begann sie dann, und ihre Brust hob sich in stärkerer Bewegung, ›mein Pate, Jewe Manners, sagte Ihnen, daß Hauke Haien nur etwa zwanzig Demat im Besitz habe; das ist im Augenblick auch richtig; aber sobald es sein muß, wird Hauke noch um so viel mehr sein eigen nennen, als dieser, meines Vaters, jetzt mein Hof, an Dematzahl beträgt; für einen Deichgrafen wird das zusammen denn wohl reichen.‹

Der alte Manners reckte den weißen Kopf gegen sie, als müsse er erst sehen, wer denn eigentlich da rede: ›Was ist das?‹ sagte er; ›Kind, was sprichst du da?‹

Aber Elke zog an einem schwärzen Bändchen einen blinkenden Goldring aus ihrem Mieder: ›Ich bin verlobt, Pate Manners‹, sagte sie; ›hier ist der Ring, und Hauke Haien ist mein Bräutigam.‹

– ›Und wann – ich darf's wohl fragen, da ich dich aus der Taufe hob, Elke Volkerts – wann ist denn das passiert?‹

– ›Das war schon vor geraumer Zeit; doch war ich mündig, Pate Manners‹, sagte sie; ›mein Vater war schon hinfällig geworden, und da ich ihn kannte, so wollt ich ihn nicht mehr damit beunruhigen; itzt, da er bei Gott ist, wird er einsehen, daß sein Kind bei diesem Manne wohl geborgen ist. Ich hätte es auch das Trauerjahr hindurch schon ausgeschwiegen*; jetzt aber, um Haukes und um des Kooges willen, hab ich reden müssen.‹ Und zum Oberdeichgrafen gewandt, setzte sie hinzu: ›Euer Gnaden wollen mir das verzeihen!‹

für mich behalten

Die drei Männer sahen sich an; der Pastor lachte, der alte Gevollmächtigte ließ es bei einem ›Hm, hm!‹ bewenden, während der Oberdeichgraf wie vor einer wichtigen Entscheidung sich die Stirn rieb. ›Ja, liebe Jungfer‹, sagte er endlich, ›aber wie steht es denn hier im Kooge mit den ⌈ehelichen Güterrechten⌉? Ich muß gestehen, ich bin augenblicklich nicht recht kapitelfest* in diesem Wirrsal!‹

eigentlich »bibelfest«: vertraut, in etwas geübt

›Das brauchen Euer Gnaden auch nicht‹, entgegnete des Deichgrafen Tochter, ›ich werde vor der Hochzeit meinem Bräutigam die Güter übertragen. Ich habe auch meinen kleinen Stolz‹, setzte sie lächelnd hinzu; ›ich will den reichsten Mann im Dorfe heiraten!‹

›Nun, Manners‹, meinte der Pastor, ›ich denke, Sie werden auch als Pate nichts dagegen haben, wenn ich den jungen Deichgrafen mit des alten Tochter zusammengebe!‹

Der Alte schüttelte leis den Kopf: ›Unser Herrgott gebe seinen Segen!‹ sagte er andächtig.

Der Oberdeichgraf aber reichte dem Mädchen seine Hand: ›Wahr und weise habt Ihr gesprochen, Elke Volkerts; ich danke Euch für so kräftige Erläuterungen und hoffe auch in Zukunft, und bei freundlicheren Gelegenheiten als heute, der Gast Eures Hauses zu sein; aber – daß ein Deichgraf von solch junger Jungfer gemacht wurde, das ist das Wunderbare an der Sache!‹

›Euer Gnaden‹, erwiderte Elke und sah den gütigen Oberbeamten noch einmal mit ihren ernsten Augen an, ›einem rechten Manne wird auch die Frau wohl helfen dürfen!‹ Dann ging sie in den anstoßenden Pesel und legte schweigend ihre Hand in Hauke Haiens.

Es war um mehrere Jahre später: in dem kleinen Hause Tede Haiens wohnte jetzt ein rüstiger Arbeiter mit Frau und Kind; der junge Deichgraf Hauke Haien saß mit seinem Weibe Elke Volkerts auf deren väterlicher Hofstelle. Im Sommer rauschte die gewaltige Esche* nach wie vor am Hause; aber auf der Bank, die jetzt darunter stand, sah man Abends meist nur die junge Frau, einsam mit einer häuslichen Arbeit in den Händen; noch immer fehlte ein Kind in dieser Ehe; der Mann aber hatte Anderes zu tun, als Feierabend vor der Tür zu halten; denn trotz seiner früheren Mithülfe lagen aus des Alten Amtsführung eine Menge unerledigter Dinge, an die auch er derzeit zu rühren nicht für gut gefunden hatte; jetzt aber mußte allmählich Alles aus dem Wege; er fegte mit einem scharfen Besen*. Dazu kam die Bewirtschaftung der durch seinen eigenen Landbesitz vergrößerten Stelle, bei der er gleichwohl den Kleinknecht noch zu sparen suchte; so sahen sich die beiden Eheleute außer am Sonntag, wo Kirchgang gehalten wurde, meist nur bei dem von Hauke eilig besorgten Mittagessen und beim Auf- und Niedergang des Tages; es war ein Leben fortgesetzter Arbeit, doch gleichwohl ein zufriedenes. Dann kam ein störendes Wort in Umlauf. – Als von den

vgl. Erl. zu 28,24–33 u. 59,28

er griff hart durch

jüngeren Besitzern der Marsch- und Geestgemeinde eines Sonntags nach der Kirche ein etwas unruhiger Trupp im Kruge droben am Trunke festgeblieben war, redeten sie beim vierten oder fünften Glase zwar nicht über König und Regierung – so hoch wurde damals noch nicht gegriffen –, wohl aber über Kommunal- und Oberbeamte, vor Allem über Gemeindeabgaben und -lasten, und je länger sie redeten, desto weniger fand davon Gnade vor ihren Augen, insonders nicht die neuen ⌜Deichlasten⌝; alle Sielen und Schleusen, die sonst immer gehalten hätten, seien jetzt reparaturbedürftig, am Deiche fänden sich immer neue Stellen, die Hunderte von Karren Erde nötig hätten; der Teufel möchte die Geschichte holen!

›Das kommt von Eurem klugen Deichgrafen‹, rief einer von den Geestleuten, ›der immer grübeln geht und seine Finger dann in Alles steckt!‹

›Ja, Marten‹, sagte Ole Peters, der dem Sprecher gegenüber saß; ›recht hast du, er ist hinterspinnig* und sucht beim Oberdeichgraf sich 'nen weißen Fuß* zu machen; aber wir haben ihn nun einmal!‹

›Warum habt ihr ihn euch aufhucken* lassen?‹ sagte der Andere; ›nun müßt ihr's bar bezahlen.‹

Ole Peters lachte. ›Ja, Marten Fedders, das ist nun so bei uns, und davon ist nichts abzukratzen: der alte wurde Deichgraf von seines Vaters, der neue von seines Weibes wegen.‹ Das Gelächter, das jetzt um den Tisch lief, zeigte, welchen Beifall das geprägte Wort gefunden hatte.

Aber es war an öffentlicher Wirtstafel gesprochen worden, es blieb nicht da, es lief bald um im Geest- wie unten in dem Marschdorf; so kam es auch an Hauke. Und wieder ging vor seinem inneren Auge die Reihe übelwollender Gesichter vorüber, und noch höhnischer, als es gewesen war, hörte er das Gelächter an dem Wirtshaustische. ›Hunde!‹ schrie er, und seine Augen sahen grimmig zur Seite, als wolle er sie peitschen lassen.

hinterlistig

beliebt

aufbürden, aufdrängen

Da legte Elke ihre Hand auf seinen Arm: ›Laß sie; die wären Alle gern, was du bist!‹

– ›Das ist es eben!‹ entgegnete er grollend.

›Und‹, fuhr sie fort, ›hat denn Ole Peters sich nicht selber eingefreit*?‹

eingeheiratet

›Das hat er, Elke; aber was er mit Vollina freite, das reichte nicht zum Deichgrafen!‹

– ›Sag lieber: *er* reichte nicht dazu!‹ und Elke drehte ihren Mann, ⌈so daß er sich im Spiegel sehen mußte⌉; denn sie standen zwischen den Fenstern in ihrem Zimmer. ›Da steht der Deichgraf!‹ sagte sie; ›nun sieh ihn an; nur wer ein Amt regieren kann, der hat es!‹

›Du hast nicht unrecht‹, entgegnete er sinnend, ›und doch . . . Nun, Elke; ich muß zur Osterschleuse; die Türen schließen wieder nicht!‹

Sie drückte ihm die Hand: ›Komm, sieh mich erst einmal an! Was hast du, deine Augen sehen so ins Weite?‹

›Nichts, Elke, du hast ja recht.‹ –

Er ging; aber nicht lange war er gegangen, so war die Schleusenreparatur vergessen. Ein anderer Gedanke, den er halb nur ausgedacht und seit Jahren mit sich umhergetragen hatte, der aber vor den drängenden Amtsgeschäften ganz zurückgetreten war, bemächtigte sich seiner jetzt aufs Neue und mächtiger als je zuvor, als seien plötzlich die Flügel ihm gewachsen.

Kaum daß er es selber wußte, befand er sich oben auf dem Hafdeich*, schon eine weite Strecke ⌈südwärts⌉ nach der Stadt zu; das Dorf, das nach dieser Seite hinauslag, war ihm zur Linken längst verschwunden; noch immer schritt er weiter, seine Augen unablässig nach der Seeseite auf das breite Vorland* gerichtet; wäre Jemand neben ihm gegangen, er hätte es sehen müssen, welche eindringliche Geistesarbeit hinter diesen Augen vorging. Endlich blieb er stehen: das Vorland schwand hier zu einem schmalen Streifen an dem Deich zusammen. ›Es muß gehen!‹ sprach er bei

Der Deich, der am Watten-meer liegt

vgl. Storms Erl. S. 137,20

sich selbst. ›Sieben Jahr im Amt; sie sollen nicht mehr sagen, daß ich nur Deichgraf bin von meines Weibes wegen!‹
Noch immer stand er, und seine Blicke schweiften scharf und bedächtig nach allen Seiten über das grüne Vorland; dann ging er zurück, bis wo auch hier ein schmaler Streifen grünen Weidelands die vor ihm liegende breite Landfläche ablöste. Hart an dem Deiche aber schoß ein starker Meeresstrom durch diese, der fast das ganze Vorland von dem Festlande trennte und zu einer Hallig machte; eine rohe Holzbrücke führte nach dort hinüber, damit man mit Vieh und Heu- oder Getreidewagen hinüber und wieder zurück gelangen könne. Jetzt war es Ebbzeit, ⌜und die goldene Septembersonne glitzerte auf dem etwa hundert Schritte breiten Schlickstreifen und auf dem tiefen Priel* in seiner Mitte, durch den auch jetzt das Meer noch seine Wasser trieb.

vgl. Storms Erl. S. 137,23

›Das läßt sich dämmen!‹ sprach Hauke bei sich selber, nachdem er diesem Spiele eine Zeit lang zugesehen; dann blickte er auf, und von dem Deiche, auf dem er stand, über den Priel hinweg, zog er in Gedanken eine Linie längs dem Rande des abgetrennten Landes, nach Süden herum und ostwärts wiederum zurück über die dortige Fortsetzung des Prieles und an den Deich heran. Die Linie aber, welche er unsichtbar gezogen hatte, war ein neuer Deich, neu auch in der Konstruktion seines Profiles, welches bis jetzt nur noch in seinem Kopf vorhanden war.⌝
›Das gäbe einen Koog von circa tausend Demat‹, sprach er lächelnd zu sich selber; ›nicht groß just; aber . . .‹
Eine andere Kalkulation überkam ihn: das Vorland gehörte hier der Gemeinde, ihren einzelnen Mitgliedern eine Zahl von Anteilen, je nach der Größe ihres Besitzes im Gemeindebezirk oder nach sonst zur Recht bestehender Erwerbung; er begann zusammenzuzählen, wie viel Anteile er von seinem, wie viele er von Elkes Vaters überkommen*, und was an solchen er während seiner Ehe schon selbst gekauft hatte, teils in dem dunklen Gefühle eines künftigen

ererbt

Der Schimmelreiter

Vorteils, teils bei Vermehrung seiner Schafzucht. Es war schon eine ansehnliche Menge; denn auch von Ole Peters hatte er dessen sämtliche Teile angekauft, da es diesem zum Verdruß geschlagen war, als bei einer teilweisen Über-strömung ihm sein bester Schafbock ertrunken war. Aber das war ein seltsamer Unfall gewesen; denn soweit Haukes Gedächtnis reichte, waren selbst bei hohen Fluten dort nur die Ränder überströmt worden. Welch treffliches Weide-und Kornland mußte es geben und von welchem Werte, wenn das Alles von seinem neuen Deich umgeben war! Wie ein Rausch stieg es ihm ins Gehirn: aber er preßte die Nägel in seine Handfläche und zwang seine Augen, klar und nüchtern zu sehen, was dort vor ihm lag: eine große deich-lose Fläche, wer wußte es, welchen Stürmen und Fluten schon in den nächsten Jahren preisgegeben, an deren äu-ßerstem Rande jetzt ein Trupp von schmutzigen Schafen langsam grasend entlang wanderte; dazu für ihn ein Hau-fen Arbeit, Kampf und Ärger! Trotz alledem, als er vom Deich hinab und den Fußsteig über die Fennen auf seine Werfte zuging, ihm war's, als brächte er einen großen Schatz mit sich nach Hause.

Auf dem Flur trat Elke ihm entgegen: ›Wie war es mit der Schleuse?‹ fragte sie.

Er sah mit geheimnisvollem Lächeln auf sie nieder: ›Wir werden bald eine andere Schleuse brauchen‹, sagte er; ›und Sielen und einen neuen Deich!‹

›Ich versteh dich nicht‹, entgegnete Elke, während sie in das Zimmer gingen; ›was willst du, Hauke?‹

›Ich will‹, sagte er langsam und hielt dann einen Augen-blick inne, ›ich will, daß das große Vorland, das unserer Hofstatt gegenüber beginnt und dann nach Westen ausgeht, zu einem festen Kooge eingedeicht werde: die ho-hen Fluten haben fast ein Menschenalter uns in Ruh gelas-sen; wenn aber eine von den schlimmen wiederkommt und den ⌐Anwachs⌐ stört, so kann mit einem Mal die ganze

Herrlichkeit zu Ende sein; nur der alte Schlendrian hat das bis heut so lassen können!‹

Sie sah ihn voll Erstaunen an: ›So schiltst du dich ja selber!‹ sagte sie.

– ›Das tu ich, Elke; aber es war bisher auch so viel Anderes zu beschaffen!‹

›Ja, Hauke; gewiß, du hast genug getan!‹

Er hatte sich in den Lehnstuhl des alten Deichgrafen gesetzt und seine Hände griffen fest um beide Lehnen.

›Hast du denn guten Mut dazu?‹ frug ihn sein Weib.

– ›Das hab ich, Elke!‹ sprach er hastig.

›Sei nicht zu rasch, Hauke; das ist ein Werk auf Tod und Leben; und fast Alle werden dir entgegen sein, man wird dir deine Müh und Sorg nicht danken!‹

Er nickte: ›Ich weiß!‹ sagte er.

›Und wenn es nun nicht gelänge!‹ rief sie wieder; ›von Kindesbeinen an hab ich gehört, der Priel sei nicht zu stopfen, und darum dürfe nicht daran gerührt werden.‹

›Das war ein Vorwand für die Faulen!‹ sagte Hauke; ›weshalb denn sollte man den Priel nicht stopfen können?‹

– ›Das hört ich nicht; vielleicht, weil er gerade durchgeht; die Spülung ist zu stark.‹ – Eine Erinnerung überkam sie, und ein fast schelmisches Lächeln brach aus ihren ernsten Augen: ⌐›Als ich Kind war‹, sprach sie, ›hörte ich einmal die Knechte darüber reden; sie meinten, wenn ein Damm dort halten solle, müsse was Lebigs* da hineingeworfen und mit verdämmt werden; bei einem Deichbau auf der anderen Seite, vor wohl hundert Jahren, sei ein Zigeunerkind verdämmt worden, das sie um schweres Geld der Mutter abgehandelt hätten; jetzt aber würde wohl Keine ihr Kind verkaufen!⌐

Hauke schüttelte den Kopf: ›Da ist es gut, daß wir keins haben; sie würden es sonst noch schier von uns verlangen!‹

›Sie sollten's nicht bekommen!‹ sagte Elke und schlug wie in Angst die Arme über ihren Leib.

vgl. Erl. zu 25,21–22

Und Hauke lächelte; doch sie frug noch einmal: ›Und die ungeheuren Kosten? Hast du das bedacht?‹

– ›Das hab ich, Elke; was wir dort herausbringen, wird sie bei Weitem überholen, auch die Erhaltungskosten des alten Deiches gehen für ein gut Stück in dem neuen unter; wir arbeiten ja selbst und haben über achtzig Gespanne in der Gemeinde, und an jungen Fäusten ist hier auch kein Mangel. Du sollst mich wenigstens nicht umsonst zum Deichgrafen gemacht haben, Elke; ich will ihnen zeigen, daß ich einer bin!‹

Sie hatte sich vor ihm niedergehuckt* und ihn sorgvoll angeblickt; nun erhob sie sich mit einem Seufzer: ›Ich muß weiter zu meinem Tagwerk‹, sagte sie, und ihre Hand strich langsam über seine Wange; ›tu du das deine, Hauke!‹ niedergehockt

›Amen, Elke«‹ sprach er mit ernstem Lächeln; ›Arbeit ist für uns Beide da!‹

– – Und es war Arbeit genug für Beide, die schwerste Last aber fiel jetzt auf des Mannes Schulter. An Sonntagnachmittagen, oft auch nach Feierabend, saß Hauke mit einem tüchtigen Feldmesser zusammen, vertieft in Rechenaufgaben, Zeichnungen und Rissen*; war er allein, dann ging es ebenso und endete oft weit nach Mitternacht. Dann schlich er in die gemeinsame Schlafkammer – denn die dumpfen Wandbetten im Wohngemach wurden in Haukes Wirtschaft nicht mehr gebraucht – und sein Weib, damit er endlich nur zur Ruhe komme, lag wie schlafend mit geschlossenen Augen, obgleich sie mit klopfendem Herzen nur auf ihn gewartet hatte; dann küßte er mitunter ihre Stirn und sprach ein leises Liebeswort dabei, und legte sich selbst zum Schlafe, der ihm oft nur beim ersten Hahnenkraht* zu Willen war. Im Wintersturm lief er auf den Deich hinaus, mit Bleistift und Papier in der Hand, und stand und zeichnete und notierte, während ein Windstoß ihm die Mütze vom Kopf riß, und das lange, fahle Haar ihm um sein heißes Antlitz flog; bald fuhr er, solange nur das Eis gezeichneten Pläne eines Bauwerks Hahnenschrei ihm nicht den Weg versperrte, mit einem Knecht zu Boot ins Wattenmeer hinaus und maß dort mit Lot und Stange die Tiefen der Ströme, über die er noch nicht sicher war. Elke zitterte oft genug für ihn; aber war er wieder da, so hätte er das nur aus ihrem festen Händedruck oder dem ⌐leuchtenden Blitz¬ aus ihren sonst so stillen Augen merken können. ›Geduld, Elke‹, sagte er, da ihm einmal war, als ob sein Weib ihn nicht lassen könne; ›ich muß erst selbst im Reinen sein, bevor ich meinen Antrag stelle!‹ Da nickte sie und ließ ihn gehen. Der Ritte in die Stadt zum Oberdeichgrafen wurden auch nicht wenige, und allem diesen und den Mühen in Haus- und Landwirtschaft folgten immer wieder die Arbeiten in die Nacht hinein. Sein Verkehr mit anderen Menschen außer in Arbeit und Geschäft verschwand fast ganz; selbst der mit seinem Weibe wurde immer weniger. ›Es sind schlimme Zeiten, und sie werden noch lange dauern‹, sprach Elke bei sich selber, und ging an ihre Arbeit.

Endlich, Sonne und Frühlingswinde hatten schon überall das Eis gebrochen, war auch die letzte Vorarbeit getan; die Eingabe an den Oberdeichgrafen zur Befürwortung an höherem Orte, enthaltend den Vorschlag einer Bedeichung des erwähnten Vorlandes, zur Förderung des öffentlichen Besten, insonders des Kooges, wie nicht weniger der Herrschaftlichen Kasse, da höchstderselben in kurzen Jahren die Abgabe von circa 1000 Demat daraus erwachsen würden, – war sauber abgeschrieben und nebst anliegenden Rissen und Zeichnungen aller Lokalitäten, jetzt und künftig, der Schleusen und Siele und was noch sonst dazu gehörte, in ein festes Konvolut* gepackt und mit dem deichgräflichen Amtssiegel versehen worden.

Bündel von Schriftsachen und Dokumenten

›Da ist es, Elke‹, sagte der junge Deichgraf, ›nun gib ihm deinen Segen!‹

Elke legte ihre Hand in seine: ›Wir wollen fest zusammenhalten‹, sagte sie.

– ›Das wollen wir.‹

Dann wurde die Eingabe durch einen reitenden Boten in die Stadt gesandt.

Sie wollen bemerken, lieber Herr«, unterbrach der Schulmeister seine Erzählung, mich freundlich mit seinen feinen Augen fixierend, »daß ich das bisher Berichtete während meiner fast vierzigjährigen Wirksamkeit in diesem Kooge aus den Überlieferungen verständiger Leute, oder aus Erzählungen der Enkel und Urenkel solcher zusammengefunden habe; was ich, damit Sie dieses mit dem endlichen Verlauf in Einklang zu bringen vermögen, Ihnen jetzt vorzutragen habe, das war derzeit und ist auch jetzt noch das Geschwätz des ganzen Marschdorfes, sobald nur ⌐um Allerheiligen die Spinnräder an zu schnurren fangen⌐.

Von der Hofstelle des Deichgrafen, etwa fünf- bis sechshundert Schritte weiter nordwärts, sah man derzeit, wenn man auf dem Deiche stand, ein paar tausend Schritt ins Wattenmeer hinaus und etwas weiter von dem gegenüberliegenden Marschufer entfernt eine kleine Hallig, die sie ›Jeverssand‹, auch ›Jevershallig‹ nannten. Von den derzeitigen Großvätern war sie noch zur Schafweide benutzt worden, denn Gras war damals noch darauf gewachsen; aber auch das hatte aufgehört, weil die niedrige Hallig ein paar Mal, und just im Hochsommer, unter Seewasser gekommen und der Graswuchs dadurch verkümmert und auch zur Schafweide unnutzbar geworden war. So kam es denn, daß außer von Möwen und den anderen Vögeln, die am Strande fliegen, und etwa einmal von einem Fischadler, dort kein Besuch mehr stattfand; und an mondhellen Abenden sah man vom Deiche aus nur die Nebeldünste leichter oder schwerer darüber hinziehen. Ein paar weißgebleichte Knochengerüste ertrunkener Schafe und das Gerippe eines Pferdes, von dem freilich Niemand begriff, wie es dort hingekommen sei, sollte man, wenn der Mond von Osten auf die Hallig schien, dort auch erkennen können.

Es war zu Ende März, als an dieser Stelle nach Feierabend der Tagelöhner aus dem Tede Haienschen Hause und Iven Johns, der Knecht des jungen Deichgrafen, nebeneinander standen und unbeweglich nach der im trüben Mondduft* kaum erkennbaren Hallig hinüberstarrten; etwas Auffälliges schien sie dort so festzuhalten. Der Tagelöhner steckte die Hände in die Tasche und schüttelte sich: ›Komm, Iven‹, sagte er, ›das ist nichts Gutes; laß uns nach Hause gehen!‹

dunstverhangenen Mondlicht

Der Andere lachte, wenn auch ein Grauen bei ihm hindurchklang: ›Ei was! Es ist eine lebige Kreatur, eine große! Wer, zum Teufel, hat sie nach dem Schlickstück hinaufgejagt! Sie nur, nun reckt's den Hals zu uns hinüber! Nein, es senkt den Kopf; es frißt! Ich dächt, es wär dort nichts zu fressen! Was es nur sein mag?‹

›Was geht das uns an!‹ entgegnete der Andere. ›Gute Nacht, Iven, wenn du nicht mit willst; ich gehe nach Hause!‹

– ›Ja, ja; du hast ein Weib, du kommst ins warme Bett! Bei mir ist auch in meiner Kammer lauter Märzenluft!‹

›Gut Nacht denn!‹ rief der Tagelöhner zurück, während er auf dem Deich nach Hause trabte. Der Knecht sah sich ein paar Mal nach dem Fortlaufenden um; aber die Begier, Unheimliches zu schauen, hielt ihn noch fest. Da kam eine untersetzte, dunkle Gestalt auf dem Deich vom Dorf her gegen ihn heran; es war der Dienstjunge des Deichgrafen. ›Was willst du, Carsten?‹ rief ihm der Knecht entgegen.

›Ich? – nichts‹, sagte der Junge; ›aber unser Wirt will dich sprechen, Iven Johns!‹

Der Knecht hatte die Augen schon wieder nach der Hallig: ›Gleich; ich komme gleich!‹ sagte er.

›Wonach guckst du denn so?‹ frug der Junge.

Der Knecht hob den Arm und wies stumm nach der Hallig.

›Oha!‹ flüsterte der Junge; ›da geht ein Pferd – ein Schimmel – das muß der Teufel reiten – wie kommt ein Pferd nach Jevershallig?‹

– ›Weiß nicht, Carsten; wenn's nur ein richtiges Pferd ist!‹

›Ja, ja, Iven; sieh nur, es frißt ganz wie ein Pferd! Aber wer hat's dahin gebracht; wir haben im Dorf so große Böte* gar nicht! Vielleicht auch ist es nur ein Schaf; Peter Ohm sagt, im Mondschein wird aus zehn Torfringeln* ein ganzes Dorf. Nein, sieh! Nun springt es – es muß doch ein Pferd sein!‹

Boote

zu Ringen auf-
geschichteten
Torfstücken

Beide standen eine Weile schweigend, die Augen nur nach Dem gerichtet, was sie drüben undeutlich vor sich gehen sahen. Der Mond stand hoch am Himmel und beschien das weite Wattenmeer, das eben in der steigenden Flut seine Wasser über die glitzernden Schlickflächen zu spülen begann; nur das leise Geräusch des Wassers, keine Tierstimme war in der ungeheuren Weite hier zu hören; auch in der Marsch, hinter dem Deiche, war es leer; Kühe und Rinder waren alle noch in den Ställen. Nichts regte sich; nur was sie für ein Pferd, einen Schimmel hielten, schien dort auf Jevershallig noch beweglich. ›Es wird heller‹, unterbrach der Knecht die Stille; ›ich sehe deutlich die weißen Schafgerippe schimmern!‹

›Ich auch‹, sagte der Junge, und reckte den Hals; dann aber, als komme es ihm plötzlich, zupfte er den Knecht am Ärmel: ›Iven‹, raunte er, ›das Pferdsgerippe, das sonst dabei lag, wo ist es? Ich kann's nicht sehen!‹

›Ich seh es auch nicht! Seltsam!‹ sagte der Knecht.

– ›Nicht so seltsam, Iven! Mitunter, ich weiß nicht, in welchen Nächten, sollen die Knochen sich erheben und tun, als ob sie lebig wären!‹

›So?‹ machte der Knecht; ›das ist ja Altweiberglaube!‹

›Kann sein, Iven‹, meinte der Junge.

›Aber, ich mein, du sollst mich holen; komm, wir müssen nach Haus! Es bleibt hier immer doch dasselbe.‹

Der Junge war nicht fortzubringen, bis der Knecht ihn mit Gewalt herumgedreht und auf den Weg gebracht hatte. ›Hör, Carsten‹, sagte dieser, als die gespensterhafte Hallig ihnen schon ein gut Stück im Rücken lag, ›du giltst ja für einen Allerweltsbengel; ich glaub, du möchtest das am liebsten selber untersuchen!‹

›Ja‹, entgegnete Carsten, nachträglich noch ein wenig schaudernd, ›ja, das möcht ich, Iven!‹

– ›Ist das dein Ernst? – dann‹, sagte der Knecht, nachdem der Junge ihm nachdrücklich darauf die Hand geboten hatte, ›lösen wir morgen Abend unser Boot; du fährst nach Jeverssand; ich bleib so lange auf dem Deiche stehen.‹

›Ja‹, erwiderte der Junge, ›das geht! Ich nehme meine Peitsche mit!‹

›Tu das!‹

Schweigend kamen sie an das Haus ihrer Herrschaft, zu dem sie langsam die hohe Werft hinanstiegen.

Um dieselbe Zeit des folgenden Abends saß der Knecht auf dem großen Steine vor der Stalltür, als der Junge mit seiner Peitsche knallend zu ihm kam. ›Das pfeift ja wunderlich!‹ sagte Jener.

›Freilich, nimm dich in Acht‹, entgegnete der Junge; ›ich hab auch Nägel in die Schnur geflochten.‹

›So komm!‹ sagte der Andere.

Der Mond stand, wie gestern, am Osthimmel und schien klar aus seiner Höhe. Bald waren Beide wieder draußen auf dem Deich und sahen hinüber nach Jevershallig, die wie ein Nebelfleck im Wasser stand. ›Da geht es wieder‹, sagte der Knecht; ›nach Mittag war ich hier, da war's nicht da; aber ich sah deutlich das weiße Pferdegerippe liegen!‹

Der Junge reckte den Hals: ›Das ist jetzt nicht da, Iven‹, flüsterte er.

›Nun, Carsten, wie ist's?‹ sagte der Knecht. ›Juckt's dich noch, hinüberzufahren?‹

Carsten besann sich einen Augenblick; dann klatschte er mit seiner Peitsche in die Luft: ›Mach nur das Boot los, Iven!‹

Drüben aber war es, als hebe, was dorten ging, den Hals,

und recke gegen das Festland hin den Kopf. Sie sahen es nicht mehr; sie gingen schon den Deich hinab und bis zur Stelle, wo das Boot gelegen war. ›Nun, steig nur ein!‹ sagte der Knecht, nachdem er es losgebunden hatte. ›Ich bleib, bis du zurück bist! Zu Osten mußt du anlegen; da hat man immer landen können!‹ Und der Junge nickte schweigend und fuhr mit seiner Peitsche in die Mondnacht hinaus; der Knecht wanderte unterm Deich zurück und bestieg ihn wieder an der Stelle, wo sie vorhin gestanden hatten. Bald sah er, wie drüben bei einer schroffen, dunklen Stelle, an die ein breiter Priel hinanführte, das Boot sich beilegte, und eine untersetzte Gestalt daraus an Land sprang. – War's nicht, als klatschte der Junge mit seiner Peitsche? Aber es konnte auch das Geräusch der steigenden Flut sein. Mehrere hundert Schritte nordwärts sah er, was sie für einen Schimmel angesehen hatten; und jetzt! – ja, die Gestalt des Jungen kam gerade darauf zugegangen. Nun hob es den Kopf, als ob es stutze; und der Junge – es war deutlich jetzt zu hören – klatschte mit der Peitsche. Aber – was fiel ihm ein? er kehrte um, er ging den Weg zurück, den er gekommen war. Das drüben schien unablässig fortzuweiden, kein Wiehern war von dort zu hören gewesen; wie weiße Wasserstreifen schien es mitunter über die Erscheinung hinzuziehen. Der Knecht sah wie gebannt hinüber.

Da hörte er das Anlegen des Bootes am diesseitigen Ufer, und bald sah er aus der Dämmerung den Jungen gegen sich am Deich heraufsteigen. ›Nun, Carsten‹, frug er, ›was war es?‹

Der Junge schüttelte den Kopf. ›Nichts war es!‹ sagte er. ›Noch kurz vom Boot aus hatt ich es gesehen; dann aber, als ich auf der Hallig war – weiß der Henker, wo sich das Tier verkrochen hatte; der Mond schien doch hell genug; aber als ich an die Stelle kam, war nichts da als die bleichen Knochen von einem halben Dutzend Schafen, und etwas weiter lag auch das Pferdsgerippe mit seinem weißen, lan-

gen Schädel und ließ den Mond in seine leeren Augenhöh-
len scheinen!‹

›Hm!‹ meinte der Knecht; ›hast auch recht zugesehen?‹

›Ja, Iven, ich stand dabei; ein gottvergessener ⌜Kiewiet⌝, der
hinter dem Gerippe sich zur Nachtruh hingeduckt hatte,
flog schreiend auf, daß ich erschrak und ein paar Mal mit
der Peitsche hintennach klatschte.‹

›Und das war Alles?‹

›Ja, Iven; ich weiß nicht mehr.‹

›Es ist auch genug‹, sagte der Knecht, zog den Jungen am
Arm zu sich heran und wies hinüber nach der Hallig. ›Dort,
siehst du etwas, Carsten?‹

– ›Wahrhaftig, da geht's ja wieder!‹

›Wieder?‹ sagte der Knecht; ›ich hab die ganze Zeit hin-
übergeschaut; aber es ist gar nicht fortgewesen; du gingst ja
gerade auf das Unwesen los!‹

Der Junge starrte ihn an; ein Entsetzen lag plötzlich auf
seinem sonst so kecken Angesicht, das auch dem Knechte
nicht entging. ›Komm!‹ sagte dieser, ›wir wollen nach
Haus: ⌜von hier aus geht's wie lebig, und drüben liegen nur
die Knochen⌝ – das ist mehr, als du und ich begreifen können. Schweig aber still davon, man darf dergleichen nicht
verreden!‹

So wandten sie sich, und der Junge trabte neben ihm; sie
sprachen nicht, und die Marsch lag in lautlosem Schweigen
an ihrer Seite.

– – Nachdem aber der Mond zurückgegangen, und die
Nächte dunkel geworden waren, geschah ein Anderes.

Hauke Haien war zur Zeit des Pferdemarktes in die Stadt
geritten, ohne jedoch mit diesem dort zu tun zu haben.
Gleichwohl, da er gegen Abend heimkam, brachte er ein
zweites Pferd mit sich nach Hause; aber es war rauhhaarig
und mager, daß man jede Rippe zählen konnte, und die
Augen lagen ihm matt und eingefallen in den Schädelhöh-
len. Elke war vor die Haustür getreten, um ihren Ehelieb-

sten zu empfangen: ›Hilf Himmel!‹ rief sie, ›was soll uns der alte Schimmel?‹ Denn da Hauke mit ihm vor das Haus geritten kam und unter der Esche hielt, hatte sie gesehen, daß die arme Kreatur auch lahme.

Der junge Deichgraf aber sprang lachend von seinem braunen ⌈Wallach⌉: ›Laß nur, Elke; es kostet auch nicht viel!‹

Die kluge Frau erwiderte: ›Du weißt doch, das Wohlfeilste ist auch meist das Teuerste.‹

– ›Aber nicht immer, Elke; das Tier ist höchstens vier Jahre alt; sieh es dir nur genauer an! Es ist verhungert und mißhandelt; da soll ihm unser Hafer gut tun; ich werd es selbst versorgen, damit sie mir's nicht überfüttern.‹

Das Tier stand indessen mit gesenktem Kopf; die Mähnen hingen lang am Hals herunter. Frau Elke, während ihr Mann nach den Knechten rief, ging betrachtend um dasselbe herum; aber sie schüttelte den Kopf: ›So eins ist noch nie in unserem Stall gewesen!‹

Als jetzt der Dienstjunge um die Hausecke kam, blieb er plötzlich mit erschrocknen Augen stehen. ›Nun, Carsten‹, rief der Deichgraf, ›was fährt dir in die Knochen? Gefällt dir mein Schimmel nicht?‹

›Ja – o ja, uns' Weert, warum denn nicht!‹

– ›So bring die Tiere in den Stall; gib ihnen kein Futter; ich komme gleich selber hin!‹

Der Junge faßte mit Vorsicht den Halfter des Schimmels und griff dann hastig, wie zum Schutze nach dem Zügel des ihm ebenfalls vertrauten Wallachs. Hauke aber ging mit seinem Weibe in das Zimmer; ein Warmbier* hatte sie für ihn bereit, und Brot und Butter waren auch zur Stelle.   *eine Biersuppe

Er war bald gesättigt; dann stand er auf und ging mit seiner Frau im Zimmer auf und ab. ›Laß dir erzählen, Elke‹, sagte er, ⌈während der Abendschein auf den Kacheln an den Wänden spielte⌉, ›wie ich zu dem Tier gekommen bin: ich war wohl eine Stunde beim Oberdeichgrafen gewesen; er hatte gute Kunde für mich – es wird wohl dies und jenes anders werden als in meinen Rissen; aber die Hauptsache, mein Profil ist akzeptiert, und schon in den nächsten Tagen kann der Befehl zum neuen Deichbau da sein!‹

Elke seufzte unwillkürlich: ›Also doch?‹ sagte sie sorgenvoll.

›Ja, Frau‹, entgegnete Hauke; ›hart wird's hergehen; aber dazu, denk ich, hat der Herrgott uns zusammengebracht! Unsere Wirtschaft ist jetzt so gut in Ordnung, ein groß Teil kannst du schon auf deine Schultern nehmen; denk nur um zehn Jahr weiter – dann stehen wir vor einem anderen Besitz.‹

Sie hatte bei seinen ersten Worten die Hand ihres Mannes versichernd in die ihrigen gepreßt; seine letzten Worte konnten sie nicht erfreuen. ›Für wen soll der Besitz?‹ sagte sie. ›Du müßtest denn ein ander Weib nehmen; ich bring dir keine Kinder.‹

Tränen schossen ihr in die Augen; aber er zog sie fest in seine Arme: ›Das überlassen wir dem Herrgott‹, sagte er; ›jetzt aber, und auch dann noch sind wir jung genug, um uns der Früchte unserer Arbeit selbst zu freuen.‹

Sie sah ihn lange, während er sie hielt, aus ihren dunklen Augen an. ›Verzeih, Hauke‹, sprach sie; ›ich bin mitunter ein verzagt Weib!‹

Er neigte sich zu ihrem Antlitz und küßte sie: ›Du bist mein Weib und ich dein Mann, Elke! Und anders wird es nun nicht mehr.‹

Da legte sie die Arme fest um seinen Nacken: ›Du hast recht, Hauke, und was kommt, kommt für uns Beide.‹ Dann löste sie sich errötend von ihm. ›Du wolltest von dem Schimmel mir erzählen‹, sagte sie leise.

›Das wollt ich, Elke. Ich sagte dir schon, mir war Kopf und Herz voll Freude über die gute Nachricht, die der Oberdeichgraf mir gegeben hatte; so ritt ich eben wieder aus der Stadt hinaus, da, auf dem Damm, hinter dem Hafen, begegnet mir ein ruppiger Kerl; ich wußt nicht, war's ein Vagabund, ein Kesselflicker oder was denn sonst. Der Kerl zog den Schimmel am Halfter hinter sich; das Tier aber hob den Kopf und sah mich aus blöden Augen an; mir war's, als ob es mich um Etwas bitten wolle; ich war ja auch in diesem Augenblicke reich genug.‹ ›He, Landsmann!‹ rief ich, ›wo wollt Ihr mit der Kracke* hin?‹

dem alten, heruntergekommenen Pferd

Der Kerl blieb stehen und der Schimmel auch. ›Verkaufen!‹ sagte Jener und nickte mir listig zu.

›Nur nicht an mich!‹ rief ich lustig.

›Ich denke doch!‹ sagte er; ›das ist ein wacker Pferd und unter hundert Talern nicht bezahlt.‹

Ich lachte ihm ins Gesicht.

›Nun‹, sagte er, ›lacht nicht so hart; Ihr sollt's mir ja nicht zahlen! Aber ich kann's nicht brauchen, bei mir verkommt's; es würd' bei Euch bald ander Ansehen haben!‹

Da sprang ich von meinem Wallach und sah dem Schimmel ins Maul, und sah wohl, es war noch ein junges Tier. ›Was soll's denn kosten?‹ rief ich, da auch das Pferd mich wiederum wie bittend ansah.

›Herr, nehmt's für dreißig Taler!‹ sagte der Kerl, ›und den Halfter geb ich Euch darein!‹

Und da, Frau, hab ich dem Burschen in die dargebotne braune Hand, die fast wie eine Klaue aussah, eingeschlagen. So haben wir den Schimmel, und ich denk auch, wohlfeil genug! Wunderlich nur war es, als ich mit den Pferden wegritt, hört ich bald hinter mir ein Lachen, und als ich den Kopf wandte, sah ich den Slovaken; der stand noch sperrbeinig, die Arme auf dem Rücken, und lachte wie ein Teufel hinter mir drein.

›Pfui‹, rief Elke; ›wenn der Schimmel nur nichts von seinem alten Herrn dir zubringt! Möge er dir gedeihen, Hauke!‹

›Er selber soll es wenigstens, soweit ich's leisten kann!‹ Und der Deichgraf ging in den Stall, wie er vorhin dem Jungen es gesagt hatte.

– – Aber nicht allein an jenem Abend fütterte er den Schimmel; er tat es fortan immer selbst und ließ kein Auge von dem Tiere; er wollte zeigen, daß er einen ⌈Priesterhandel⌉ gemacht habe; jedenfalls sollte nichts versehen* werden. – Und schon nach wenig Wochen hob sich die Haltung des Tieres; allmählich verschwanden die rauhen Haare; ein blankes, ⌈blau geapfeltes Fell⌉ kam zum Vorschein, und da er es eines Tages auf der Hofstatt* umherführte, schritt es schlank auf seinen festen Beinen. Hauke dachte des abenteuerlichen Verkäufers: ›Der Kerl war ein Narr oder ein Schuft, der es gestohlen hatte!‹ murmelte er bei sich selber. – Bald auch, wenn das Pferd im Stall nur seine Schritte hörte, warf es den Kopf herum und wieherte ihm entgegen; nun sah er auch, es hatte, was die Araber verlangen, ein fleischlos Angesicht; draus blitzten ein Paar feurige braune Augen. Dann führte er es aus dem Stall und legte ihm einen leichten Sattel auf; aber kaum saß er droben, so fuhr dem Tier ein Wiehern wie ein Lustschrei aus der Kehle; es flog mit ihm davon, die Werfte hinab auf den Weg und dann dem Deich zu; doch der Reiter saß fest, und als sie oben waren, ging es ruhiger, leicht, wie tanzend, und warf den Kopf dem Meere zu. Er klopfte und streichelte ihm den blanken Hals; aber es bedurfte dieser Liebkosung schon nicht mehr; das Pferd schien völlig eins mit seinem Reiter, und nachdem er eine Strecke nordwärts den Deich hinausgeritten war, wandte er es leicht und gelangte wieder an die Hofstatt.

Die Knechte standen unten an der Auffahrt und warteten der Rückkunft ihres Wirtes. ›So, John‹, rief dieser, indem er von seinem Pferde sprang, ›nun reite du es in die Fenne zu den anderen; es trägt dich wie in einer Wiege!‹

Der Schimmel schüttelte den Kopf und wieherte laut in die sonnige Marschlandschaft hinaus, während ihm der Knecht den Sattel abschnallte, und der Junge damit zur Geschirrkammer lief; dann legte er den Kopf auf seines Herrn Schulter und duldete behaglich dessen Liebkosung.

Als aber der Knecht sich jetzt auf seinen Rücken schwingen wollte, sprang er mit einem jähen Satz zur Seite und stand dann wieder unbeweglich, die schönen Augen auf seinen Herrn gerichtet. ›Hoho, Iven‹, rief dieser, ›hat er dir Leids getan?‹ und suchte seinem Knecht vom Boden aufzuhelfen. Der rieb sich eifrig an der Hüfte: ›Nein, Herr, es geht noch; aber den Schimmel reit der Teufel!‹

›Und ich!‹ setzte Hauke lachend hinzu. ›So bring ihn am Zügel in die Fenne!‹

Und als der Knecht etwas beschämt gehorchte, ließ sich der Schimmel ruhig von ihm führen.

– – Einige Abende später standen Knecht und Junge miteinander vor der Stalltür; hinterm Deiche war das Abendrot erloschen, innerhalb desselben war schon der Koog von tiefer Dämmerung überwallt; nur selten kam aus der Ferne das Gebrüll eines aufgestörten Rindes oder der ⌐Schrei einer Lerche, deren Leben unter dem Überfall eines Wiesels oder einer Wasserratte endete⌐. Der Knecht lehnte gegen den Türpfosten und rauchte aus einer kurzen Pfeife, deren Rauch er schon nicht mehr sehen konnte; gesprochen hatten er und der Junge noch nicht zusammen. Dem Letzteren aber drückte etwas auf die Seele, er wußte nur nicht, wie er dem schweigsamen Knechte ankommen sollte. ›Du, Iven!‹ sagte er endlich, ›weißt du, das Pferdsgeripp auf Jeverssand!‹

›Was ist damit?‹ frug der Knecht.

›Ja, Iven, was ist damit? Es ist gar nicht mehr da; weder Tages noch bei Mondschein; wohl zwanzigmal bin ich auf den Deich hinausgelaufen!‹

›Die alten Knochen sind wohl zusammengepoltert?‹ sagte Iven und rauchte ruhig weiter.

›Aber ich war auch bei Mondschein draußen; es geht auch drüben nichts auf Jeverssand!‹

›Ja‹, sagte der Knecht, ›sind die Knochen auseinander gefallen, so wird's wohl nicht mehr aufstehen können!‹

›Mach keinen Spaß, Iven! Ich weiß jetzt; ich kann dir sagen, wo es ist!‹

Der Knecht drehte sich jäh zu ihm: ›Nun, wo ist es denn?‹

›Wo?‹ wiederholte der Junge nachdrücklich. ›Es steht in unserem Stall; da steht's, seit es nicht mehr auf der Hallig ist. Es ist auch nicht umsonst, daß der Wirt es allzeit selber füttert; ich weiß Bescheid, Iven!‹

Der Knecht paffte eine Weile heftig in die Nacht hinaus. ›Du bist nicht klug, Carsten‹, sagte er dann; ›unser Schimmel? Wenn je ein Pferd ein lebig's war, so ist es der! Wie kann so ein Allerweltsjunge wie du in solch Altem-Weiberglauben sitzen!‹

– – Aber der Junge war nicht zu bekehren: wenn der Teufel in dem Schimmel steckte, warum sollte er dann nicht lebendig sein? Im Gegenteil, um desto schlimmer! – Er fuhr jedesmal erschreckt zusammen, wenn er gegen Abend den Stall betrat, in dem auch Sommers das Tier mitunter eingestellt wurde, und es dann den feurigen Kopf so jäh nach ihm herumwarf. ›Hol's der Teufel!‹ brummte er dann; ›wir bleiben auch nicht lange mehr zusammen.‹

So tat er sich denn heimlich nach einem neuen Dienste um, kündigte und trat um Allerheiligen als Knecht bei Ole Peters ein. Hier fand er andächtige Zuhörer für seine Geschichte von dem Teufelspferd des Deichgrafen; die dicke Frau Vollina und deren geistesstumpfer Vater, der frühere Deichgevollmächtigte Jeß Harders, hörten in behaglichem Gruseln zu und erzählten sie später Allen, die gegen den Deichgrafen einen Groll im Herzen oder die an derart Dingen ihr Gefallen hatten.

Inzwischen war schon Ende März durch die Oberdeichgrafschaft der Befehl zur neuen Eindeichung eingetroffen. Hauke berief zunächst die Deichgevollmächtigten zusammen, und im Kruge oben bei der Kirche waren eines Tages alle erschienen und hörten zu, wie er ihnen die Hauptpunkte aus den bisher erwachsenen Schriftstücken vorlas: aus seinem Antrage, aus dem Bericht des Oberdeichgrafen, zuletzt den schließlichen Bescheid, worin vor Allem auch die Annahme des von ihm vorgeschlagenen Profiles enthalten war, und der neue Deich nicht steil wie früher, sondern allmählich verlaufend nach der Seeseite abfallen sollte; aber mit heiteren oder auch nur zufriedenen Gesichtern hörten sie nicht.

›Ja, ja‹, sagte ein alter Gevollmächtigter, ›da haben wir nun die Bescherung, und Proteste werden nicht helfen, da der Oberdeichgraf unserem Deichgrafen den Daumen hält!‹

›Hast wohl recht, Dethlev Wiens‹, setzte ein zweiter hinzu; ›die Frühlingsarbeit steht vor der Tür, und nun soll auch ein millionenlanger Deich gemacht werden – da muß ja Alles liegen bleiben.‹

›Das könnt Ihr dies Jahr noch zu Ende bringen‹, sagte Hauke; ⌜›so rasch wird der Stecken nicht vom Zaun gebrochen!‹⌝

Das wollten Wenige zugeben. ›Aber dein Profil!‹ sprach ein Dritter, was Neues auf die Bahn bringend; ›der Deich wird ja auch an der Außenseite nach dem Wasser ⌜so breit, wie Lawrenz sein Kind nicht lang war⌝! Wo soll das Material herkommen? Wann soll die Arbeit fertig werden?‹

›Wenn nicht in diesem, so im nächsten Jahre; das wird am meisten von uns selber abhängen!‹ sagte Hauke.

Ein ärgerliches Lachen ging durch die Gesellschaft. ›Aber wozu die unnütze Arbeit; der Deich soll ja nicht höher werden als der alte‹, rief eine neue Stimme; ›und ich mein, der steht schon über dreißig Jahre!‹

›Da sagt Ihr recht‹, sprach Hauke, ›vor dreißig Jahren ist der alte Deich gebrochen; dann rückwärts vor fünfunddreißig, und wiederum vor fünfundvierzig Jahren; seitdem aber, obgleich er noch immer steil und unvernünftig dasteht, haben die höchsten Fluten uns verschont. Der neue Deich aber soll trotz solcher hundert und aber hundert Jahre stehen; denn er wird nicht durchbrochen werden, weil der milde Abfall nach der Seeseite den Wellen keinen Angriffspunkt entgegenstellt, und so werdet Ihr für Euch und Euere Kinder ein sicheres Land gewinnen, und das ist es, weshalb die Herrschaft und der Oberdeichgraf mir den Daumen halten; das ist es auch, was Ihr zu Eurem eigenen Vorteil einsehen solltet!‹

Als die Versammelten hierauf nicht sogleich zu antworten bereit waren, erhob sich ein alter weißhaariger Mann mühsam von seinem Stuhle; es war Frau Elkes Pate, Jewe Manners, der auf Haukes Bitten noch immer in seinem Gevollmächtigten-Amt verblieben war. ›Deichgraf Hauke Haien‹, sprach er, ›du machst uns viel Unruhe und Kosten, und ich wollte, du hättest damit gewartet, bis mich der Herrgott hätt zur Ruhe gehen lassen; aber – recht hast du, das kann nur die Unvernunft bestreiten. Wir haben Gott mit jedem Tag zu danken, daß er uns trotz unserer Trägheit das kostbare Stück Vorland gegen Sturm und Wasserdrang erhalten hat; jetzt aber ist es wohl die elfte Stunde*, in der wir selbst die Hand anlegen müssen, es auch nach all unserem Wissen und Können selber uns zu wahren und auf Gottes Langmut weiter nicht zu trotzen. Ich, meine Freunde, bin ein Greis; ich habe Deiche bauen und brechen sehen; aber den Deich, den Hauke Haien nach ihm von Gott verliehener Einsicht projektiert und bei der Herrschaft für Euch durchgesetzt hat, den wird Niemand von Euch Lebenden brechen sehen; und wolltet Ihr ihm selbst nicht danken, Euere Enkel werden ihm den Ehrenkranz doch einstens nicht versagen können!‹

Jewe Manners setzte sich wieder; er nahm sein blaues Schnupftuch aus der Tasche und wischte sich ein paar Tropfen von der Stirn. Der Greis war noch immer als ein Mann von Tüchtigkeit und unantastbarer Rechtschaffenheit bekannt, und da die Versammlung eben nicht geneigt war, ihm zuzustimmen, so schwieg sie weiter. Aber Hauke

höchste Zeit

Haien nahm das Wort; doch sahen Alle, daß er bleich geworden. ›Ich danke Euch, Jewe Manners‹, sprach er, ›daß Ihr noch hier seid, und daß Ihr das Wort gesprochen habt; Ihr anderen Herren Gevollmächtigten, wollet den neuen Deichbau, der freilich mir zur Last fällt, zum mindesten ansehen als ein Ding, das nun nicht mehr zu ändern steht, und lasset uns demgemäß beschließen, was nun not ist!‹ ›Sprechet!‹ sagte einer der Gevollmächtigten. Und Hauke breitete die Karte des neuen Deiches auf dem Tische aus: ›Es hat vorhin Einer gefragt‹, begann er, ›woher die viele Erde nehmen? – Ihr seht, so weit das Vorland in die Watten hinausgeht, ist außerhalb der Deichlinie ein Streifen Landes freigelassen; daher und von dem Vorlande, das nach Nord und Süd von dem neuen Kooge an dem Deiche hinläuft, können wir die Erde nehmen; haben wir an den Wasserseiten nur eine tüchtige Lage Klei, nach innen oder in der Mitte kann auch Sand genommen werden! – Nun aber ist zunächst ein Feldmesser zu berufen, der die Linie des neuen Deiches auf dem Vorland absteckt! Der mir bei Ausarbeitung des Planes behülflich gewesen, wird wohl am besten dazu passen. Ferner werden wir zur Heranholung des Kleis oder sonstigen Materiales die Anfertigung einspänniger ⌜Sturzkarren mit Gabeldeichsel⌝ bei einigen Stellmachern* verdingen* müssen; wir werden für die Durchdämmung des Prieles und nach den Binnenseiten, wo wir etwa mit Sand fürlieb nehmen müssen, ich kann jetzt nicht sagen, wie viel hundert Fuder* Stroh zur Bestickung* des Deiches gebrauchen, vielleicht mehr als in der Marsch hier wird entbehrlich sein! – Lasset uns denn beraten, wie zunächst dies Alles zu beschaffen und einzurichten ist; auch die neue Schleuse hier an der Westseite gegen das Wasser zu ist später einem tüchtigen Zimmermann zur Herstellung zu übergeben.‹

Die Versammelten hatten sich um den Tisch gestellt, betrachteten mit halbem Aug die Karte und begannen allge-

Wagen-
macher

in Auftrag
geben

Wagenladun-
gen
vgl. S. 137, 18–19

mach zu sprechen; doch war's, als geschähe es, damit nur überhaupt Etwas gesprochen werde. Als es sich um Zuziehung des Feldmessers handelte, meinte einer der Jüngeren: ›Ihr habt es ausgesonnen, Deichgraf; Ihr müsset selbst am besten wissen, wer dazu taugen mag.‹

Aber Hauke entgegnete: ›Da Ihr Geschworene seid, so müsset Ihr aus eigener, nicht aus meiner Meinung sprechen, Jacob Meyen; und wenn Ihr's dann besser sagt, so werd ich meinen Vorschlag fallen lassen!‹

›Nun ja, es wird schon recht sein‹, sagte Jacob Meyen.

Aber einem der Älteren war es doch nicht völlig recht; er hatte einen Bruderssohn*; so einer im Feldmessen sollte hier in der Marsch noch nicht gewesen sein; der sollte noch über des Deichgrafen Vater, den seligen Tede Haien, gehen! So wurde denn über die beiden Feldmesser verhandelt und endlich beschlossen, ihnen gemeinschaftlich das Werk zu übertragen. Ähnlich ging es bei den Sturzkarren, bei der Strohlieferung und allem Anderen, und Hauke kam spät und fast erschöpft auf seinem Wallach, den er noch derzeit ritt, zu Hause an. Aber als er in dem alten Lehnstuhl saß, der noch von seinem gewichtigen, aber leichter lebenden Vorgänger stammte, war auch sein Weib ihm schon zur Seite: ›Du siehst so müd aus, Hauke‹, sprach sie und strich mit ihrer schmalen Hand das Haar ihm von der Stirn.

›Ein wenig wohl!‹ erwiderte er.

– ›Und geht es denn?‹

›Es geht schon‹, sagte er mit bitterem Lächeln; ›aber ich selber muß die Räder schieben und froh sein, wenn sie nicht zurückgehalten werden!‹

– ›Aber doch nicht von Allen?‹

›Nein, Elke; dein Pate, Jewe Manners, ist ein guter Mann; ich wollt, er wär um dreißig Jahre jünger.‹

Als nach einigen Wochen die Deichlinie abgesteckt und der größte Teil der Sturzkarren geliefert war, waren sämtliche

Der Schimmelreiter

Neffen

Anteilbesitzer des einzudeichenden Kooges, ingleichen* die ebenso; vgl. Erl. zu 16,13 Besitzer der hinter dem alten Deich belegenen Ländereien durch den Deichgrafen im Kirchspielskrug versammelt worden; es galt, ihnen einen Plan über die Verteilung der Arbeit und Kosten vorzulegen und ihre etwaigen Einwendungen zu vernehmen; denn auch die Letzteren hatten, sofern der neue Deich und die neuen Siele die Unterhaltungskosten der älteren Werke verminderte, ihren Teil zu schaffen und zu tragen. Dieser Plan war für Hauke ein schwer Stück Arbeit gewesen, und wenn ihm durch Vermittelung des Oberdeichgrafen neben einem Deichboten nicht auch noch ein Deichschreiber wäre zugeordnet worden, er würde es so bald nicht fertig gebracht haben, obwohl auch jetzt wieder an jedem neuen Tage in die Nacht hinein gearbeitet war. Wenn er dann todmüde sein Lager suchte, so hatte nicht wie vordem sein Weib in nur verstelltem Schlafe seiner gewartet; auch sie hatte so vollgemessen ihre tägliche Arbeit, daß sie Nachts wie am Grunde eines tiefen Brunnens in unstörbarem Schlafe lag.

Als Hauke jetzt seinen Plan verlesen und die Papiere, die freilich schon drei Tage hier im Kruge zur Einsicht ausgelegen hatten, wieder auf den Tisch breitete, waren zwar ernste Männer zugegen, die mit Ehrerbietung diesen gewissenhaften Fleiß betrachteten und sich nach ruhiger Überlegung den billigen Ansätzen* ihres Deichgrafen unterwarfen; gerechtfertigten Forderungen, Vorschlägen Andere aber, deren Anteile an dem neuen Lande von ihnen selbst oder ihren Vätern oder sonstigen Vorbesitzern waren veräußert worden, beschwerten sich, daß sie zu den Kosten des neuen Kooges hinzugezogen seien, dessen Land sie nichts mehr angehe, uneingedenk, daß durch die neuen Arbeiten auch ihre alten Ländereien nach und nach entbürdet würden; und wieder Andere, die mit Anteilen in dem neuen Koog gesegnet waren, schrien, man möge ihnen doch dieselben abnehmen, sie sollten um ein Geringes feil sein; denn wegen der unbilligen Leistungen, die ihnen dafür aufgebürdet würden, könnten sie nicht damit bestehen. Ole Peters aber, der mit grimmigem Gesicht am Türpfosten lehnte, rief dazwischen: ›Besinnt Euch erst und dann vertrauet unserem Deichgrafen! der versteht zu rechnen; er hatte schon die meisten Anteile, da wußte er auch mir die meinen abzuhandeln, und als er sie hatte, beschloß er, diesen neuen Koog zu deichen!‹

Es war nach diesen Worten einen Augenblick totenstill in der Versammlung. Der Deichgraf stand an dem Tisch, auf den er zuvor seine Papiere gebreitet hatte; er hob seinen Kopf und sah nach Ole Peters hinüber: ›Du weißt wohl, Ole Peters‹, sprach er, ›daß du mich verleumdest; du tust es dennoch, weil du überdies auch weißt, daß doch ein gut Teil des Schmutzes, womit du mich bewirfst, an mir wird hängen bleiben! Die Wahrheit ist, daß du deine Anteile los sein wolltest, und daß ich ihrer derzeit für meine Schafzucht bedurfte; und willst du Weiteres wissen, das ungewaschene Wort, das dir im Krug vom Mund gefahren, ich sei nur Deichgraf meines Weibes wegen, das hat mich aufgerüttelt, und ich hab Euch zeigen wollen, daß ich wohl um meiner selbst willen Deichgraf sein könne; und somit, Ole Peters, hab ich getan, was schon der Deichgraf vor mir hätte tun sollen. Trägst du mir aber Groll, daß derzeit deine Anteile die meinen geworden sind – du hörst es ja, es sind genug, die jetzt die ihrigen um ein Billiges feil bieten, nur weil die Arbeit ihnen jetzt zu viel ist!‹

Von einem kleinen Teil der versammelten Männer ging ein Beifallsmurmeln aus, und der alte Jewe Manners, der dazwischen stand, rief laut: ›Bravo, Hauke Haien! Unser Herrgott wird dir dein Werk gelingen lassen!‹

Aber man kam doch nicht zu Ende, obgleich Ole Peters schwieg, und die Leute erst zum Abendbrote auseinandergingen; erst in einer zweiten Versammlung wurde Alles geordnet; aber auch nur, nachdem Hauke statt der ihm zukommenden drei Gespanne für den nächsten Monat deren vier auf sich genommen hatte.

Endlich, als schon die Pfingstglocken durch das Land läuteten, hatte die Arbeit begonnen: unablässig fuhren die Sturzkarren von dem Vorlande an die Deichlinie, um den geholten Klei dort abzustürzen, und gleicherweise war dieselbe Anzahl schon wieder auf der Rückfahrt, um auf dem Vorland neuen aufzuladen; an der Deichlinie selber standen Männer mit Schaufeln und Spaten, um das Abgeworfene an seinen Platz zu bringen und zu ebnen; ungeheuere Fuder Stroh wurden angefahren und abgeladen; nicht nur zur Bedeckung des leichteren Materials, wie Sand und lose Erde, dessen man an den Binnenseiten sich bediente, wurde das Stroh benutzt; allmählich wurden einzelne Strecken des Deiches fertig, und die ⌜Grassoden⌝, womit man sie belegt hatte, wurden stellenweis zum Schutz gegen die nagenden Wellen mit fester Strohbestickung überzogen; bestellte Aufseher gingen hin und her und, wenn es stürmte, standen sie mit aufgerissenen Mäulern und schrien ihre Befehle durch Wind und Wetter; dazwischen ritt der Deichgraf auf seinem Schimmel, den er jetzt ausschließlich in Gebrauch hatte, und das Tier flog mit dem Reiter hin und wider, wenn er rasch und trocken seine Anordnungen machte, wenn er die Arbeiter lobte oder, wie es wohl geschah, einen Faulen oder Ungeschickten ohn Erbarmen aus der Arbeit wies. ›Das hilft nicht!‹ rief er dann; ›um deine Faulheit darf uns nicht der Deich verderben!‹ Schon von Weitem, wenn er unten aus dem Koog heraufkam, hörten sie das Schnauben seines Rosses, und alle Hände faßten fester in die Arbeit: ›Frisch zu! Der Schimmelreiter kommt!‹

War es um die Frühstückszeit, wo die Arbeiter mit ihrem Morgenbrot haufenweis beisammen auf der Erde lagen, dann ritt Hauke an den verlassenen Werken entlang, und seine Augen waren scharf, wo liederliche Hände den Spaten geführt hatten. Wenn er aber zu den Leuten ritt und ihnen auseinandersetzte, wie die Arbeit müsse beschafft

werden, sahen sie wohl zu ihm auf und kauten geduldig an
ihrem Brote weiter; aber eine Zustimmung oder auch nur
eine Äußerung hörte er nicht von ihnen. Einmal zu solcher
Tageszeit, es war schon spät, da er an einer Deichstelle die
Arbeit in besonderer Ordnung gefunden hatte, ritt er zu
dem nächsten Haufen der Frühstückenden, sprang von seinem Schimmel und frug heiter, wer dort so sauberes Ta-
gewerk verrichtet hätte; aber sie sahen ihn nur scheu und
düster an, und nur langsam und wie widerwillig wurden
ein paar Namen genannt. Der Mensch, dem er sein Pferd
gegeben hatte, das ruhig wie ein Lamm stand, hielt es mit
beiden Händen und blickte wie angstvoll nach den schönen
Augen des Tieres, die es, wie gewöhnlich, auf seinen Herrn
gerichtet hielt.

›Nun, Marten!‹ rief Hauke; ›was stehst du, als ob dir der
Donner in die Beine gefahren sei?‹

– ›Herr, Euer Pferd, es ist so ruhig, als ob es Böses vorha-
be!‹

Hauke lachte und nahm das Pferd selbst am Zügel, das
sogleich liebkosend den Kopf an seiner Schulter rieb. Von
den Arbeitern sahen einige scheu zu Roß und Reiter hinüber, andere, als ob das Alles sie nicht kümmere, aßen
schweigend ihre Frühkost, dann und wann ⌜den Möwen
einen Brocken hinaufwerfend, die sich den Futterplatz ge-
merkt hatten und mit ihren schlanken Flügeln sich fast auf
ihre Köpfe senkten. Der Deichgraf blickte eine Weile wie
gedankenlos auf die bettelnden Vögel⌝ und wie sie die zu-
geworfenen Bissen mit ihren Schnäbeln haschten; dann
sprang er in den Sattel und ritt, ohne sich nach den Leuten
umzusehen, davon; einige Worte, die jetzt unter ihnen laut
wurden, klangen ihm fast wie Hohn. ›Was ist das?‹ sprach
er bei sich selber. ›Hatte denn Elke recht, daß sie Alle gegen
mich sind? Auch diese Knechte und kleinen Leute, von denen Vielen durch meinen neuen Deich doch eine Wohlha-
benheit ins Haus wächst?‹

Er gab seinem Pferde die Sporen, daß es wie toll in den Koog hinabflog. Von dem unheimlichen Glanze freilich, mit dem sein früherer Dienstjunge den Schimmelreiter bekleidet hatte, wußte er selber nichts: aber die Leute hätten ihn jetzt nur sehen sollen, wie aus seinem hageren Gesicht die Augen starrten, wie sein Mantel flog und wie der Schimmel sprühte!

– – So war der Sommer und der Herbst vergangen; noch bis gegen Ende November war gearbeitet worden; dann geboten Frost und Schnee dem Werke Halt; man war nicht fertig geworden und beschloß, den Koog offen liegen zu lassen. Acht Fuß* ragte der Deich aus der Fläche hervor; nur ⸢wo westwärts⸣ gegen das Wasser hin die Schleuse gelegt werden sollte, hatte man eine Lücke gelassen; auch oben vor dem alten Deiche war der Priel noch unberührt. So konnte die Flut, wie in den letzten dreißig Jahren, in den Koog hineindringen, ohne dort oder an dem neuen Deiche großen Schaden anzurichten. Und so überließ man dem großen Gott das Werk der Menschenhände und stellte es in seinen Schutz, bis die Frühlingssonne die Vollendung würde möglich machen.

– – Inzwischen hatte im Hause des Deichgrafen sich ein frohes Ereignis vorbereitet: im neunten Ehejahre war noch ein Kind geboren worden. Es war rot und hutzelig und wog seine sieben Pfund, wie es für neugeborene Kinder sich gebührt, wenn sie, wie dies, dem weiblichen Geschlechte angehören; nur sein Geschrei war wunderlich verhohlen und hatte der Wehmutter* nicht gefallen wollen. Das Schlimmste war, am dritten Tage lage Elke im hellen ⸢Kindbettfieber⸣, redete Irrsal* und kannte weder ihren Mann noch ihre alte Helferin. Die unbändige Freude, die Hauke beim Anblick seines Kindes ergriffen hatte, war zu Trübsal geworden; der Arzt aus der Stadt war geholt, er saß am Bett und fühlte den Puls und verschrieb und sah ratlos um sich her. Hauke schüttelte den Kopf: ›Der hilft nicht; nur Gott kann

etwa 2,40 m

Hebamme

wirres Zeug

helfen!‹ Er hatte sich sein eigen Christentum zurecht gerechnet; aber es war Etwas, das sein Gebet zurückhielt. Als der alte Doktor davongefahren war, stand er am Fenster, in den winterlichen Tag hinausstarrend, und während die Kranke aus ihren Phantasien aufschrie, schränkte er die Hände zusammen; er wußte selber nicht, war es aus Andacht oder war es nur, um in der ungeheuren Angst sich selbst nicht zu verlieren.

›Wasser! Das Wasser!‹ wimmerte die Kranke. ›Halt mich!‹ schrie sie; ›halt mich, Hauke!‹ Dann sank die Stimme; es klang, als ob sie weine: ›In See, ins Haf hinaus? O lieber Gott, ich seh ihn nimmer wieder!‹

Da wandte er sich und schob die Wärterin von ihrem Bette; er fiel auf seine Knie, umfaßte sein Weib und riß sie an sich: ›Elke! Elke, so kenn mich doch, ich bin ja bei dir!‹

Aber sie öffnete nur die fieberglühenden Augen weit und sah wie rettungslos verloren um sich.

Er legte sie zurück auf ihre Kissen; dann krampfte er die Hände ineinander: ›Herr, mein Gott‹, schrie er; ›nimm sie mir nicht! Du weißt, ich kann sie nicht entbehren!‹ Dann war's, als ob er sich besinne, und leiser setzte er hinzu: ›Ich weiß ja wohl, du kannst nicht allezeit, wie du willst, auch du nicht; du bist allweise; du mußt nach deiner Weisheit tun – o, Herr, sprich nur durch einen Hauch zu mir!‹

Es war, als ob plötzlich eine Stille eingetreten sei; er hörte nur ein leises Atmen; als er sich zum Bette kehrte, lag sein Weib in ruhigem Schlaf; nur die Wärterin sah mit entsetzten Augen auf ihn. Er hörte die Tür gehen. ›Wer war das?‹ frug er.

›Herr, die Magd Ann' Grethe ging hinaus; sie hatte den ⌈Warmkorb⌉ hereingebracht.‹

erschrocken — ›Was sieht Sie mich denn so verfahren* an, Frau Levke?‹
›Ich? Ich hab mich ob Eurem Gebet erschrocken; damit betet Ihr Keinen vom Tode los!‹

Hauke sah sie mit seinen durchdringenden Augen an: ›Be-

sucht Sie denn auch, wie unsere Ann' Grethe, die ⌐Konven-
tikel⌐ bei dem holländischen Flickschneider Jantje?‹
›Ja, Herr; wir haben Beide den lebendigen Glauben!‹
Hauke antwortete ihr nicht. Das damals stark im Schwange gehende separatistische Konventikelwesen hatte auch
unter den Friesen seine Blüten getrieben; heruntergekom-
mene Handwerker oder wegen Trunkes abgesetzte Schulmeister spielten darin die Hauptrolle, und Dirnen, junge
und alte Weiber, Faulenzer und einsame Menschen liefen
eifrig in die heimlichen Versammlungen, in denen jeder
Priester spielen konnte. Aus des Deichgrafen Hause brach-
ten Ann' Grethe und der in sie verliebte Dienstjunge ihre
freien Abende dort zu. Freilich hatte Elke ihre Bedenken
darüber gegen Hauke nicht zurückgehalten; aber er hatte
gemeint, in Glaubenssachen solle man Keinem drein reden:
das schade Niemandem, und besser dort doch als im
Schnapskrug!
So war es dabei geblieben, und so hatte er auch jetzt ge-
schwiegen. Aber freilich über ihn schwieg man nicht; seine
Gebetsworte liefen um von Haus zu Haus: er hatte Gottes
Allmacht bestritten; was war ein Gott denn ohne Allmacht? Er war ein Gottesleugner; die Sache mit dem Teu-
felspferde mochte auch am Ende richtig sein!
Hauke erfuhr nichts davon; er hatte in diesen Tagen nur
Ohren und Augen für sein Weib; selbst das Kind war für
ihn nicht mehr auf der Welt.
Der alte Arzt kam wieder, kam jeden Tag, mitunter zweimal, blieb dann eine ganze Nacht, schrieb wieder ein Re-
zept, und der Knecht Iven Johns ritt damit im Flug zur
Apotheke. Dann aber wurde sein Gesicht freundlicher, er
nickte dem Deichgrafen vertraulich zu: ›Es geht! Es geht!
Mit Gottes Hülfe!‹ Und eines Tags – hatte nun seine Kunst
die Krankheit besiegt, oder hatte auf Haukes Gebet der
liebe Gott doch noch einen Ausweg finden können – als der
Doktor mit der Kranken allein war, sprach er zu ihr, und

seine alten Augen lachten: ›Frau, jetzt kann ich's getrost Euch sagen: heut hat der Doktor seinen Festtag; es stand schlimm um Euch; aber nun gehöret Ihr wieder zu uns, zu den Lebendigen!‹

Da brach es wie ein ⌐Strahlenmeer⌐ aus ihren dunklen Augen: ›Hauke! Hauke, wo bist du?‹ rief sie, und als er auf den hellen Ruf ins Zimmer und an ihr Bett stürzte, schlug sie die Arme um seinen Nacken: ›Hauke, mein Mann, gerettet! Ich bleibe bei dir!‹

Da zog der alte Doktor sein seiden Schnupftuch aus der Tasche, fuhr sich damit über Stirn und Wangen und ging kopfnickend aus dem Zimmer.

– – Am dritten Abend nach diesem Tage sprach ein frommer Redner – es war ein vom Deichgrafen aus der Arbeit gejagter Pantoffelmacher – im Konventikel bei dem holländischen Schneider, da er seinen Zuhörern die Eigenschaften Gottes auseinandersetzte: ›Wer aber Gottes Allmacht widerstreitet, wer das sagt: ich weiß, du kannst nicht, was du willst – wir kennen den Unglückseligen ja Alle; er lastet gleich einem Stein auf der Gemeinde – der ist von Gott gefallen und suchet den Feind Gottes, den Freund der Sünde zu seinem Tröster; denn nach irgend einem Stabe muß die Hand des Menschen greifen. Ihr aber, hütet Euch vor dem, der also betet; sein Gebet ist Fluch!‹

– – Auch das lief um von Haus zu Haus. Was läuft nicht um in einer kleinen Gemeinde? und auch zu Haukes Ohren kam es. Er sprach kein Wort darüber, nicht einmal zu seinem Weibe; nur mitunter konnte er sie heftig umfassen und an sich ziehen: ›Bleib mir treu, Elke! Bleib mir treu!‹ – Dann sahen ihre Augen voll Staunen zu ihm auf: ›Dir treu? Wem sollte ich denn anders treu sein?‹ – Nach einer kurzen Weile aber hatte sie sein Wort verstanden: ›Ja, Hauke, wir sind uns treu; nicht nur, weil wir uns brauchen.‹ Und dann ging Jedes seinen Arbeitsweg.

Das wäre so weit gut gewesen; aber es war doch trotz aller

lebendigen Arbeit eine Einsamkeit um ihn, und in seinem Herzen nistete sich ein Trotz und abgeschlossenes Wesen gegen andere Menschen ein; nur gegen sein Weib blieb er allezeit der Gleiche, und an der Wiege seines Kindes lag er Abends und Morgens auf den Knien, als sei dort die Stätte seines ewigen Heils. Gegen Gesinde und Arbeiter aber wurde er strenger; die Ungeschickten und Fahrlässigen, die er früher durch ruhigen Tadel zurecht gewiesen hatte, wurden jetzt durch hartes Anfahren aufgeschreckt, und Elke ging mitunter leise bessern.

Als der Frühling nahte, begannen wieder die Deicharbeiten; mit einem ⌐Kajedeich⌐ wurde zum Schutz der jetzt aufzubauenden neuen Schleuse die Lücke in der westlichen Deichlinie geschlossen, halbmondförmig nach innen und ebenso nach außen; und gleich der Schleuse wuchs allmählich auch der Hauptdeich zu seiner immer rascher herzustellenden Höhe empor. Leichter wurde dem leitenden Deichgrafen seine Arbeit nicht; denn an Stelle des im Winter verstorbenen Jewe Manners war Ole Peters als Deichgevollmächtigter eingetreten. Hauke hatte nicht versuchen wollen, es zu hindern; aber anstatt der ermutigenden Worte und der dazu gehörigen zutunlichen* Schläge auf seine linke Schuler, die er so oft von dem alten Paten seines Weibes einkassiert hatte, kamen ihm jetzt von dem Nachfolger ein heimliches Widerhalten* und unnötige Einwände und waren mit unnötigen Gründen zu bekämpfen; den Ole gehörte zwar zu den Wichtigen, aber in Deichsachen nicht zu den Klugen; auch war von früher her der ›Schreiberknecht‹* ihm immer noch im Wege.

Der glänzendste Himmel breitete sich wieder über Meer und Marsch, und der Koog wurde wieder bunt von starken Rindern, deren Gebrüll von Zeit zu Zeit die weite Stille unterbrach; unablässig sangen in hoher Himmelsluft die Lerchen; aber man hörte es erst, wenn einmal auf eines

zutraulichen

Widerstand leisten

vgl. 33,31

nicht geglät-
teten

Behelfsdeich,
vgl. Erl. zu
97,12

Atemzuges Länge der Gesang verstummt war. Kein Unwetter störte die Arbeit, und die Schleuse stand schon mit
ihrem ungestrichenen* Balkengefüge, ohne daß auch nur in
einer Nacht sie eines Schutzes von dem Interims-Deich*
bedurft hätte; der Herrgott schien seine Gunst dem neuen
Werke zuzuwenden. Auch Frau Elkes Augen lachten ihrem
Manne zu, wenn er auf seinem Schimmel draußen von dem
Deich nach Hause kam: ›Bist doch ein braves Tier geworden!‹ sagte sie dann und klopfte den blanken Hals des Pferdes. Hauke aber, wenn sie das Kind am Halse hatte, sprang
herab und ließ das winzige Dinglein auf seinen Armen tanzen; wenn dann der Schimmel seine braunen Augen auf das
Kind gerichtet hielt, dann sprach er wohl: ›Komm her;
sollst auch die Ehre haben!‹ und er setzte die kleine Wienke
– denn so war sie getauft worden – auf seinen Sattel und
führte den Schimmel auf der Werft im Kreise herum. Auch
⌐der alte Eschenbaum hatte mitunter die Ehre; er setzte das
Kind auf einen schwanken Ast und ließ es schaukeln⌐. Die
Mutter stand mit lachenden Augen in der Haustür; das
Kind aber lachte nicht, seine Augen, zwischen denen ein
feines Näschen stand, schauten ein wenig stumpf ins Weite, und die kleinen Hände griffen nicht nach dem Stöck-
chen, das der Vater ihr hinhielt. Hauke achtete nicht darauf, er wußte auch nichts von so kleinen Kindern; nur Elke,
wenn sie das helläugige Mädchen auf dem Arm ihrer Ar-
beitsfrau erblickte, die mit ihr zugleich das Wochenbett
bestanden hatte, sagte mitunter schmerzlich: ›Das Meine
ist noch nicht so weit wie deines, Stina!‹ und die Frau, ihren
dicken Jungen, den sie an der Hand hatte, mit derber Liebe
schüttelnd, rief dann wohl: ›Ja, Frau, die Kinder sind ver-
schieden; der da, der stahl mir schon die Äpfel aus der
Kammer, bevor er übers zweite Jahr hinaus war!‹ Und Elke
strich dem dicken Buben sein Kraushaar aus den Augen
und drückte dann heimlich ihr stilles Kind ans Herz.
– – Als es in den Oktober hineinging, stand an der West-

seite die neue Schleuse schon fest in dem von beiden Seiten schließenden Hauptdeich, der bis auf die Lücken bei dem Priele nun mit seinem sanften Profile ringsum nach den Wasserseiten abfiel und um fünfzehn Fuß* die ordinäre Flut* überragte. Von seiner Nordwestecke sah man an Jevershallig vorbei ungehindert in das Wattenmeer hinaus; aber freilich auch die Winde faßten hier schärfer; die Haare flogen, und wer hier ausschauen wollte, der mußte die Mütze fest auf dem Kopf haben.

etwa 4,50 m

gewöhnliche, nicht sturmbedingte Flut

Zu Ende November, wo Sturm und Regen eingefallen waren, blieb nur noch hart am alten Deich die Schlucht zu schließen, auf deren Grunde an der Nordseite das Meerwasser durch den Priel in den neuen Koog hineinschoß. Zu beiden Seiten standen die Wände des Deiches; der Abgrund zwischen ihnen mußte jetzt verschwinden. Ein trocken Sommerwetter hätte die Arbeit wohl erleichtert; aber auch so mußte sie getan werden; denn ein aufbrechender Sturm konnte das ganze Werk gefährden. Und Hauke setzte Alles daran, um jetzt den ⌈Schluß⌉ herbeizuführen. Der Regen strömte, der Wind pfiff; aber seine hagere Gestalt auf dem feurigen Schimmel tauchte bald hier, bald dort aus den schwarzen Menschenmassen empor, die oben wie unten an der Nordseite des Deiches neben der Schlucht beschäftigt waren. Jetzt sah man ihn unten bei den Sturzkarren, die schon weither die Kleierde aus dem Vorlande holen mußten, und von denen eben ein gedrängter Haufen bei dem Priele anlangte und seine Last dort abzuwerfen suchte. Durch das Geklatsch des Regens und das Brausen des Windes klangen von Zeit zu Zeit die scharfen Befehlsworte des Deichgrafen, der heute hier allein gebieten wollte; er rief die Karren nach den Nummern vor und wies die Drängenden zurück; ein ›Halt!‹ scholl von seinem Munde; dann ruhte unten die Arbeit; ›Stroh! ein Fuder Stroh hinab!‹ rief er denen droben zu, und von einem der oben haltenden Fuder stürzte es auf den nassen Klei hinunter. Unten sprangen Männer dazwischen und zerrten es auseinander und schrien nach oben, sie nur nicht zu begraben. Und wieder kamen neue Karren, und Hauke war schon wieder oben und sah von seinem Schimmel in die Schlucht hinab, und wie sie dort schaufelten und stürzten; dann warf er seine Augen nach dem Haf hinaus. Es wehte scharf, und er sah, wie mehr und mehr der Wassersaum am Deich hinauf- klimmte, und wie die Wellen sich noch höher hoben; er sah auch, wie die Leute trieften und kaum atmen konnten in der schweren Arbeit vor dem Winde, der ihnen die Luft am Munde abschnitt, und vor dem kalten Regen, der sie über- strömte. ›Ausgehalten, Leute! Ausgehalten!‹ schrie er zu ihnen hinab. ›Nur einen Fuß* noch höher; dann ist's genug für diese Flut!‹ Und durch alles Getöse des Wetters hörte man das Geräusch der Arbeiter: das Klatschen der hinein- gestürzten Kleimassen, das Rasseln der Karren und das Rauschen des von oben hinabgelassenen Strohes ging un- aufhaltsam vorwärts; dazwischen war mitunter das Winseln eines kleinen gelben Hundes laut geworden, der frierend und wie verloren zwischen Menschen und Fuhr- werken herumgestoßen wurde; plötzlich aber scholl ein jammervoller Schrei des kleinen Tieres von unten aus der Schlucht herauf. Hauke blickte hinab; er hatte es von oben hinunterschleudern sehen; eine jähe Zornröte stieg ihm ins Gesicht. ›Halt! Haltet ein!‹ schrie er zu den Karren hinun- ter; denn der nasse Klei wurde unaufhaltsam aufgeschüt- tet.

›Warum?‹ schrie eine rauhe Stimme von unten herauf; ›doch um die elende Hunde-Kreatur nicht?‹

›Halt! sag ich‹, schrie Hauke wieder; ›bringt mir den Hund! Bei unserem Werke soll kein Frevel sein!‹

Aber es rührte sich keine Hand; nur ein paar Spaten zähen Kleis flogen noch neben das schreiende Tier. Da gab er seinem Schimmel die Sporen, daß das Tier einen Schrei ausstieß, und stürmte den Deich hinab, und Alles wich vor ihm zurück. ›Den Hund!‹ schrie er; ›ich will den Hund!‹

Der Schimmelreiter

Eine Hand schlug sanft auf seine Schulter, als wäre es die Hand des alten Jewe Manners; doch als er umsah, war es nur ein Freund des Alten. ›Nehmt Euch in Acht, Deichgraf!‹ raunte der ihm zu, ›Ihr habt nicht Freunde unter diesen Leuten; laßt es mit dem Hunde gehen!‹

Der Wind pfiff, der Regen klatschte; die Leute hatten die Spaten in den Grund gesteckt, einige sie fortgeworfen. Hauke neigte sich zu dem Alten: ›Wollt Ihr meinen Schimmel halten, Harke Jens?‹ frug er; und als jener noch kaum den Zügel in der Hand hatte, war Hauke schon in die Kluft gesprungen und hielt das kleine winselnde Tier in seinem Arm; und fast im selben Augenblicke saß er auch wieder hoch im Sattel und sprengte auf den Deich zurück. Seine Augen flogen über die Männer, die bei den Wagen standen. ›Wer war es?‹ rief er. ›Wer hat die Kreatur hinabgeworfen?‹

Einen Augenblick schwieg Alles; denn aus dem hageren Gesicht des Deichgrafen sprühte der Zorn, und sie hatten abergläubische Furcht vor ihm. Da trat von einem Fuhrwerk ein stiernackiger Kerl vor ihn hin. ›Ich tat es nicht, Deichgraf‹, sagte er und biß von einer Rolle Kautabak ein Endchen ab, das er sich erst ruhig in den Mund schob; ›aber der es tat, hat recht getan; soll Euer Deich sich halten, so muß was Lebiges hinein!‹

– ›Was Lebiges? Aus welchem Katechismus* hast du das gelernt?‹

›Aus keinem Herr!‹ entgegnete der Kerl, und aus seiner Kehle stieß ein freches Lachen; ›das haben unsere Großväter schon gewußt, die sich mit Euch im Christentum wohl messen durften! Ein Kind ist besser noch; wenn das nicht da ist, tut's auch wohl ein Hund!‹

›Schweig du mit deinen Heidenlehren‹, schrie ihn Hauke an, ›es stopfte besser, wenn man dich hineinwürfe.‹

›Oho!‹ erscholl es; aus einem Dutzend Kehlen war der Laut gekommen, und der Deichgraf gewahrte ringsum grimmige Gesichter und geballte Fäuste; er sah wohl, daß das keine Freunde waren; der Gedanke an seinen Deich überfiel ihn wie ein Schrecken: was sollte werden, wenn jetzt Alle ihre Spaten hinwürfen? – Und als er nun den Blick nach unten richtete, sah er wieder den Freund des alten Jewe Manners; der ging dort zwischen den Arbeitern, sprach zu Dem und Jenem, lachte hier Einem zu, klopfte dort mit freundlichem Gesicht Einem auf die Schulter, und Einer nach dem Anderen faßte wieder seinen Spaten; noch einige Augenblicke, und die Arbeit war wieder in vollem Gange. – Was wollte er denn noch? Der Priel mußte geschlossen werden, und den Hund barg er sicher genug in den Falten seines Mantels. Mit plötzlichem Entschluß wandte er seinen Schimmel gegen den nächsten Wagen: ›Stroh an die Kante!‹ rief er herrisch, und wie mechanisch gehorchte ihm der Fuhrknecht; bald rauschte es hinab in die Tiefe, und von allen Seite regte es sich aufs Neue und mit allen Armen.

Eine Stunde war noch so gearbeitet; es war nach sechs Uhr, und schon brach tiefe Dämmerung herein; der Regen hatte aufgehört; da rief Hauke die Aufseher an sein Pferd: ›Morgen früh vier Uhr‹, sagte er, ›ist Alles wieder auf dem Platz; der Mond wird noch am Himmel sein; da machen wir mit Gott den Schluß! Und dann noch Eines!‹ rief er, als sie gehen wollten: ›Kennt Ihr den Hund?‹ und er nahm das zitternde Tier aus seinem Mantel.

Sie verneinten das; nur Einer sagte: ›Der hat sich taglang schon im Dorf herumgebettelt; der gehört gar Keinem!‹ ›Dann ist er mein!‹ entgegnete der Deichgraf. ›Vergesset nicht: morgen früh vier Uhr!‹ und ritt davon.

Als er heim kam, trat Ann' Grethe aus der Tür; sie hatte saubere Kleidung an, und es fuhr ihm durch den Kopf, sie gehe jetzt zum Konventikelschneider: ›Halt die Schürze auf!‹ rief er ihr zu, und da sie es unwillkürlich tat, warf er das kleibeschmutzte Hündlein ihr hinein: ›Bring ihn der kleinen Wienke; er soll ihr Spielkamerad werden! Aber

wasch und wärm ihn zuvor; so tust du auch ein gottgefällig
Werk; denn die Kreatur ist schier verkommen.‹
Und Ann' Grethe konnte nicht lassen, ihrem Wirt Gehor-
sam zu leisten und kam deshalb heute nicht in den Konventikel.

Und am anderen Tage wurde der letzte Spatenstich am
neuen Deich getan; der Wind hatte sich gelegt; in anmuti-
gem Fluge schwebten Möwen und ⌐Avosetten über Land
und Wasser hin und wider, von Jevershallig tönte das tau-
sendstimmige Geknorr* der Rottgänse⌐, die sich's noch
heute an der Küste der Nordsee wohl sein ließen, und aus
den weißen Morgennebeln, welche die weite Marsch be-
deckten, stieg allmählich ein goldner Herbsttag und beleuchtete das neue Werk der Menschenhände.

> lautmalerisch
> für den Ton
> der Rottgänse

Nach einigen Wochen kamen mit dem Oberdeichgrafen die
herrschaftlichen Kommissäre zur Besichtigung desselben;
ein großes Festmahl, das erste nach dem Leichenmahl des
alten Tede Volkerts, wurde im deichgräflichen Hause gehalten; alle Deichgevollmächtigten und die größten Interessenten* waren dazu geladen. Nach Tische wurden sämtliche Wagen der Gäste und des Deichgrafen angespannt;
Frau Elke wurde von dem Oberdeichgrafen in die Karriole*
gehoben, vor der der braune Wallach mit seinen Hufen
stampfte; dann sprang er selber hinten nach und nahm die
Zügel in die Hand; er wollte die gescheite Frau seines
Deichgrafen selber fahren. So ging es munter von der Werfte und in den Weg hinaus, den Akt* zum neuen Deich hinan
und auf demselben um den jungen Koog herum. Es war
inmittelst ein leichter Nordwestwind* aufgekommen, und
an der Nord- und Westseite des neuen Deiches wurde die
Flut hinaufgetrieben; aber es war unverkennbar, der sanfte
Abfall bedingte einen sanfteren Anschlag; aus dem Munde
der herrschaftlichen Kommissäre strömte das Lob des
Deichgrafen, daß die Bedenken, welche hie und da von den

> vgl. Storms Erl.
> S. 137,16–17

> leichter, ein-
> achsiger
> Wagen, kleine
> Kutsche

> Deichauffahrt,
> Viehweg

> NW ist die
> Richtung, aus
> der die
> gefürchteten
> Stürme
> kommen

Gevollmächtigten dagegen langsam vorgebracht wurden, gar bald darin erstickten.

– Auch das ging vorüber; aber noch eine Genugtuung empfing der Deichgraf eines Tages, da er in stillem, selbstbewußtem Sinnen auf dem neuen Deich entlang ritt. Es mochte ihm wohl die Frage kommen, weshalb der Koog, der ohne ihn nicht da wäre, in dem sein Schweiß und seine Nachtwachen steckten, nun schließlich nach einer der herrschaftlichen Prinzessinnen ›der neue Carolinenkoog‹ getauft sei; aber es war doch so: auf allen dahin gehörigen Schriftstücken stand der Name, auf einigen sogar in roter ⌈Frakturschrift⌉. Da, als er aufblickte, sah er zwei Arbeiter mit ihren Feldgerätschaften, der eine etwa zwanzig Schritte hinter dem anderen, sich entgegenkommen: ›So wart doch!‹ hörte er den Nachfolgenden rufen; der Andere aber – er stand eben an einem Akt, der in den Koog hinunterführte – rief ihm entgegen: ›Ein andermal, Jens! Es ist schon spät; ich soll hier Klei schlagen*!‹

– ›Wo denn?‹

›Nun hier, im Hauke-Haienkoog!‹

Er rief es laut, indem er den Akt hinabtrabte, als solle die ganze Marsch es hören, die darunter lag. Hauke aber war es, als höre er seinen Ruhm verkünden; er hob sich im Sattel, gab seinem Schimmel die Sporen und sah mit festen Augen über die weite Landschaft hin, die zu seiner Linken lag. ›Hauke-Haienkoog!‹ wiederholte er leis; das klang, als könnt es alle Zeit nicht anders heißen! Mochten sie trotzen, wie sie wollten, um seinen Namen war doch nicht herumzukommen; der Prinzessinnen-Name – würde er nicht bald nur noch in alten Schriften modern? – Der Schimmel ging in stolzem Galopp; vor seinen Ohren aber summte es: ›Hauke-Haienkoog! Hauke-Haienkoog!‹ In seinen Gedanken wuchs fast der neue Deich zu einem achten Weltwunder, in ganz Friesland war nichts seines Gleichen! Und er ließ den Schimmel tanzen; ihm war, er stünde inmitten aller

Die aus den Abzugsgräben ausgehobene Erde über den Koog verteilen

Friesen; er überragte sie um Kopfeshöhe, und seine Blicke flogen scharf und mitleidig über sie hin.

– – Allmählich waren drei Jahre seit der Eindeichung hingegangen; das neue Werk hatte sich bewährt, die Reparaturkosten waren nur gering gewesen; im Kooge aber blühte jetzt fast überall der weiße Klee, und ging man über die geschützten Weiden, so trug der Sommerwind einem ganze Wolken süßen Dufts entgegen. Da war die Zeit gekommen, die bisher nur ⌐idealen Anteile in wirkliche zu verwandeln⌐ und allen Teilnehmern ihre bestimmten Stücke für immer eigentümlich zuzusetzen. Hauke war nicht müßig gewesen, vorher noch einige neue zu erwerben; Ole Peters hatte sich verbissen zurückgehalten; ihm gehörte nichts im neuen Kooge. Ohne Verdruß und Streit hatte auch so die Teilung nicht abgehen können; aber fertig war er gleichwohl geworden; auch dieser Tag lag hinter dem Deichgrafen.

Fortan lebte er einsam seinen Pflichten als Hofwirt wie als Deichgraf und denen, die ihm am nächsten angehörten; die alten Freunde waren nicht mehr in der Zeitlichkeit, neue zu erwerben, war er nicht geeignet. Aber unter seinem Dach war Frieden, den auch das stille Kind nicht störte; es sprach wenig, das stete Fragen, was den aufgeweckten Kindern eigen ist, kam selten und meist so, daß dem Gefragten die Antwort darauf schwer wurde; aber ihr liebes, einfältiges Gesichtlein trug fast immer den Ausdruck der Zufriedenheit. Zwei Spielkameraden hatte sie, die waren ihr genug: wenn sie über die Werfte wanderte, sprang das gerettete gelbe Hündlein stets um sie herum, und wenn der Hund sich zeigte, war auch klein Wienke nicht mehr fern. Der zweite Kamerad war eine Lachmöve, und wie der Hund ›Perle‹, so hieß die Möve ›Claus‹.

Claus war durch ein greises Menschenkind auf dem Hofe installiert* worden; die achtzigjährige Trien' Jans hatte in ihrer Kate auf dem Außendeich sich nicht mehr durchbringen können; da hatte Frau Elke gemeint, die verlebte*

eingeführt

alte und schwache

Dienstmagd ihres Großvaters könnte bei ihnen noch ein paar stille Abendstunden und eine gute Sterbekammer finden, und so, halb mit Gewalt, war sie von ihr und Hauke nach dem Hofe geholt und in dem Nordwest-Stübchen der neuen Scheuer untergebracht worden, die der Deichgraf vor einigen Jahren neben dem Haupthause bei der Vergrößerung seiner Wirtschaft hatte bauen müssen; ein paar der Mägde hatten daneben ihre Kammer erhalten und konnten der Greisin Nachts zur Hand gehen. Rings an den Wänden hatte sie ihr altes Hausgerät: eine Schatulle von ⌐Zuckerkistenholz⌐, darüber zwei bunte Bilder vom verlorenen Sohn, ein längst zur Ruhe gestelltes Spinnrad und ein sehr sauberes Gardinenbett*, vor dem ein ungefüger, mit dem weißen Fell des weiland Angorakaters überzogener Schemel stand. Aber auch was Lebiges hatte sie noch um sich gehabt und mit hieher gebracht: das war die Möwe Claus, die sich schon jahrelang zu ihr gehalten hatte und von ihr gefüttert worden war; freilich, wenn es Winter wurde, flog sie mit den anderen Möwen südwärts und kam erst wieder, wenn am Strand der Wermut duftete.

Die Scheuer lag etwas tiefer an der Werfte; die Alte konnte von ihrem Fenster aus nicht über den Deich auf die See hinausblicken. ›Du hast mich hier als wie gefangen, Deichgraf!‹ murrte sie eines Tages, als Hauke zu ihr eintrat, und wies mit ihrem verkrümmten Finger nach den Fennen hinaus, die sich dort unten breiteten. ›Wo ist denn Jeverssand? Da über den roten oder über den schwarzen Ochsen hinaus?‹

›Was will Sie denn mit Jeverssand?‹ frug Hauke.

– ›Ach was, Jeverssand!‹ brummte die Alte. ›Aber ich will doch sehen, wo mein Jung mir derzeit ist zu Gott gegangen?‹

– ›Wenn Sie das sehen will‹, entgegnete Hauke, ›so muß Sie sich oben unter den Eschenbaum setzen, da sieht Sie das ganze Haf!‹

Der Schimmelreiter

›Ja‹, sagte die Alte; ›ja, wenn ich deine jungen Beine hätte, Deichgraf!‹

Dergleichen blieb lange der Dank für die Hülfe, die ihr die Deichgrafsleute angedeihen ließen; dann aber wurde es auf einmal anders. Der kleine Kindskopf Wienkes guckte eines Morgens durch die halbgeöffnete Tür zu ihr herein. ›Na‹, rief die Alte, welche mit den Händen ineinander auf ihrem Holzstuhl saß, ›was hast du denn zu bestellen?‹

Aber das Kind kam schweigend näher und sah sie mit ihren gleichgültigen Augen unablässig an.

›Bist du das Deichgrafskind?‹ frug sie Trien' Jans, und da das Kind wie nickend das Köpfchen senkte, fuhr sie fort: ›So setz dich hier auf meinen Schemel! Ein Angorakater ist's gewesen – so groß! Aber dein Vater hat ihn totgeschlagen. Wenn er noch lebig wäre, so könntst du auf ihm reiten.‹

Wienke richtete stumm ihre Augen auf das weiße Fell; dann kniete sie nieder und begann es mit ihren kleinen Händen zu streicheln, wie Kinder es bei einer lebenden Katze oder einem Hunde zu machen pflegen. ›Armer Kater!‹ sagte sie dann und fuhr wieder in ihren Liebkosungen fort.

›So!‹ rief nach einer Weile die Alte, ›jetzt ist es genug; und sitzen kannst du auch noch heut auf ihm; vielleicht hat dein Vater ihn auch nur um deshalb totgeschlagen!‹ Dann hob sie das Kind an beiden Armen in die Höhe und setzte es derb auf den Schemel nieder. Da es aber stumm und unbeweglich sitzen blieb und sie nur immer ansah, begann sie mit dem Kopfe zu schütteln: ›Du strafst ihn, Gott der Herr! Ja, ja, du strafst ihn!‹ murmelte sie; aber ein Erbarmen mit dem Kinde schien sie doch zu überkommen; ihre knöcherne Hand strich über das dürftige Haar desselben, und aus den Augen der Kleinen kam es, als ob ihr damit wohl geschehe.

Von nun an kam Wienke täglich zu der Alten in die Kammer; sie setzte sich bald von selbst auf den Angoraschemel, und Trien' Jans gab ihr kleine Fleisch- und Brotstückchen in ihre Händchen, welche sie allezeit in Vorrat hatte, und ließ sie diese auf den Fußboden werfen; dann kam mit Gekreisch und ausgespreizten Flügeln die Möwe aus irgend einem Winkel hervorgeschossen und machte sich darüber her. Erst erschrak das Kind und schrie auf vor dem großen stürmenden Vogel; bald aber war es wie ein eingelerntes Spiel, und wenn sie nur ihr Köpfchen durch den Türspalt steckte, schoß schon der Vogel auf sie zu und setzte sich ihr auf Kopf oder Schulter, bis die Alte ihr zu Hülfe kam und die Fütterung beginnen konnte. Trien' Jans, die es sonst nicht hatte leiden können, daß einer auch nur die Hand nach ihrem ›Claus‹ ausstreckte, sah jetzt geduldig zu, wie das Kind allmählich ihr den Vögel völlig abgewann. Er ließ sich willig von ihr haschen; sie trug ihn umher und ⌈wikkelte ihn⌉ in ihre Schürze, und wenn dann auf der Werfte etwa das gelbe Hündlein um sie herum und eifersüchtig gegen den Vogel aufsprang, dann rief sie wohl: ›Nicht du, nicht du, Perle!‹ und hob mit ihren Ärmchen die Möwe so hoch, daß diese, sich selbst befreiend, schreiend über die Werfte hinflog, und statt ihrer nun der Hund durch Schmeicheln und Springen den Platz auf ihren Armen zu erobern suchte.

Fielen zufällig Haukes oder Elkes Augen auf dies wunderliche Vierblatt, das nur durch einen gleichen Mangel am selben Stengel festgehalten wurde, dann flog wohl ein zärtlicher Blick auf ihr Kind; hatten sie sich gewandt, so blieb nur noch ein Schmerz auf ihrem Antlitz, den jedes einsam mit sich von dannen trug; denn das erlösende Wort war zwischen ihnen noch nicht gesprochen worden. Da eines Sommervormittages, als Wienke mit der Alten und den beiden Tieren auf den großen Steinen vor der Scheuntür saß, gingen ihre beiden Eltern, der Deichgraf seinen Schimmel hinter sich, die Zügel über dem Arme, hier vorüber; er wollte auf den Deich hinaus und hatte das Pferd sich selber von der Fenne heraufgeholt; sein Weib hatte auf der Werfte sich an seinen Arm gehängt. Die Sonne schien warm hernieder; es war fast schwül, und mitunter kam ein Windstoß aus Süd-Süd-Ost. Dem Kinde mochte es auf dem Platze unbehaglich werden: ›Wienke will mit!‹ rief sie, schüttelte die Möwe von ihrem Schoß und griff nach der Hand ihres Vaters.

›So komm!‹ sagte dieser.

– Frau Elke aber rief: ›In dem Wind? Sie fliegt dir weg!‹

›Ich halt sie schon; und heut haben wir warme Luft und lustig Wasser; da kann sie's tanzen sehen.‹

Und Elke lief ins Haus und holte noch ein Tüchlein und ein Käppchen für ihr Kind. ›Aber es gibt ein Wetter‹, sagte sie; ›macht, daß ihr fortkommt, und seid bald wieder hier!‹

Hauke lachte: ›Das soll uns nicht zu fassen kriegen!‹ und hob das Kind zu sich auf den Sattel. Frau Elke blieb noch eine Weile auf der Werfte und sah, mit der Hand ihre Augen beschattend, die Beiden auf den Weg und nach dem Deich hinübertraben; Trien' Jans saß auf dem Stein und murmelte Unverständliches mit ihren welken Lippen.

Das Kind lag regungslos im Arm des Vaters; es war, als atme es beklommen unter dem Druck der Gewitterluft; er neigte den Kopf zu ihr: ›Nun, Wienke?‹ frug er.

Das Kind sah ihn eine Weile an: ›Vater‹, sagte es, ›du kannst das doch! Kannst du nicht Alles?‹

›Was soll ich können, Wienke?‹

Aber sie schwieg; sie schien die eigene Frage nicht verstanden zu haben.

Es war Hochflut*; als sie auf den Deich hinaufkamen, schlug der Widerschein der Sonne von dem weiten Wasser ihr in die Augen, ein Wirbelwind trieb die Wellen strudelnd in die Höhe, und neue kamen heran und schlugen klatschend gegen den Strand, da klammerte sie ihre Händchen angstvoll um die Faust ihres Vaters, die den Zügel führte,

Höchststand des Wassers bei normaler Flut

daß der Schimmel mit einem Satz zur Seite fuhr. Die blaß-
blauen Augen sahen in wirrem Schreck zu Hauke auf: ›Das
Wasser, Vater! das Wasser!‹ rief sie.

Aber der löste sich sanft und sagte: ›Still, Kind, du bist bei
deinem Vater; das Wasser tut dir nichts!‹

Sie strich sich das fahlblonde Haar aus der Stirn und wagte
es wieder, auf die See hinauszusehen. ›Es tut mir nichts‹,
sagte sie zitternd; ›nein, sag, daß es uns nichts tun soll; du
kannst das, und dann tut es uns auch nichts!‹

›Nicht ich kann das, Kind‹, entgegnete Hauke ernst; ›aber
der Deich, auf dem wir reiten, der schützt uns, und den hat
dein Vater ausgedacht und bauen lassen.‹

Ihre Augen gingen wider ihn, als ob sie das nicht ganz ver-
stünde; dann barg sie ihr auffallend kleines Köpfchen in
dem weiten Rocke ihres Vaters.

›Warum versteckst du dich, Wienke?‹ raunte der ihr zu; ›ist
dir noch immer bange?‹ Und ein zitterndes Stimmchen kam
aus den Falten des Rockes: ›Wienke will lieber nicht sehen;
aber du kannst doch Alles, Vater?‹

Ein ferner Donner rollte gegen den Wind herauf. ›Hoho!‹
rief Hauke, ›da kommt es!‹ und wandte sein Pferd zur
Rückkehr. ›Nun wollen wir heim zur Mutter!‹

Das Kind tat einen tiefen Atemzug; aber erst, als sie die
Werfte und das Haus erreicht hatten, hob es das Köpfchen
von seines Vaters Brust. Als dann Frau Elke ihr im Zimmer
das Tüchelchen und die Kapuze abgenommen hatte, blieb
sie wie ein kleiner stummer Kegel vor der Mutter stehen.
›Nun, Wienke‹, sagte diese und schüttelte sie leise, ›magst
du das große Wasser leiden?‹

Aber das Kind riß die Augen auf: ›Es spricht‹, sagte sie;
›Wienke ist bange!‹

– ›Es spricht nicht; es rauscht und toset nur!‹

Das Kind sah ins Weite: ›Hat es Beine?‹ frug es wieder;
›kann es über den Deich kommen?‹

– ›Nein, Wienke; dafür paßt dein Vater auf, er ist der Deichgraf.‹

›Ja‹, sagte das Kind und klatschte mit blödem Lächeln in seine Händchen; ›Vater kann Alles – Alles!‹ Dann plötzlich, sich von der Mutter abwendend, rief sie: ›Laß Wienke zu Trien' Jans, die hat rote Äpfel!‹

Und Elke öffnete die Tür und ließ das Kind hinaus. Als sie dieselbe wieder geschlossen hatte, schlug sie mit einem Ausdruck des tiefsten Grams die Augen zu ihrem Manne auf, aus denen ihm sonst nur Trost und Mut zu Hülfe gekommen war.

Er reichte ihr die Hand und drückte sie, als ob es zwischen ihnen keines weiteren Wortes bedürfe; sie aber sagte leis: ›Nein, Hauke, laß mich sprechen; das Kind, das ich nach Jahren dir geboren habe, es wird für immer ein Kind bleiben. O, lieber Gott! es ist schwachsinnig; ich muß es einmal vor dir sagen.‹

›Ich wußte es längst‹, sagte Hauke und hielt die Hand seines Weibes fest, die sie ihm entziehen wollte.

›So sind wir denn doch allein geblieben‹, sprach sie wieder.

Aber Hauke schüttelte den Kopf: ›Ich hab sie lieb, und sie schlägt ihre Ärmchen um mich und drückt sich fest an meine Brust; um alle Schätze wollt ich das nicht missen!‹

Die Frau sah finster vor sich hin: ›Aber warum?‹ sprach sie; ›was hab ich arme Mutter denn verschuldet?‹

– ›Ja, Elke, das hab ich freilich auch gefragt; den, der allein es wissen kann; aber du weißt ja auch, der Allmächtige gibt den Menschen keine Antwort – vielleicht, weil wir sie nicht begreifen würden.‹

Er hatte auch die andere Hand seines Weibes gefaßt und zog sie sanft zu sich heran: ›Laß dich nicht irren, dein Kind, wie du es tust, zu lieben; sei sicher, das versteht es!‹

Da warf sich Elke an ihres Mannes Brust und weinte sich satt und war mit ihrem Leid nicht mehr allein. Dann plötzlich lächelte sie ihn an; nach einem heftigen Händedruck lief sie hinaus und holte sich ihr Kind aus der Kammer der alten Trien' Jans, und nahm es auf den Schoß und hätschelte und küßte es, bis es stammelnd sagte: ›Mutter, mein liebe Mutter!‹

So lebten die Menschen auf dem Deichgrafshofe still beisammen; wäre das Kind nicht dagewesen, es hätte viel gefehlt.

Allmählich verfloß der Sommer; ⌐die Zugvögel waren durchgezogen, die Luft wurde leer vom Gesang der Lerchen; nur von den Scheunen, wo sie beim Dreschen Körner pickten, hörten man hie und da einige kreischend davonfliegen⌐; schon war Alles hart gefroren. In der Küche des Haupthauses saß eines Nachmittags die alte Trien' Jans auf der Holzstufe einer Treppe, die neben dem Feuerherd nach dem Boden lief. Es war in den letzten Wochen, als sei sie aufgelebt; sie kam jetzt gern einmal in die Küche und sah Frau Elke hier hantieren; es war keine Rede mehr davon, daß ihre Beine sie nicht hätten dahin tragen können, seit eines Tages klein Wienke sie an der Schürze hier heraufgezogen hatte. Jetzt kniete das Kind an ihrer Seite und sah mit seinen stillen Augen in die Flammen, die aus dem Herdloch aufflackerten; ihr eines Händchen klammerte sich an den Ärmel der Alten, das andere lag in ihrem eigenen fahlblonden Haar. Trien' Jans erzählte: ›Du weißt‹, sagte sie, ›ich stand in Dienst bei deinem Urgroßvater, als Hausmagd, und dann mußt ich die Schweine füttern; der war klüger als sie Alle – da war es, es ist grausam lange her; aber eines Abends, der Mond schien, da ließen sie die Hafschleuse schließen, und sie konnte nicht wieder zurück in See. O, wie sie schrie und mit ihren Fischhänden sich in ihre harten struppigen Haare griff! Ja, Kind, ich sah es und hörte sie selber schreien! Die Gräben zwischen den Fennen waren alle voll Wasser, und der Mond schien darauf, daß sie wie Silber glänzten, und sie schwamm aus einem Graben in den anderen und hob die Arme und schlug, was ihre

Hände waren, aneinander, daß man es weither klatschen hörte, als wenn sie beten wollte; aber Kind, beten können diese Kreaturen nicht. Ich saß vor der Haustür auf ein paar Balken, die zum Bauen angefahren waren, und sah weithin über die Fennen; und das Wasserweib* schwamm noch immer in den Gräben, und wenn sie die Arme aufhob, so glitzerten auch die wie Silber und Demanten*. Zuletzt sah ich sie nicht mehr, und die Wildgänse und Möwen, die ich all die Zeit nicht gehört hatte, zogen wieder mit Pfeifen und Schnattern durch die Luft.‹

volkstümliche Version der Nymphe

Diamanten

Die Alte schwieg; das Kind hatte ein Wort sich aufgefangen: ›Konnte sie beten?‹ frug sie. ›Was sagst du? Wer war es?‹

›Kind‹, sagte die Alte; ›die Wasserfrau war es; das sind Undinger*, die nicht selig werden können.‹

Ungeheuer, Gespenster

›Nicht selig!‹ wiederholte das Kind, und ein tiefer Seufzer, als habe sie das verstanden, hob die kleine Brust.

– ›Trien' Jans!‹ kam eine tiefe Stimme von der Küchentür, und die Alte zuckte leicht zusammen. Es war der Deichgraf Hauke Haien, der dort am Ständer lehnte: ›Was redet Sie dem Kinde vor? Hab ich Ihr nicht geboten, Ihre Mären* für sich zu behalten, oder sie den Gäns' und Hühnern zu erzählen?‹

Märchen

Die Alte sah ihn mit einem bösen Blick an und schob die Kleine von sich fort: ›Das sind keine Mären‹, murmelte sie in sich hinein, ›das hat mein Großohm* mir erzählt.‹

Großonkel

– ›Ihr Großohm, Trien'? ⌐Sie wollte es ja eben selbst erlebt haben.‹

›Das ist egal‹, sagte die Alte⌐; ›aber Ihr glaubt nicht, Hauke Haien; Ihr wollt wohl meinen Großohm noch zum Lügner machen!‹ Dann rückte sie näher an den Herd und streckte die Hände über die Flammen des Feuerlochs.

Der Deichgraf warf einen Blick gegen das Fenster: draußen dämmerte es noch kaum. ›Komm, Wienke!‹ sagte er und zog sein schwachsinniges Kind zu sich heran; ›komm mit mir, ich will dir draußen vom Deich aus etwas zeigen! Nur müssen wir zu Fuß gehen; der Schimmel ist beim Schmied.‹ Dann ging er mit ihr in die Stube, und Elke band dem Kinde dicke wollene Tücher um Hals und Schultern; und bald danach ging der Vater mit ihr auf dem alten Deiche nach Nordwest hinauf, Jeverssand vorbei, bis wo die Watten breit, fast unübersehbar wurden.

Bald hatte er sie getragen, bald ging sie an seiner Hand; die Dämmerung wuchs allmählich; in der Ferne verschwand Alles in Dunst und Duft. Aber dort, wohin noch das Auge reichte, hatten die unsichtbar schwellenden Wattströme das Eis zerrissen, und, wie Hauke Haien es in seiner Jugend einst gesehen hatte, aus den Spalten stiegen wie damals die rauchenden Nebel, und daran entlang waren wiederum die unheimlichen närrischen Gestalten und hüpften gegeneinander und dienerten und dehnten sich plötzlich schreckhaft in die Breite.

Das Kind klammerte sich angstvoll an seinen Vater und deckte dessen Hand über sein Gesichtlein: ›Die Seeteufel*!‹ raunte es zitternd zwischen seine Finger; ›die Seeteufel!‹

Er schüttelte den Kopf: ›Nein, Wienke, weder Wasserweiber noch Seeteufel; so Etwas gibt es nicht; wer hat dir davon gesagt?‹

Sie sah mit stumpfem Blicke zu ihm herauf; aber sie antwortete nicht. Er strich ihr zärtlich über die Wangen: ⌐›Sieh nur wieder hin!‹ sagte er, ›das sind nur arme hungrige Vögel! Sieh nur, wie jetzt der große seine Flügel breitet; die holen sich die Fische, die in die rauchenden Spalten kommen.⌐

›Fische‹, wiederholte Wienke.

›Ja, Kind, ⌐das Alles ist lebig, so wie wir; es gibt nichts Anderes; aber der liebe Gott ist überall!⌐‹

Klein Wienke hatte ⌐ihre Augen fest auf den Boden gerichtet und hielt den Atem an; es war, als sähe sie erschrocken in einen Abgrund⌐. Es war vielleicht nur so; der Vater blick-

vgl. Erl. zu 19,17

114 ... Der Schimmelreiter

te lange auf sie hin, er bückte sich und sah in ihr Gesichtlein; aber keine Regung der verschlossenen Seele wurde darin kund. Er hob sie auf den Arm und steckte ihre verklommenen Händchen in einen seiner dicken Wollhandschuhe: ›So, mein Wienke‹ – und das Kind vernahm wohl nicht den Ton von heftiger Innigkeit in seinen Worten – ›so, wärm dich bei mir! Du bist doch unser Kind, unser einziges. Du hast uns lieb!. . .‹ Die Stimme brach dem Manne; aber die Kleine drückte zärtlich ihr Köpfchen in seinen rauhen Bart.

So gingen sie friedlich heimwärts.

Nach Neujahr war wieder einmal die Sorge in das Haus getreten; ein Marschfieber* hatte den Deichgrafen ergriffen; auch mit ihm ging es nah am Rand der Grube her, und als er unter Frau Elkes Pfleg' und Sorge wieder erstanden war, schien er kaum derselbe Mann. Die Mattigkeit des Körpers lag auch auf seinem Geiste, und Elke sah mit Besorgnis, wie er allzeit leicht zufrieden war. Dennoch, gegen Ende des März, drängte es ihn, seinen Schimmel zu besteigen und zum ersten Male wieder auf seinem Deich entlang zu reiten; es war an einem Nachmittage, und die Sonne, die zuvor geschienen hatte, lag längst schon wieder hinter trübem Duft.

Im Winter hatte es ein paar Mal Hochwasser gegeben; aber es war nicht von Belang gewesen; nur drüben am anderen Ufer war auf einer Hallig eine Herde Schafe ertrunken und ein Stück vom Vorland abgerissen worden; hier an dieser Seite und am neuen Kooge war ein nennenswerter Schaden nicht geschehen. Aber in der letzten Nacht hatte ein stärkerer Sturm getobt; jetzt mußte der Deichgraf selbst hinaus und Alles mit eigenem Aug besichtigen. Schon war er unten von der ⌐Süd-Ostecke⌐ aus auf dem neuen Deich herumgeritten, und es war Alles wohl erhalten; als er aber an die ⌐Nord-Ostecke⌐ gekommen war, dort wo der neue Deich

Fieber, das angeblich durch Ausdünstung des Marschbodens erzeugt wird auf den alten stößt, war zwar der erstere unversehrt, aber wo früher der Priel den alten erreicht hatte und an ihm entlang geflossen war, sah er in großer Breite die Grasnarbe zerstört und fortgerissen und in dem Körper des Deiches eine von der Flut gewühlte Hohlung, durch welche überdies ein ⌈Gewirr von Mäusegängen⌉ bloßgelegt war. Hauke stieg vom Pferde und besichtigte den Schaden in der Nähe: das Mäuseunheil schien unverkennbar noch unsichtbar weiter fortzulaufen.

Er erschrak heftig; gegen Alles dieses hätte schon beim Bau des neuen Deiches Obacht genommen werden müssen; da es damals übersehen worden, so mußte es jetzt geschehen! – Das Vieh war noch nicht auf den Fennen, das Gras war ungewohnt zurückgeblieben; wohin er blickte, es sah ihn leer und öde an. Er bestieg wieder sein Pferd und ritt am Ufer hin und her: es war Ebbe, und er gewahrte wohl, wie der Strom von außen her sich wieder ein neues Bett im Schlick gewühlt hatte und jetzt von Nordwesten auf den alten Deich gestoßen war; der neue aber, soweit es ihn traf, hatte mit seinem sanfteren Profile dem Anprall widerstehen können.

Ein Haufen neuer Plag' und Arbeit erhob sich vor der Seele des Deichgrafen: nicht nur der alte Deich mußte hier verstärkt, auch dessen Profil dem des neuen angenähert werden; vor Allem aber mußte der als gefährlich wieder aufgetretene Priel durch neu zu legende Dämme oder Lahnungen* abgeleitet werden. Noch einmal ritt er auf dem neuen Deich bis an die äußerste Nord-Westecke, dann wieder rückwärts*, die Augen unablässig auf das neu gewühlte Bett des Prieles heftend, der ihm zur Seite sich deutlich genug in dem bloßgelegten Schlickgrund abzeichnete. Der Schimmel drängte vorwärts und schnob und schlug mit den Vorderhufen; aber der Reiter drückte ihn zurück, er wollte langsam reiten, er wollte auch die innere Unruhe bändigen, die immer wilder in ihm aufgor.

vgl. Storms Erl.
S. 137,29–30

zurück

Der Schimmelreiter

Wenn eine ⌈Sturmflut⌉ wiederkäme – eine, wie 1655 dagewesen, wo Gut und Menschen ungezählt verschlungen
wurden – wenn sie wiederkäme, wie sie schon mehrmals
einst gekommen war! – Ein heißer Schauer überrieselte den
Reiter – der alte Deich, er würde den Stoß nicht aushalten,
der gegen ihn heraufschösse! Was dann, was sollte dann
geschehen? – Nur eines, ein einzig Mittel würde es geben,
um vielleicht den alten Koog und Gut und Leben darin zu
retten. Hauke fühlte sein Herz still stehen, sein sonst so
fester Kopf schwindelte; er sprach es nicht aus, aber in ihm
sprach es stark genug: Dein Koog, der Hauke-Haienkoog
müßte preisgegeben und der neue Deich durchstochen werden!

Schon sah er im Geist die stürzende Hochflut hereinbre-
chen und Gras und Klee mit ihrem salzen schäumenden
Gischt bedecken. Ein Sporenstich fuhr in die Weichen des
Schimmels, und einen Schrei ausstoßend, flog er auf dem
Deich entlang und dann den Akt hinab, der deichgräflichen
Werfte zu.

Den Kopf voll von innerem Schrecknis und ungeordneten
Plänen kam er nach Hause. Er warf sich in seinen Lehnstuhl, und als Elke mit der Tochter in das Zimmer trat,
stand er wieder auf und hob das Kind zu sich empor und
küßte es; dann jagte er das gelbe Hündlein mit ein paar
leichten Schlägen von sich. ›Ich muß noch einmal droben
nach dem Krug!‹ sagte er und nahm seine Mütze vom Tür-
haken, wohin er sie eben erst gehängt hatte.

Seine Frau sah in sorgvoll an: ›Was willst du dort? Es wird
schon Abend, Hauke!‹

›Deichgeschichten!‹ murmelte er vor sich hin, ›ich treffe
von den Gevollmächtigten dort.‹

Sie ging ihm nach und drückte ihm die Hand, denn er war
mit diesen Worten schon zur Tür hinaus. Hauke Haien, der
sonst Alles bei sich selber abgeschlossen hatte, drängte es
jetzt, ein Wort von Jenen zu erhalten, die er sonst kaum

eines Anteils wert gehalten hatte. Im Gastzimmer traf er Ole Peters mit zweien der Gevollmächtigten und einem Koogseinwohner am Kartentisch.

›Du kommst wohl von draußen, Deichgraf?‹ sagte der Erstere, nahm die halb ausgeteilten Karten auf und warf sie wieder hin.

›Ja, Ole‹, erwiderte Hauke; ›ich war dort; es sieht übel aus.‹

vgl. Erl. zu 91,13 ›Übel? – Nun, ein paar Hundert Soden* und eine Bestikkung wird's wohl kosten; ich war dort auch am Nachmittag.‹

›So wohlfeil wird's nicht abgehen, Ole‹, erwiderte der Deichgraf, ›der Priel ist wieder da, und wenn er jetzt auch nicht von Norden auf den alten Deich stößt, so tut er's doch von Nordwesten!‹

›Du hättst ihn lassen sollen, wo du ihn fandest!‹ sagte Ole trocken.

›Das heißt‹, entgegnete Hauke, ›der neue Koog geht dich nichts an; und darum sollte er nicht existieren. Das ist deine eigene Schuld! Aber wenn wir Lahnungen legen müssen, um den alten Deich zu schützen, der grüne Klee hinter dem neuen bringt das übermäßig ein!‹

›Was sagt Ihr, Deichgraf?‹ riefen die Gevollmächtigten; ›Lahnungen? Wie viele denn? Ihr liebt es, Alles beim teuersten Ende anzufassen!‹

Die Karten lagen unberührt auf dem Tisch. ›Ich will's dir sagen, Deichgraf‹, sagte Ole Peters und stemmte beide Arme auf, ›dein neuer Koog ist ein fressend Werk, was du uns gestiftet hast! Noch laboriert* Alles an den schweren Kosten deiner breiten Deiche; nun frißt er uns auch den alten Deich, und wir sollen ihn verneuen*! – Zum Glück ist's nicht so schlimm; er hat diesmal gehalten und wird es auch noch ferner tun! Steig nur morgen wieder auf deinen Schimmel und sieh es dir noch einmal an!‹

Hauke war aus dem Frieden seines Hauses hieher gekom-

leidet, arbeitet sich ab

erneuern

men; hinter den immerhin noch gemäßigten Worten, die er eben hörte, lag – er konnte es nicht verkennen – ein zäher Widerstand, ihm war, als fehle ihm dagegen noch die alte Kraft. ›Ich will tun, wie du es rätst, Ole‹, sprach er; ›nur fürcht ich, ich werd es finden, wie ich es heut gesehen habe.‹

– Eine unruhige Nacht folgte diesem Tage; Hauke wälzte sich schlaflos in seinen Kissen. ›Was ist dir?‹ frug ihn Elke, welche die Sorge um ihren Mann wachhielt; ›drückt dich etwas, so sprich es von dir; wir haben's ja immer so gehalten!‹

›Es hat nichts auf sich, Elke!‹ erwiderte er, ›am Deiche, an den Schleusen ist was zu reparieren; du weißt, daß ich das allzeit Nachts in mir zu verarbeiten habe.‹ Weiter sagte er nichts; er wollte sich die Freiheit seines Handelns vorbehalten; ihm unbewußt war die klare Einsicht und der kräftige Geist seines Weibes ihm in seiner augenblicklichen Schwäche ein Hindernis, dem er unwillkürlich auswich.

– – Am folgenden Vormittag, als er wieder auf den Deich hinauskam, war die Welt eine andere, als wie er sie Tags zuvor gefunden hatte; zwar war wieder hohl Ebbe*, aber der Tag war noch im Steigen, und ⌈eine lichte Frühlingssonne ließ ihre Strahlen fast senkrecht auf die unabsehbaren Watten fallen; die weißen Möwen schwebten ruhig hin und wider, und unsichtbar über ihnen, hoch unter dem azurblauen Himmel, sangen die Lerchen ihre ewige Melodie. Hauke, der nicht wußte, wie uns die Natur mit ihrem Reiz betrügen kann, stand auf der Nordwestecke des Deiches und suchte nach dem Bett des Prieles, das ihn gestern so erschreckt hatte; aber bei dem vom Zenit herabschießenden Sonnenlichte fand er es anfänglich nicht einmal; erst da er gegen die blendenden Strahlen seine Augen mit der Hand beschattete, konnte er es nicht verkennen; aber dennoch, die Schatten der gestrigen Dämmerung mußten ihn getäuscht haben⌉; es kennzeichnete sich jetzt nur

niedrigster Wasserstand bei Ebbe

schwach; die bloßgelegte Mäusewirtschaft mußte mehr als die Flut den Schaden in dem Deich veranlaßt haben. Freilich, Wandel mußte hier geschafft werden; aber durch sorgfältiges Aufgraben und, wie Ole Peters gesagt hatte, durch frische Soden und einige Ruten* Strohbestickung war der Schaden auszuheilen.

altes dt. Längenmaß: etwa 3,80 m

›Es war so schlimm nicht‹, sprach er erleichtert zu sich selber, ›du bist gestern doch dein eigner Narr gewesen!‹ – Er berief die Gevollmächtigten, und die Arbeiten wurden ohne Widerspruch beschlossen, was bisher noch nie geschehen war. Der Deichgraf meinte eine stärkende Ruhe in seinem noch geschwächten Körper sich verbreiten zu fühlen; und nach einigen Wochen war Alles sauber ausgeführt.

Das Jahr ging weiter, aber je weiter es ging und je ungestörter die neugelegten Rasen durch die Strohdecke grünten, um so unruhiger ging oder ritt Hauke an dieser Stelle vorüber, er wandte die Augen ab, er ritt hart an der Binnenseite des Deiches; ein paar Mal, wo er dort hätte vorüber müssen, ließ er sein schon gesatteltes Pferd wieder in den Stall zurückführen; dann wieder, wo er nichts dort zu tun hatte, wanderte er, um nur rasch und ungesehen von seiner Werfte fortzukommen, plötzlich und zu Fuß dahin; manchmal auch war er umgekehrt, er hatte es sich nicht zumuten können, die unheimliche Stelle aufs Neue zu betrachten; und endlich, mit den Händen hätte er Alles wieder aufreißen mögen; denn wie ein ⌈Gewissensbiß⌉, der außer ihm Gestalt gewonnen hatte, lag dies Stück des Deiches ihm vor Augen. Und doch, seine Hand konnte nicht mehr daran rühren; und Niemandem, selbst nicht seinem Weibe, durfte er davon reden. So war der September gekommen; Nachts hatte ein mäßiger Sturm getobt und war zuletzt nach Nordwest umgesprungen. An trübem Vormittag danach, zur Ebbezeit, ritt Hauke auf den Deich hinaus, und es durchfuhr ihn, als er seine Augen über die Watten schweifen ließ; dort, von Nordwest herauf, sah er plötzlich wieder, und schärfer und tiefer ausgewühlt, das gespenstische neue Bett des Prieles; so sehr er seine Augen anstrengte, es wollte nicht mehr weichen.

Als er nach Haus kam, ergriff Elke seine Hand: ›Was hast du, Hauke?‹ sprach sie, als sie in sein düsteres Antlitz sah; ›es ist doch kein neues Unheil? Wir sind jetzt so glücklich; mir ist, du hast nun Frieden mit Allen!‹

Diesen Worten gegenüber vermochte er seine verworrene Furcht nicht in Worten kund zu geben.

›Nein, Elke‹, sagte er, ›mich feindet Niemand an; es ist nur ein verantwortlich Amt, die Gemeinde vor unseres Herrgotts Meer zu schützen.‹

Er machte sich los, um weiteren Fragen des geliebten Weibes auszuweichen. Er ging in Stall und Scheuer, als ob er Alles revidieren müsse; aber er sah nichts um sich her; er war nur beflissen, seinen Gewissensbiß zur Ruhe, ihn sich selber als eine krankhaft übertriebene Angst zur Überzeugung zu bringen.

– – Das Jahr, von dem ich Ihnen erzähle«, sagte nach einer Weile mein Gastfreund, der Schulmeister, »war das Jahr 1756, das in dieser Gegend nie vergessen wird; im Hause Hauke Haiens brachte es eine Tote. Zu Ende des Septembers war in der Kammer, welche ihr in der Scheune eingeräumt war, die fast neunzigjährige Trien' Jans am Sterben. Man hatte sie nach ihrem Wunsche in den Kissen aufgerichtet, und ihre Augen gingen durch die kleinen bleigefaßten Scheiben in die Ferne; es mußte dort am Himmel eine dünnere Luftschicht über einer dichteren liegen; denn es war ⌈hohe Kimmung⌉, und die Spiegelung hob in diesem Augenblick das Meer wie einen ⌈flimmernden Silberstreifen über den Rand des Deiches, so daß es blendend in die Kammer schimmerte⌉; auch die Südspitze von Jeverssand war sichtbar.

Am Fußende des Bettes kauerte die kleine Wienke und hielt

mit der einen Hand sich fest an der ihres Vaters, der daneben stand. In das Antlitz der Sterbenden grub eben der Tod das ⌐hippokratische Gesicht⌐, und das Kind starrte atemlos auf die unheimliche, ihr unverständliche Verwandlung des unschönen, aber ihr vertrauten Angesichts.

›Was macht sie? Was ist das, Vater?‹ flüsterte sie angstvoll und grub die Fingernägel in ihres Vaters Hand.

›Sie stirbt!‹ sagte der Deichgraf.

›Stirbt!‹ wiederholte das Kind und schien in verworrenes Sinnen zu verfallen.

Aber die Alte rührte noch einmal ihre Lippen: ›Jins*! Jins!‹ und kreischend, wie ein Notschrei, brach es hervor, und ihre knöchernen Arme streckten sich gegen die draußen flimmernde Meeresspiegelung: ›Hölp mi! Hölp mi! Du bist ja båwen Wåter . . . Gott gnåd de Annern!‹*

Ihre Arme sanken, ein leises Krachen der Bettstatt wurde hörbar; sie hatte aufgehört zu leben.

Das Kind tat einen tiefen Seufzer und warf die blassen Augen zu ihrem Vater auf: ›Stirbt sie noch immer?‹ frug es.

›Sie hat es vollbracht!‹ sagte der Deichgraf und nahm das Kind auf seinen Arm: ›Sie ist nun weit von uns, beim lieben Gott.‹

›Beim lieben Gott!‹ wiederholte das Kind und schwieg eine Weile, als müsse es den Worten nachsinnen. ›Ist das gut, beim lieben Gott?‹

›Ja, das ist das Beste.‹ – In Haukes Innerem aber klang schwer die letzte Rede der Sterbenden. ›Gott gnåd de Annern!‹ sprach es leise in ihm. ›Was wollte die alte Hexe? Sind denn die Sterbenden Propheten? – –‹

– – Bald, nachdem Trien' Jans oben bei der Kirche eingegraben war, begann man immer lauter von allerlei Unheil und seltsamem Geschmeiß* zu reden, das die Menschen in Nordfriesland erschreckt haben sollte; und sicher war es, am Sonntage ⌐Lätare⌐ war droben von der Turmspitze der

⌐goldene Hahn durch einen Wirbelwind herabgeworfen⌐
worden; auch das war richtig, im Hochsommer fiel, wie ein
Schnee, ein groß Geschmeiß vom Himmel, daß man die
Augen davor nicht auftun konnte, und es hernach fast
handhoch auf den Fennen lag, und hatte Niemand je so
was gesehen; als aber nach Ende September der Großknecht mit Korn und die Magd Ann' Grethe mit Butter in
die Stadt zu Markt gefahren waren, kletterten sie bei ihrer
Rückkunft mit schreckensbleichen Gesichtern von ihrem
Wagen. ›Was ist? Was habt ihr?‹ riefen die anderen Dirnen,
die hinausgelaufen waren, da sie den Wagen rollen hörten.
Ann' Grethe in ihrem Reiseanzug trat atemlos in die geräumige Küche. ›Nun, so erzähl doch!‹ riefen die Dirnen wieder, ›wo ist das Unglück los?‹

›Ach, unser lieber Jesus wolle uns behüten!‹ rief Ann' Grethe. ›Ihr wißt, von drüben, überm Wasser, das alt Mariken* Ndt. für:
vom Ziegelhof, wir stehen mit unserer Butter ja allzeit zu- »Mariechen«
sammen an der Apotheker-Ecke, die hat es mir erzählt‹,
und Iven Johns sagte auch, ›das gibt ein Unglück!‹ sagte er;
›ein Unglück über ganz Nordfriesland; glaub mir's, Ann'
Greth! Und‹ – sie dämpfte ihre Stimme – ›mit des Deich-
grafs Schimmel ist's am Ende auch nicht richtig!‹
›Scht! Scht!‹ machten die anderen Dirnen.
– ›Ja, ja; was kümmert's mich! Aber drüben, an der anderen Seite, geht's noch schlimmer als bei uns! Nicht bloß
Fliegen und Geschmeiß, auch ⌐Blut ist wie Regen vom Himmel gefallen⌐; und da am Sonntag Morgen danach der Pastor sein Waschbecken vorgenommen hat, sind fünf Toten-
köpfe, wie Erbsen groß, darin gewesen, und Alle sind gekommen, um das zu sehen; im Monat Augusti* sind grau- Lat. Genitiv
sige rotköpfige Raupenwürmer über das Land gezogen
und haben Korn und Mehl und Brot und was sie fanden,
weggefressen, und hat kein Feuer sie vertilgen können!‹
Die Erzählerin verstummte plötzlich; keine der Mägde hatte bemerkt, daß die Hausfrau in die Küche getreten war.

›Was redet ihr da?‹ sprach diese. ›Laßt das den Wirt nicht hören!‹ Und da sie Alle jetzt erzählen wollten: ›Es tut nicht not; ich habe genug davon vernommen; geht an euere Arbeit, das bringt euch besseren Segen!‹ Dann nahm sie Ann' Grethe mit sich in die Stube und hielt mit dieser Abrechnung über ihre Marktgeschäfte.

So fand im Hause des Deichgrafen das abergläubige Geschwätz bei der Herrschaft keinen Anhalt; aber in die übrigen Häuser, und je länger die Abende wurden, um desto leichter drang es mehr und mehr hinein. Wie schwere Luft lag es auf Allen; und heimlich sagte man es sich, ein Unheil, ein schweres, würde über Nordfriesland kommen.

1. November

Es war vor Allerheiligen*, im Oktober. Tag über hatte es stark aus Südwest gestürmt; Abends stand ein halber Mond am Himmel, dunkelbraune Wolken jagten überhin, und Schatten und trübes Licht flogen auf der Erde durcheinander; der Sturm war im Wachsen. Im Zimmer des Deichgrafen stand noch der geleerte Abendtisch; die Knechte waren in den Stall gewiesen, um dort des Viehes zu achten; die Mägde mußten im Hause und auf den Böden

Fensterläden

nachsehen, ob Türen und Luken* wohl verschlossen seien, daß nicht der Sturm hineinfasse und Unheil anrichte. Drinnen stand Hauke neben seiner Frau am Fenster; er hatte eben sein Abendbrot hinabgeschlungen; er war draußen auf dem Deich gewesen. Zu Fuße war er hinausgetrabt, schon früh am Nachmittag; spitze Pfähle und Säcke voll Klei oder Erde hatte er hie und dort, wo der Deich eine Schwäche zu verraten schien, zusammentragen lassen; überall hatte er Leute angestellt; nur im Notfall durften sie von den angewiesenen Plätzen weichen. Das hatte er zurückgelassen; dann, vor kaum einer Viertelstunde, naß, zerzaust, war er in seinem Hause angekommen, und jetzt, das Ohr nach den Windböen, welche die in Blei gefaßten Scheiben rasseln machten, blickte er wie gedankenlos in die wüste Nacht hinaus; die Wanduhr hinter ihrer Glasscheibe schlug eben acht. Das Kind, das neben der Mutter stand, fuhr zusammen und barg den Kopf in deren Kleider. ›Claus!‹ rief sie weinend; ›wo ist mein Claus?‹

Sie konnte wohl so fragen; denn die Möwe hatte, wie schon im vorigen Jahre, so auch jetzt ihre Winterreise nicht mehr angetreten. Der Vater überhörte die Frage, die Mutter aber nahm das Kind auf ihren Arm. ›Dein Claus ist in der Scheune‹, sagte sie; ›da sitzt er warm.‹

›Warum?‹ sagte Wienke, ›ist das gut?‹

– ›Ja, das ist gut.‹

Der Hausherr stand noch am Fenster: ›Es geht nicht länger, Elke!‹ sagte er; ›ruf eine von den Dirnen; der Sturm drückt uns die Scheiben ein; die Luken müssen angeschroben* werden!‹

angeschraubt

Auf das Wort der Hausfrau war die Magd hinausgelaufen; man sah vom Zimmer aus, wie ihr die Röcke flogen; aber als sie die Klammern gelöst hatte, riß ihr der Sturm den Laden aus der Hand und warf ihn gegen die Fenster, daß ein paar Scheiben zersplittert in die Stube flogen und eins der Lichter qualmend auslosch. Hauke mußte selbst hinaus, zu helfen, und nur mit Not kamen allmählich die Luken vor die Fenster. Als sie beim Wiedereintritt in das Haus die Tür aufrissen, fuhr eine Böe hinterdrein, daß Glas und Silber im Wandschrank durcheinander klirrten; oben im Hause über ihren Köpfen zitterten und krachten die Balken, als wolle der Sturm das Dach von den Mauern reißen. Aber Hauke kam nicht wieder in das Zimmer; Elke hörte, wie er durch die Tenne* nach dem Stalle schritt. ›Den Schimmel! Den Schimmel, John! Rasch!‹ So hörte sie ihn rufen; dann kam er wieder in die Stube, das Haar zerzaust, aber die grauen Augen leuchtend. ›Der Wind ist umgesprungen!‹ rief er –, ›nach Nordwest, auf halber Springflut*! Kein Wind; – wir haben solchen Sturm noch nicht erlebt!‹

Dreschplatz

vgl. Storms Erl. S. 137,9–10

Elke war totenblaß geworden: ›Und du mußt noch einmal hinaus?‹

Er ergriff ihre beiden Hände und drückte sie wie im Krampfe in die seinen: ›Das muß ich, Elke.‹

Sie erhob langsam ihre dunklen Augen zu ihm, und ein paar Sekunden lang sahen sie sich an; doch war's wie eine Ewigkeit. ›Ja, Hauke‹, sagte das Weib; ›ich weiß es wohl, du mußt!‹

Da trabte es draußen vor der Haustür. Sie fiel ihm um den Hals, und einen Augenblick war's, als könne sie ihn nicht lassen; aber auch das war nur ein Augenblick. ›Das ist *unser* Kampf!‹ sprach Hauke; ›ihr seid hier sicher; an dies Haus ist noch keine Flut gestiegen. Und bete zu Gott, daß er auch mit mir sei!‹

⌐Hauke hüllte sich in seinen Mantel, und Elke nahm ein Tuch und wickelte es ihm sorgsam um den Hals⌐; sie wollte ein Wort sprechen, aber die zitternden Lippen versagten es ihr.

Draußen wieherte der Schimmel, daß es wie Trompetenschall in das Heulen des Sturmes hineinklang. Elke war mit ihrem Mann hinausgegangen; ⌐die alte Esche knarrte, als ob sie auseinanderstürzen solle⌐. ›Steigt auf, Herr!‹ rief der Knecht, ›der Schimmel ist wie toll; die Zügel könnten reißen.‹ Hauke schlug die Arme um sein Weib: ›Bei Sonnenaufgang bin ich wieder da!‹

Schon war er auf sein Pferd gesprungen; das Tier stieg mit den Vorderhufen in die Höhe; dann gleich einem Streithengst, der sich in die Schlacht stürzt, jagte es mit seinem Reiter die Werfte hinunter, in Nacht und Sturmgeheul hinaus. ›Vater, mein Vater!‹ schrie eine klägliche Kinderstimme hinter ihm darein: ›Mein lieber Vater!‹

Wienke war im Dunklen hinter dem Fortjagenden hergelaufen; aber schon nach hundert Schritten strauchelte sie über einen Erdhaufen und fiel zu Boden.

Der Knecht Iven Johns brachte das weinende Kind der

Mutter zurück; die lehnte am Stamme der Esche, deren Zweige über ihr die Luft peitschten, und starrte wie abwesend in die Nacht hinaus, in der ihr Mann verschwunden war; wenn das Brüllen des Sturmes und das ferne Klatschen des Meeres einen Augenblick aussetzten, fuhr sie wie in Schreck zusammen; ihr war jetzt, als suche Alles nur ihn zu verderben, und werde jäh verstummen, wenn es ihn gefaßt habe. Ihre Knie zitterten, ihre Haare hatte der Sturm gelöst und trieb damit sein Spiel. ›Hier ist das Kind, Frau!‹ schrie John ihr zu; ›haltet es fest!‹ und drückte die Kleine der Mutter in den Arm.

›Das Kind? – Ich hatte dich vergessen, Wienke!‹ rief sie; ›Gott verzeih mir's.‹ Dann hob sie es an ihre Brust, so fest nur Liebe fassen kann, und stürzte mit ihr in die Knie: ›Herr Gott und du mein Jesus, laß uns nicht Witwe und nicht Waise werden! Schütz ihn, o lieber Gott; nur du und ich, wir kennen ihn allein!‹ Und der Sturm setzte nicht mehr aus; es tönte und donnerte, als solle die ganze Welt in ungeheuerem Hall und Schall zu Grunde gehen.

›Geht in das Haus, Frau!‹ sagte John; ›kommt!‹ und er half ihnen auf und leitete die Beiden in das Haus und in die Stube.

– – Der Deichgraf Hauke Haien jagte auf seinem Schimmel dem Deiche zu. Der schmale Weg war grundlos; denn die Tage vorher war unermeßlicher Regen gefallen; aber der nasse, saugende Klei schien gleichwohl die Hufe des Tieres nicht zu halten, es war, als hätte es festen Sommerboden unter sich. Wie eine wilde Jagd trieben die Wolken am Himmel; unten lag die weite Marsch wie eine unerkennbare, von unruhigen Schatten erfüllte Wüste; von dem Wasser hinter dem Deiche, immer ungeheurer, kam ein dumpfes Tosen, als müsse es alles Andere verschlingen. ›Vorwärts, Schimmel!‹ rief Hauke; ›wir reiten unseren schlimmsten Ritt!‹

Da klang es wie ein Todesschrei unter den Hufen seines

Rosses. Er riß den Zügel zurück; er sah sich um: ihm zur
Seite dicht über dem Boden, halb fliegend, halb vom Stur-
me geschleudert, zog eine ⌐Schar von weißen Möwen, ein
höhnisches Gegacker ausstoßend; sie suchten Schutz im
Lande. Eine von ihnen – der Mond schien flüchtig durch
die Wolken – lag am Weg zertreten: dem Reiter war's, als
flattere ein rotes Band an ihrem Halse. ›Claus!‹ rief er. ›Armer Claus!‹⌐

War es der Vogel seines Kindes? Hatte er Roß und Reiter
erkannt und sich bei ihnen bergen wollen? – Der Reiter
wußte es nicht. ›Vorwärts!‹ rief er wieder, und schon hob
der Schimmel zu neuem Rennen seine Hufe, da setzte der
Sturm plötzlich aus, eine Totenstille trat an seine Stelle; nur
eine Sekunde lang, dann kam er mit erneuter Wut zurück;
aber Menschenstimmen und verlorenes Hundegebell waren inzwischen an des Reiters Ohr geschlagen, und als er
rückwärts nach seinem Dorf den Kopf wandte, erkannte er
in dem Mondlicht, das hervorbrach, auf den Werften und
vor den Häusern Menschen an hochbeladenen Wagen umher hantierend; er sah, wie im Fluge, noch andere Wagen
eilend nach der Geest hinauffahren; Gebrüll von Rindern
traf sein Ohr, die aus den warmen Ställen nach dort hinaufgetrieben wurden. ›Gott Dank! sie sind dabei, sich und ihr
Vieh zu retten!‹ rief es in ihm; und dann mit einem Angst-
schrei: ›Mein Weib! Mein Kind! – Nein, nein; auf unsere
Werfte steigt das Wasser nicht!‹

Aber nur ein Augenblick war es; nur wie eine Vision flog
Alles an ihm vorbei.

Eine furchtbare Böe kam brüllend vom Meer herüber, und
ihr entgegen stürmten Roß und Reiter den schmalen Akt
zum Deich hinan. Als sie oben waren, stoppte Hauke mit
Gewalt sein Pferd. Aber wo war das Meer? Wo Jeverssand?
Wo blieb das Ufer drüben? – – Nur Berge von Wasser sah er
vor sich, die dräuend gegen den nächtlichen Himmel stiegen, die in der furchtbaren Dämmerung sich über einander

zu türmen suchten und über einander gegen das feste Land schlugen. Mit weißen Kronen kamen sie daher, heulend, als sei in ihnen der ⌈Schrei alles furchtbaren Raubgetiers der Wildnis⌉. Der Schimmel schlug mit den Vorderhufen und schnob mit seinen Nüstern in den Lärm hinaus; den Reiter aber wollte es überfallen, als sei hier alle Menschenmacht zu Ende; als müsse jetzt die Nacht, der Tod, das Nichts hereinbrechen.

Doch er besann sich: es war ja Sturmflut; nur hatte er sie selbst noch nimmer so gesehen; sein Weib, sein Kind, sie saßen sicher auf der hohen Werfte, in dem festen Hause; sein Deich aber – und wie ein Stolz flog es ihm durch die Brust – der Hauke-Haiendeich, wie ihn die Leute nannten, der mochte jetzt beweisen, wie man Deiche bauen müsse!

Aber – was war das? – Er hielt an dem Winkel zwischen beiden Deichen; wo waren die Leute, die er hieher gestellt, die hier die Wacht zu halten hatten? – Er blickte nach Norden den alten Deich hinauf; denn auch dorthin hatte er Einzelne beordert. Weder hier noch dort vermochte er einen Menschen zu erblicken; er ritt ein Stück hinaus, aber er blieb allein; nur das Wehen des Sturmes und das Brausen des Meeres bis aus unermessener Ferne schlug betäubend an sein Ohr. Er wandte das Pferd zurück; er kam wieder zu der verlassenen Ecke und ließ seine Augen längs der Linie des neuen Deiches gleiten; er erkannte deutlich: langsamer, weniger gewaltig rollten hier die Wellen heran; fast schien's, als wäre dort ein ander Wasser. ›Der soll schon stehen!‹ murmelte er, und wie ein Lachen stieg es in ihm herauf.

Aber das Lachen verging ihm, als seine Blicke weiter an der Linie seines Deichs entlang glitten: an der Nordwestecke – was war das dort? Ein dunkler Haufen wimmelte durcheinander; er sah, wie es sich emsig rührte und drängte – kein Zweifel, es waren Menschen! Was wollten, was arbeiteten die jetzt an seinem Deich? – Und schon saßen seine

Sporen dem Schimmel in den Weichen, und das Tier flog mit ihm dahin; der Sturm kam von der Breitseite; mitunter drängten die Böen so gewaltig, daß sie fast vom Deiche in den neuen Koog hinabgeschleudert wären; aber Roß und Reiter wußten, wo sie ritten. Schon gewahrte Hauke, daß wohl ein paar Dutzend Menschen in eifriger Arbeit dort beisammen seien, und schon sah er deutlich, daß eine Rinne quer durch den neuen Deich gegraben war. Gewaltsam stoppte er sein Pferd: ›Halt!‹ schrie er; ›halt! Was treibt ihr hier für Teufelsunfug?‹

Sie hatten in Schreck die Spaten ruhen lassen, als sie auf einmal den Deichgraf unter sich gewahrten; seine Worte hatte der Sturm ihnen zugetragen, und er sah wohl, daß mehrere ihm zu antworten strebten; aber er gewahrte nur ihre heftigen Gebärden; denn sie standen Alle ihm zur Linken, und was sie sprachen, nahm der Sturm hinweg, der hier draußen jetzt die Menschen mitunter wie im Taumel gegeneinander warf, so daß sie sich dicht zusammenscharten. Hauke maß mit seinen raschen Augen die gegrabene Rinne und den Stand des Wassers, das, trotz des neuen Profiles, fast an die Höhe des Deichs hinaufklatschte und Roß und Reiter überspritzte. Nur noch zehn Minuten Arbeit – er sah es wohl – dann brach die Hochflut durch die Rinne und der Hauke-Haienkoog wurde vom Meer begraben!

Der Deichgraf winkte einem Arbeiter an die andere Seite seines Pferdes. ›Nun, so sprich!‹ schrie er, ›was treibt ihr hier, was soll das heißen?‹

Und der Mensch schrie dagegen: ›Wir sollen den neuen Deich durchstechen, Herr! damit der alte Deich nicht bricht!‹

›Was sollt ihr?‹

– ›Den neuen Deich durchstechen!‹

›Und den Koog verschütten? – Welcher Teufel hat euch das befohlen?‹

Der Schimmelreiter

›Nein, Herr, kein Teufel; der Gevollmächtigte Ole Peters ist hier gewesen; der hat's befohlen!‹

Der Zorn stieg dem Reiter in die Augen: ›Kennt ihr mich?‹ schrie er. ›Wo ich bin, hat Ole Peters nichts zu ordinieren*! befehlen Fort mit euch! An euere Plätze, wo ich euch hingestellt!‹ Und da sie zögerten, sprengte er mit seinem Schimmel zwischen sie: ›Fort, zu euerer oder des Teufels Großmutter!‹

›Herr, hütet Euch!‹ rief Einer aus dem Haufen und stieß mit seinem Spaten gegen das wie rasend sich gebärdende Tier; aber ein Hufschlag schleuderte ihm den Spaten aus der Hand, ein Anderer stürzte zu Boden. Da plötzlich erhob sich ein Schrei aus dem übrigen Haufen, ein Schrei, wie ihn nur die Todesangst einer Menschenkehle zu entreißen pflegt; einen Augenblick war Alles, auch der Deichgraf und der Schimmel, wie gelähmt; nur ein Arbeiter hatte gleich einem Wegweiser seinen Arm gestreckt, der wies nach der Nordwestecke der beiden Deiche, dort wo der neue auf den alten stieß. Nur das Tosen des Sturmes und das Rauschen des Wassers war zu hören. Hauke drehte sich im Sattel: was gab das dort? Seine Augen wurden groß: ›Herr Gott! Ein Bruch! Ein Bruch im alten Deich!‹

›Euere Schuld, Deichgraf!‹ schrie eine Stimme aus dem Haufen: ›Euere Schuld! Nehmt's mit vor Gottes Thron!‹

Haukes zornrotes Antlitz war totenbleich geworden; der Mond, der es beschien, konnte es nicht bleicher machen; seine Arme hingen schlaff, er wußte kaum, daß er den Zügel hielt. Aber auch das war nur ein Augenblick; schon richtete er sich auf, ein hartes Stöhnen brach aus seinem Munde; dann wandte er stumm sein Pferd, und der Schimmel schnob und raste ostwärts auf dem Deich mit ihm dahin. Des Reiters Augen flogen scharf nach allen Seiten; in seinem Kopfe wühlten die Gedanken: Was hatte er für Schuld vor Gottes Thron zu tragen? – Der Durchstich des neuen Deichs – vielleicht, sie hätten's fertig gebracht, wenn er sein Halt nicht gerufen hätte; aber – es war noch eins,

und es schoß ihm heiß zu Herzen, er wußte es nur zu gut –
im vorigen Sommer, hätte damals Ole Peters' böses Maul
ihn nicht zurückgehalten – da lag's! Er allein hatte die
Schwäche des alten Deichs erkannt; er hätte trotz alledem
das neue Werk betreiben müssen: ›Herr Gott, ja ich bekenn   5
es‹, rief er plötzlich laut in den Sturm hinaus, ›ich habe
meines Amtes schlecht gewartet*!‹

versehen

Zu seiner Linken, dicht an des Pferdes Hufen, tobte das
Meer; vor ihm, und jetzt in voller Finsternis, lag der alte
Koog mit seinen Werften und heimatlichen Häusern; das   1
bleiche Himmelslicht war völlig ausgetan; nur von einer
Stelle brach ein Lichtschein durch das Dunkel. Und wie ein
Trost kam es an des Mannes Herz; es mußte von seinem
Haus herüber scheinen, es war ihm wie eine Gruß von
Weib und Kind. Gottlob, die saßen sicher auf der hohen   1
Werfte! Die Anderen, gewiß, sie waren schon im Geestdorf
droben; von dorther schimmerte so viel Lichtschein, wie er
niemals noch gesehen hatte; ja selbst hoch oben aus der
Luft, es mochte wohl vom Kirchturm sein, brach solcher in
die Nacht hinaus. ›Sie werden Alle fort sein, Alle!‹ sprach   2
Hauke bei sich selber; ›freilich auf mancher Werfte wird ein
Haus in Trümmern liegen, schlechte Jahre werden für die
überschwemmten Fennen kommen; Siele und Schleusen zu
reparieren sein! Wir müssen's tragen, und ich will helfen,
auch denen, die mir Leids getan; nur, Herr, mein Gott, sei   2
gnädig mit uns Menschen!‹

Da warf er seine Augen seitwärts nach dem neuen Koog;
um ihn schäumte das Meer; aber in ihm lag es wie nächt-
licher Friede. Ein unwillkürliches Jauchzen brach aus des
Reiters Brust: ›Der Hauke-Haiendeich, er soll schon hal-   3
ten; er wird es noch nach hundert Jahren tun!‹

Ein donnerartiges Rauschen zu seinen Füßen weckte ihn
aus diesen Träumen; der Schimmel wollte nicht mehr vorwärts. Was war das? – Das Pferd sprang zurück, und er
fühlte es, ein Deichstück stürzte vor ihm in die Tiefe. Er riß   3

die Augen auf und schüttelte alles Sinnen von sich: er hielt am alten Deich, der Schimmel hatte mit den Vorderhufen schon daraufgestanden. Unwillkürlich riß er das Pferd zurück; da flog der letzte Wolkenmantel von dem Mond, und das milde Gestirn beleuchtete den Graus, der schäumend, zischend vor ihm in die Tiefe stürzte, in den alten Koog hinab.

Wie sinnlos starrte Hauke darauf hin; eine Sündflut war's, um Tier und Menschen zu verschlingen. Da blinkte wieder ihm der ⌜Lichtschein⌝ in die Augen; es war derselbe, den er vorhin gewahrt hatte*; noch immer brannte der auf seiner Werfte; und als er jetzt ermutigt in den Koog hinabsah, gewahrte er wohl, daß hinter dem sinnverwirrenden Strudel, der tosend vor ihm hinabstürzte, nur noch eine Breite von etwa hundert Schritten überflutet war; dahinter konnte er deutlich den Weg erkennen, der vom Koog heranführte. Er sah noch mehr: ein Wagen, nein, eine zweirädrige Karriole kam wie toll gegen den Deich herangefahren; ein Weib, ja auch ein Kind saßen darin. Und jetzt – war das nicht das kreischende Gebell eines kleinen Hundes, das im Sturm vorüberflog? Allmächtiger Gott! Sein Weib, sein Kind waren es; schon kamen sie dicht heran, und die schäumende Wassermasse drängte auf sie zu. Ein Schrei, ein Verzweiflungsschrei brach aus der Brust des Reiters: ›Elke!‹ schrie er; ›Elke! Zurück! Zurück!‹

Aber Sturm und Meer waren nicht barmherzig, ihr Toben zerwehte seine Worte; nur seinen Mantel hatte der Sturm erfaßt, es hätte ihn bald vom Pferd herabgerissen; und das Fuhrwerk flog ohne Aufenthalt der stürzenden Flut entgegen. Da sah er, daß das Weib wie gegen ihn hinauf die Arme streckte: Hatte sie ihn erkannt? Hatte die Sehnsucht, die Todesangst um ihn sie aus dem sicheren Haus getrieben? Und jetzt – rief sie ein letztes Wort ihm zu? – Die Fragen fuhren durch sein Hirn; sie blieben ohne Antwort: von ihr zu ihm, von ihm zu ihr waren die Worte all verlo-

vgl. 132,12–15

ren; nur ein Brausen wie vom Weltenuntergang füllte ihre Ohren und ließ keinen andern Laut hinein.

›Mein Kind! O Elke, o getreue Elke!‹ schrie Hauke in den Sturm hinaus. Da sank aufs Neue ein großes Stück des Deiches vor ihm in die Tiefe, und donnernd stürzte das Meer sich hinterdrein; noch einmal sah er drunten den Kopf des Pferdes, die Räder des Gefährtes aus dem wüsten Greuel emportauchen und dann quirlend darin untergehen. Die starren Augen des Reiters, der so einsam auf dem Deiche hielt, sahen weiter nichts. ›Das Ende!‹ sprach er leise vor sich hin; dann ritt er an den Abgrund, wo unter ihm die Wasser, unheimlich rauschend, sein Heimatsdorf zu überfluten begannen; noch immer sah er das Licht von seinem Hause schimmern; es war ihm wie entseelt. Er richtete sich hoch auf und stieß dem Schimmel die Sporen in die Weichen; das Tier bäumte sich, es hätte sich fast überschlagen, aber die Kraft des Mannes drückte es herunter. ›Vorwärts!‹ rief er noch einmal, wie er es so oft zum festen Ritt gerufen hatte: ⌐›Herr Gott, nimm mich; verschon die Andern!‹⌐

Noch ein Sporenstich; ein Schrei des Schimmels, der Sturm und Wellenbrausen überschrie; dann unten aus dem hinabstürzenden Strom ein dumpfer Schall, ein kurzer Kampf.

Der Mond sah leuchtend aus der Höhe; aber unten auf dem Deiche war kein Leben mehr, als nur die wilden Wasser, die bald den alten Koog fast völlig überflutet hatten. Noch immer aber ragte die Werfte von Hauke Haiens Hofstatt aus dem Schwall hervor, noch schimmerte von dort der Lichtschein, und von der Geest her, wo die Häuser allmählich dunkel wurden, warf noch ⌐die einsame Leuchte aus dem Kirchturm ihre zitternden Lichtfunken über die schäumenden Wellen⌐.«

*

Der Erzähler schwieg; ich griff nach dem gefüllten Glase, das seit lange vor mir stand; aber ich führte es nicht zum Munde; meine Hand blieb auf dem Tische ruhen.

»Das ist die Geschichte von Hauke Haien«, begann mein Wirt noch einmal, »wie ich sie nach bestem Wissen nur berichten konnte. Freilich, die Wirtschafterin unseres Deichgrafen würde sie Ihnen anders erzählt haben; denn auch das weiß man zu berichten: jenes weiße Pferdsgerippe ist nach der Flut wiederum, wie vormals, im Mondschein auf Jevershallig zu sehen gewesen; das ganze Dorf will es gesehen haben. – So viel ist sicher: Hauke Haien mit Weib und Kind ging unter in dieser Flut; nicht einmal ihre Grabstätte hab ich droben auf dem Kirchhof finden können; die toten Körper werden von dem abströmenden Wasser durch den Bruch ins Meer hinausgetrieben und auf dessen Grunde allmählich in ihre Urbestandteile aufgelöst sein – so haben sie Ruhe vor den Menschen gehabt. Aber der Hauke-Haiendeich steht noch jetzt nach hundert Jahren, und wenn Sie morgen nach der Stadt reiten und die halbe Stunde Umweg nicht scheuen wollen, so werden Sie ihn unter den Hufen Ihres Pferdes haben.

Der Dank, den einstmals Jewe Manners bei den Enkeln seinem Erbauer versprochen hatte, ist, wie Sie gesehen haben, ausgeblieben; denn so ist es, Herr: dem Sokrates gaben sie ein Gift zu trinken, und unseren Herrn Christus schlugen sie an das Kreuz! Das geht in den letzten Zeiten nicht mehr so leicht; aber – einen Gewaltsmenschen oder einen bösen stiernackigen Pfaffen zum Heiligen, oder einen tüchtigen Kerl, nur weil er uns um Kopfeslänge überwachsen war*, zum Spuk und Nachtgespenst zu machen – das geht noch alle Tage.«

Als das ernsthafte Männlein das gesagt hatte, stand es auf und horchte nach draußen. »Es ist dort etwas anders worden«, sagte er und zog die Wolldecke vom Fenster; es war heller Mondschein. »Seht nur«, fuhr er fort, »dort kommen die Gevollmächtigten zurück; aber sie zerstreuen sich, sie gehen nach Hause; – drüben am andern Ufer muß ein Bruch geschehen sein; das Wasser ist gefallen.«

* überragt hatte

Ich blickte neben ihm hinaus, die Fenster hier oben lagen über dem Rand des Deiches; es war, wie er gesagt hatte. Ich nahm mein Glas und trank den Rest: »Haben Sie Dank für diesen Abend!« sagte ich; »ich denk, wir können ruhig schlafen!«

»Das können wir«, entgegnete der kleine Herr; »ich wünsche von Herzen eine wohlschlafende* Nacht!«

– – Beim Hinabgehen traf ich unten auf dem Flur den Deichgrafen; er wollte noch eine Karte, die er in der Schenkstube gelassen hatte, mit nach Hause nehmen. »Alles vorüber!« sagte er. »Aber unser Schulmeister hat Ihnen wohl schön was weis gemacht; er gehört zu den ⌐Aufklärern⌐!«

– »Er scheint ein verständiger Mann!«

»Ja, ja, gewiß; aber ⌐Sie können Ihren eigenen Augen doch nicht mißtrauen⌐; und drüben an der anderen Seite, ich sagte es ja voraus, ist der Deich gebrochen!« Ich zuckte die Achseln: »Das muß beschlafen* werden! Gute Nacht, Herr Deichgraf!«

Er lachte: »Gute Nacht!«

– – Am andern Morgen, beim goldensten Sonnenlichte, das über einer weiten Verwüstung aufgegangen war, ritt ich über den Hauke-Haien-Deich zur Stadt hinunter.

geruhsame

im Sinne von:
eine Nacht
darüber
schlafen

Für binnenländische Leser

Schlick, der graue Ton des Meerbodens, der bei der Ebbe bloßgelegt wird.

Marsch, dem Meere abgewonnenes Land, dessen Boden der festgewordene Schlick, der *Klei*, bildet.

Geest, das höhere Land im Gegensatz zu Marsch.

Haf, das Meer.

Fenne, ein durch Gräben eingehegtes Stück Marschland.

Springfluten, die ersten nach Voll- und Neumond eintretenden Fluten.

Werfte, zum Schutze gegen Wassergefahr aufgeworfener Erdhügel in der Marsch, worauf die Gebäude, auch wohl Dörfer liegen.

Hallig, kleine unbedeichte Insel.

Profil, das Bild des Deiches bei einem Quer- oder Längenschnitt.

Dossierung (oder Böschung), die Abfall-Linie des Deiches.

Interessenten, die wegen Landbesitz bei den Deichen interessiert sind.

Bestickung, Belegung und Besteckung mit Stroh bei frischen Deichstrecken.

Vorland, der Teil des Festlandes vor den Deichen.

Koog, ein durch Eindeichung dem Meere abgewonnener Landbezirk.

Priel, Wasserlauf in den Watten und Außendeichen.

Watten, von der Flut bespülte Schlick- und Sandstrecken an der Nordsee.

Demat, ein Landmaß in der Marsch.

Pesel, ein für außerordentliche Gelegenheiten bestimmtes Gemach, in den Marschen gewöhnlich neben der Wohnstube.

Lahnungen, Zäune von Buschwerk, die zur besseren Anschlickung vom Strande in die Watten hinausgesteckt werden.

Kommentar

Storms und Füßlis Vierbeiner

Verteidigung und Auflösung »epischer Naivität« in Theodor Storms *Der Schimmelreiter*

Die Niederschrift des *Schimmelreiters* geriet Theodor Storm (1817–1888) zur Tortur. Bei seinem letzten und gleichzeitig bedeutendsten Werk setzte sich ein Gesetz der Produktion durch, das sich bewusster Planung und der Regie durch den Autor immer wieder entzog. Die Rekonstruktion des sich quälend hinschleppenden Arbeitsprozesses, der sehr gut dokumentiert, aber bisher nicht analysiert worden ist, zeigt, dass die Frühlingswochen des Jahres 1887 zu den wichtigsten Zeitabschnitten in der Geschichte der deutschen Literatur der zweiten Hälfte des 19. Jahrhunderts gehören. Zu diesem Zeitpunkt werden in Deutschland Romane »Novellen« und Novellen »Romane« genannt. Storms Fron am *Schimmelreiter* aber gründet in einer existentiellen Erfahrung des Unterschieds beider Gattungen. *Der Schimmelreiter* ist ein literarhistorischer Schwellentext. Wie diese Schwelle überschritten wurde, wird im Folgenden skizziert.

literarhistorischer Schwellentext

Anfang 1885 fasst Storm den Plan zu einer »Deichgeschichte«. Bereits zu diesem Zeitpunkt veranschlagt er für die »Vorstudien« ungewöhnlich viel Zeit. Bis zum Juli arbeitet er noch intensiv an der Novelle *Ein Fest auf Haderslevhuus*. Danach will er die Vorarbeiten bis Dezember abgeschlossen haben, ist aber noch im März 1886 damit befasst, sodass der für Anfang des Jahres geplante Beginn der Niederschrift erst einmal aufgeschoben werden muss. Im Juli nimmt Storm einen ersten Anlauf, bricht aber noch im selben Monat die Arbeit wieder ab. Statt am *Schimmelreiter* schreibt er nun an der Novelle *Ein Doppelgänger*, die er mit gewohnter Konsequenz bereits im Oktober zum Abschluss bringt. Danach erkrankt Storm schwer und ist völlig arbeitsunfähig. Als es ihm Ende Februar 1887 wieder besser geht, nimmt er einen seit Herbst 1885 gehegten Plan auf und verfasst die Novelle *Ein Bekenntnis*. In der Schlussphase beginnt er parallel dazu am *Schimmelreiter* zu arbeiten, den er nun ohne Unterbrechung vorantreibt und im Februar 1888 beendet.

Der alles entscheidende Zeitraum des Entstehungsprozesses reicht von Ende Februar bis Ende Mai 1887. Er ist von zwei Entwicklungen bestimmt: 1. *Ein Bekenntnis* wird fertig gestellt, gleichzeitig gelingt der erfolgreiche »Einstieg« in den *Schimmelreiter*; 2. Storm erholt sich von schwerer Krankheit; kurz darauf erfährt er, dass er an Magenkrebs leidet, eine Diagnose, die von den Verwandten mittels einer inszenierten Zweituntersuchung »rückgängig« gemacht wird.

Zu zeigen ist, dass *Ein Bekenntnis* und *Der Schimmelreiter* in einem subtilen produktionsästhetischen Korrespondenzverhältnis stehen, das von größter Wichtigkeit nicht nur für die Fertigstellung des *Schimmelreiters* war, sondern auch für die mit Storms letztem Werk verbundene »Gattungsproblematik« ist. Denn nachdem Storm sein Schriftstellerleben lang als eine Art Kronanwalt der Novelle agiert hatte, gibt er beim *Schimmelreiter* die Novellen-Form preis. Es entsteht ein Text, der nicht Novelle, aber auch nicht Roman ist, ein »Schwellentext« mithin, welchem in der Geschichte der deutschen Literatur ein entscheidender Platz zukommt. Die Diskussion um den Status dieses Textes hat sich immer wieder auf das Verhältnis zwischen Rahmen- und Binnenhandlung bezogen, den Vorgang der »Diffusion« des Rahmens aber weder in den Zusammenhang des Entstehungsprozesses noch in den einer Erzähltheorie gestellt.

I.

Storm hat keine Mühe gescheut, die Quelle ausfindig zu machen, die ihn zum *Schimmelreiter* inspirierte. Obwohl er sonst nie Skrupel zeigte, die Eigenarten historischer Quellen seinen künstlerischen Ansprüchen unterzuordnen, gestattet er sich im Fall des *Schimmelreiters* keinerlei Konzessionen. Hier entwickelt er größte dokumentarische Akribie. Sein Wille zur Authentizität zeigt sich nicht zuletzt darin, dass er den Leser die Herkunft des Stoffs betreffend im Ungewissen lässt und ihm nur das eigene, ein ganzes Leben lang anhaltende Interesse als Motiv für den »Vortrag« der Geschichte anbietet. Der erste Abschnitt des *Schimmelreiters* endet mit der Feststellung: »[N]ur so viel kann ich versichern, daß ich sie [die Tatsachen des *Schimmelreiter-*

Geschehens] seit jener Zeit, obgleich sie durch keinen äußeren Anlaß in mir aufs Neue belebt wurden, niemals aus dem Gedächtnis verloren habe.« Der Schriftsteller wirbt also um das Interesse des Lesers, indem er auf den tiefen, lebenslang anhaltenden Eindruck verweist, den die Geschichte bei ihm hinterlassen hat. Die Kontinuität des Gedächtnisses steht ein für die nicht mehr mögliche Offenlegung der Quelle. Erst 1949 konnte diese Quelle ausfindig gemacht und dabei nachgewiesen werden, dass Storm der Überlieferungssituation sehr nahe gekommen ist: Tatsächlich handelt es sich um einen Beitrag in den eingangs des *Schimmelreiters* genannten *Hamburger Lesefrüchten*.

Mit der Erinnerung an die Herkunft hat es nicht erst anlässlich der Arbeit am *Schimmelreiter* seine Tücken. Als Storm sich Anfang der vierziger Jahre als Beiträger zu einer Sagensammlung engagiert, äußert er die Ansicht, die Geschichte in seiner Jugend gelesen zu haben. In einem 1870 verfassten Gedenkblatt behauptet er hingegen, die Spukgeschichte von der Bäckerstochter Lena Wies gehört zu haben. Storm ist sich also nicht einmal des Mediums sicher: Gelesen oder gehört? – Während seiner lebenslangen Bemühungen, die Quelle ausfindig zu machen, neigt Storm einmal dieser, einmal jener Auffassung zu. Nachdem er 1881 noch erwägt, ob die Sage nicht gar aus dem *Husumer Wochenblatt* stammt, wird Anfang 1885 aus dem Jahrzehnte währenden Interesse eine Frage von existentiellem Gewicht. Das Problem der Quelle bleibt latent während der gesamten Zeit vor der Niederschrift des *Schimmelreiters*. Mehr noch: Die lange Verschleppung des Anfangs scheint ihre Ursache allein in dem hartnäckigen Bemühen zu haben, die Quelle doch noch zu verifizieren. Das *Schimmelreiter*-Projekt verdichtet sich zum »bösen Block«.

Aber schließlich findet Storm auch ohne die Quelle den Anfang. Der erste Absatz, der die unklare Überlieferungssituation mitteilt, entscheidet die Frage »gehört/gelesen?« zugunsten der Lektüre. Daraus aber ergibt sich ein Widerspruch: Wenn die geschilderte Situation zu Füßen der Urgroßmutter etwa um 1825 stattgefunden haben soll (wie Storm an anderer Stelle mutmaßt), kann der Knabe zwar in Pappes Zeitschrift gelesen haben (denn diese war 1825 bereits auf dem Markt), es kann sich aber bei seinem Lesestück nicht um die *Schimmelreiter*-Sage gehandelt haben, denn sie wurde erst 1838 – 13 Jahre später – in den *Lesefrüchten* veröffentlicht. Storm entscheidet sich zwar für die Lektüre-Überlieferung, dirigiert aber das Leseerlebnis zurück in eine Urszene mündlicher Überlieferung, wie sie idealtypisch von den Brüdern Grimm konstruiert worden ist: Eine (alte) Frau erzählt Märchen und Sagen, unverfälscht, wie sie selbst sie als Kind gehört hat, einem (familiären) Publikum. Die Suche nach der Quelle des *Schimmelreiters*, die durchgängig geprägt ist von der Frage »gelesen/gehört?«, endet also mit dem Kompromiss eines medialen »Mischbilds«, in dem der Leseakt im Bannkreis der Instanz oraler Überlieferung stattfindet: Die Urgroßmutter schweigt zwar, aber die Lektüre wird von ihren Liebkosungen begleitet.

mediales
»Mischbild«

II.

Dem »Mischbild« der Überlieferung, das Storm seinem *Schimmelreiter* voranstellt, ist die Grundspannung seiner Poetologie eingeschrieben. Denn Storms Lyrik, aber auch seine Prosa haben ihr imaginäres Zentrum im Akt stimmlicher Äußerung. Es existieren viele Schilderungen von Zeitgenossen, die darin übereinstimmen, dass Storm mit dem stimmlichen Vortrag seiner Texte zu faszinieren verstand. In den Novellen manifestiert sich die Fixierung auf die Stimme in der notorischen Konstruktion einer Erzählsituation. Wolfgang Preisendanz hat herausgefunden, dass sich »nur in sieben von insgesamt 49 narrativen Texten ein funktionales Erzählsubjekt, eine implizite, unbestimmte Erzählinstanz« findet; »in allen anderen Fällen ist die Beziehung zwischen Erzähler und Geschichte aufs vielfältigste konkretisiert«. Diese notorische Referenz auf den Vorgang des Erzählens ist bei Storm aber »mehr als ein Mittel der Verschleierung von Fiktionalität«. Einen Begriff von Theodor W. Adorno (1903–1969) aufnehmend bezeichnet Preisendanz das unbeirrte Festhalten Storms am Erzählakt als »epische Naivität«. Dieser Begriff signalisiert Ambivalenz: Naiv muss es erscheinen, »auch unter den Bedingungen moderner Reflexivität und der Hegemonie des Romans zum Trotz« auf den Akt des (mündlichen) Erzählens als

»epische
Naivität«

Möglichkeit der Vermittlung von individueller Erfahrung zu vertrauen; in eben solcher Naivität macht sich jedoch andererseits der Widerstand gegen die völlige Diffusion der Wirklichkeit in ein Geflecht variabler Funktionen geltend.

Das mediale »Mischbild« zu Anfang des *Schimmelreiters*, dem die Spannung zwischen Hören und Lesen eingeschrieben ist, lässt sich verallgemeinern: Es bannt den Riss, der sich im Verlauf des 19. Jahrhunderts im Vermittlungsmodus des Erzählens abzuzeichnen beginnt: Die Urgroßmutter als Instanz der oralen Tradierung schweigt; der kleine Leser lauscht ihr nicht mehr, er ist ganz dem neuen Medium hingegeben, genießt aber noch die Gegenwart des alten. Das »Mischbild« kann als eine Art Ikone »epischer Naivität« begriffen werden. Verfolgt man die Spuren dieser Ikone in Storms Werk, findet man die Ursache für den »bösen Block«, den der Autor erst nach zwei Jahren überwinden konnte.

III.

Betrachtet man sie näher, offenbart die »Ikone epischer Naivität« verschiedene Schichten. In *Von heut' und ehedem*, Storms Erinnerungen (1873), wird das Haus beschrieben, darin dem Erzähler nach eigener Aussage die Geschichte des *Schimmelreiters* »kundgeworden« ist. Es handelt sich um das Haus der »Urgroßmutter« und »alten Frau Senator Feddersen«. Zentrum des Hauses ist ein großer Saal, in dem Gesellschaften gegeben werden. Die Urgroßmutter präsidiert am Kaffeetisch. Von den Bildern, die den Raum schmücken, schildert Storm eines besonders genau, obwohl es zu den kleineren gehört, halb versteckt in der Ofenecke und an einer Stelle hängt, auf die bei schwindendem Tageslicht die Schatten als erste fallen. Das Bild zeigt eine gespensterhafte Szenerie:

> »Die jugendliche Frauengestalt in der düsteren Kammer schien wie unbewußt vom Schlafe auf das Ruhebett hingeworfen; der Kopf mit dem zurückfallenden Haar hängt tief herab. Auf ihrer Brust huckt der Nachtmahr mit großen, rauhen Fledermausflügeln. Sie vermag kein Glied zu rühren; vielleicht geht ein Stöhnen aus ihrem geöffneten Munde; hülflos

in der Einsamkeit der Nacht ist sie ihm preisgegeben. Nur durch den Vorhang sieht der wild blickende Kopf eines Rappen [!], der ihn hierher hat tragen müssen, der selbst nicht von der Stelle kann.«

Der Nachtmahr von H. Füßli

Bei dem fraglichen Bild handelt es sich um einen Nachstich des Gemäldes *Der Nachtmahr* (1781) des Schweizer Malers Heinrich Füßli (1741–1825). Allerdings zeigt das Bild nicht einen Rappen, sondern einen Schimmel. Storm bemerkt in diesem Zusammenhang noch, dass seine Großmutter, wenn sie bei Dämmerung allein den Saal betreten musste, mit ihren Augen dem Bild auswich. Ob nun der Saal im Haus Schiffbrücke 16 der Ort war, wo dem Erzähler als Kind die Geschichte des *Schimmelreiters* »kundgeworden« ist oder nicht, in jedem Fall gehört das Bild mit dem Gespensterpferd in den Bann- und Assoziationskreis, der in Storms Memoiren die Urgroßmutter Feddersen umgibt. Die Beziehung des Bildes zur Rahmenhandlung des *Schimmelreiters* beschränkt sich aber nicht auf die genannten Erinnerungen. Das Bild taucht in Storms Werk noch einmal auf, und zwar in der Novelle *Ein Bekenntnis*, eben jenem Text, der Storm dazu verhalf, endlich mit der Niederschrift des *Schimmelreiters* beginnen zu können.

Ein Bekenntnis

Nicht nur dass im Interieur eines Schauplatzes dieser Novelle Füßlis Bild in der »bekannten« düsteren Ecke auftaucht, auch die weibliche Hauptfigur der Geschichte heißt mit Nachnamen Füßli; und es wird sogar noch ausdrücklich darauf hingewiesen, dass sie aus eben jener Familie stammt, »der auch Heinrich Füßli angehörte, dem zuerst die Darstellung des Unheimlichen in der deutschen Kunst gelang«. Else Füßli aber ist mediumistisch begabt; sie verfügt über spiritistische Fähigkeiten, umgekehrt hat ihr Ehemann sie bereits in jungen Jahren in einer visionären Halluzination kennen gelernt. Die Dinge entwickeln sich dahin, dass Else Füßli schwer erkrankt und den Arzt-Gatten schließlich bittet, für ihren Tod zu sorgen. Dieser tut es mittels Morphium, muss aber kurze Zeit darauf feststellen, dass sich in einer von ihm nicht rechtzeitig zur Kenntnis genommenen medizinischen Fachzeitschrift die operative Methode beschrieben findet, die den Tod seiner Frau hätte verhindern können.

Zur Erinnerung: Storm schrieb etwa drei Wochen lang parallel an *Ein Bekenntnis* und *Der Schimmelreiter*. Der Mai 1887, in dem er die Geschichte vom Schicksal des spiritistischen Mediums Else Füßli zu Ende führte, war auch der Zeitraum, in dem es ihm endlich gelang, den entscheidenden Einstieg in sein letztes und bedeutendstes Werk zu finden. Um es zuzuspitzen: Unter der »Ikone [gefährdeter] epischer Naivität«, der stummen Urgroß-mutter mit der Hand auf dem Haar des lesenden Knaben, befin-det sich wie bei einem Palimpsest der Schemen Else Füßlis. Die Verbindung wird durch das *Nachtmahr*-Bild gestiftet, das in den Umkreis der Urgroßmutter und gleichzeitig den familiären Hin-tergrund von Else Füßli gehört. Die Urgroßmutter und das Me-dium aus *Ein Bekenntnis* stehen sich auch buchstäblich nahe, denn die »Frau Senator Feddersen« hieß mit Vornamen Els(ab)e. Storm entwickelt die Idee zu *Ein Bekenntnis* im Herbst 1885, genau in jener Phase, als er die Vorarbeiten zum *Schimmelreiter* abschließen will und zum ersten Mal jene Aufschub-Logik sich geltend macht, die den ganzen Produktionsprozess charakteri-siert. Im Januar 1886 teilt Storm seinem Freund Paul Heyse (1830–1914) mit, dass er den Stoff bis auf weiteres nicht auf-greifen werde, das »Motiv« sei »vorläufig noch ein Embryo«. Die Entwicklung dieses »Embryos« ist zeitlich identisch mit den sich hinziehenden Vorstudien zum *Schimmelreiter* und der Ent-stehung des »bösen Blocks«. Auf psychischer Ebene vollzieht sich die anbahnende Genese beider Texte in enger Abhängigkeit. Folgt man den Spuren ihrer subtilen Korrespondenz, zeigt sich, dass das Geschehen in *Ein Bekenntnis* die Inszenierung des Kon-flikts darstellt, der die Niederschrift des *Schimmelreiters* blo-ckierte. Dementsprechend war seine Lösung die Voraussetzung dafür, dass Storm sein letztes Werk niederschreiben konnte.

IV.

Ein »Humbug-Konsilium« hat Thomas Mann (1875–1955) in seinem 1930 verfassten Essay die medizinische Untersuchung genannt, die Emil Storm zusammen mit einem ärztlichen Kolle-gen Ende Mai 1887 an seinem Bruder Theodor vornimmt. Denn noch nicht genesen von den Folgen der fünfmonatigen Rippen-fell- und Nierenerkrankung, war Storm mit der Diagnose »Ma-

»Humbug-Konsilium«

genkrebs« konfrontiert worden. Der Moribundus gibt sich gefasst, verfällt aber schließlich in tiefe Depression. So veranlassen die besorgten Familienangehörigen eine Scheinuntersuchung, die zu dem Ergebnis kommt, dass die Beschwerden harmloser Natur sind. Storm, so Thomas Mann, »schnellt empor«. In der Tat ist es frappierend, mit welcher Präzision im Mai 1887 die Abfolge von Diagnose, Zuversicht, Zusammenbruch und neuem Mut synchron verläuft zur Genese von *Ein Bekenntnis* und *Der Schimmelreiter*: Die Krebs-Diagnose fällt in die Zeit, als Storm an beiden Texten gleichzeitig zu schreiben beginnt und damit deren unbewusst schon lange bestehender »Parallelität« konkret und technisch Rechnung trägt. Bis *Ein Bekenntnis* abgeschlossen ist, kann Storm die Diagnose tolerieren; aber an Pfingsten (29./30. Mai) – das Manuskript ist eben erst aus dem Haus – wird das »Humbug-Konsilium« nötig. Danach arbeitet Storm trotz teilweise unerträglicher Schmerzen stoisch und ohne Unterbrechung am *Schimmelreiter*, bis er ihn abgeschlossen hat. »Das Meisterwerk, mit dem er [Storm] sein Künstlerleben krönte, ist ein Produkt barmherziger Illusionierung«, stellt Thomas Mann fest. Und weiter: »Die Fähigkeit, sich illusionieren zu lassen, kam ihm aus dem Vollendungs- und Lebenswillen des außerordentlichen Kunstwerks.« Nicht die bewusste Person Storm ist gemäß Manns Formulierung das aktive Subjekt des Vorgangs, sondern der »Lebenswille des Kunstwerks«! Tatsächlich spielt sich das Drama der Entstehung von Storms letztem Text auf drei Ebenen ab: Auf der erzählerischen des *Schimmelreiters*, auf der »inszenatorischen« Ebene der Novelle *Ein Bekenntnis* und auf der physischen der Krankheit Storms.

Es bedarf nur einer kleinen Blickverschiebung, um die Analogie wahrzunehmen, die zwischen dem Kerngeschehen von *Ein Bekenntnis* und der im Eingangsabsatz des *Schimmelreiters* gebannten Problematik der »epischen Naivität« besteht: Elses Mann findet die Zeitschrift mit dem »rettenden« Bericht darin erst, nachdem er seine Frau auf deren eigenen Wunsch hin getötet hat. Die dramatische Konstellation kann auf Storms Situation im Fall des *Schimmelreiters* übertragen werden, die dadurch charakterisiert ist, dass eine »Zeitschrift« – die, in der sich die Quelle befindet – fehlt. Da Else Füßli, wie gezeigt, Schemen der

Erzählinstanz des *Schimmelreiters* ist, entspricht ihr Tod dem »Tod« dieser Instanz. Rechtzeitige Lektüre hätte diesen Tod verhindert. Dies als Kommentar zur Eingangsszene des *Schimmelreiters* gelesen, enthält das Geschehen in *Ein Bekenntnis* eine Art Apologie des Lesens: Das Lesen – eigentlich im Widerspruch zur Mündlichkeit des Erzählens – garantiert die Rettung des (oralen) Mediums. Gleichzeitig ist das Nichtauffinden der Quelle, wie es Storm quälte, als mangelnde Disziplin oder Akribie des Gatten bei der Sichtung seiner Periodika inszeniert, ein Umstand, der die Unschuld nicht beeinträchtigt, mit der der Arzt seiner Frau den Tod gibt. Reduziert auf den Kern des maskierten Wunsches heißt dies: Nichtfinden bedeutet Schuldlosigkeit. So sind denn in *Ein Bekenntnis* das Lesen als Akt der Rettung und das Nichtfinden als Ursache von Unschuld inszeniert. Beide Darstellungen waren geeignet, auf den *Schimmelreiter*-»Block« »therapeutisch« zu wirken, indem sie die »epische Naivität« stützten.

Welche existenzielle Qualität der Vorgang hat, geht daraus hervor, dass Storm die ihn selbst betreffende Krebs-Diagnose so lange erträgt, wie er an *Ein Bekenntnis* arbeitet. Als die literarische Inszenierung ein Ende hat, benötigt er die Inszenierung des »Humbug-Konsiliums«, um weiterschreiben zu können. Da er es nicht mehr selbst kann, muss er sich durch die ihm Nahestehenden »illusionieren« lassen.

V.

Wolfgang Preisendanz hat in seinen Überlegungen zu Storms *Novellistik im Zeitalter des Romans* unter Verweis auf Walter Benjamins Erzähltheorie die Gattung der (Stormschen) Novelle von der des Romans unterschieden. Der fundamentale Unterschied zwischen der (novellistischen) Erzählung und dem Roman fällt demnach zusammen mit dem zwischen mündlicher und schriftlicher Kultur. Preisendanz hält fest, dass sich vor Benjamin bereits die russischen Formalisten mit der Gattungsproblematik beschäftigt haben und zu gleichen Erkenntnissen kamen. So definiert B. Ejchenbaum prägnant: »Der Roman ist eine gemischte und gerade von der schriftlichen Kultur erzeugte Form. Der Roman wird geschrieben und nicht aufgezeichnet,

Unterschied zwischen Novelle und Roman

und er wird ausdrücklich zum Lesen geschrieben. Das lebendige Wort des Erzählers geht in dieser ungeheueren Masse unter, es gibt keine Stimme.« Als genuinen Erzähler nennt Ejchenbaum in diesem Zusammenhang Iwan Turgenjew (1818–1883), der bekanntlich Storm freundschaftlich verbunden war.

Es gilt die Formel: Die Gattung Erzählung (Novelle) basiert auf der Dyade Stimme/Hören, die Gattung Roman auf der Dyade Schrift/Auge. Storms Werk ist Erzählwerk. Erst beim *Schimmelreiter* beginnt die Referenz auf die genuine Erzählkultur endgültig brüchig zu werden. Eingangs der Rahmenhandlung fehlt der Urgroßmutter die Stimme, sie ist schon ein Denkmal vergangener Überlieferungsform. Im weiteren Verlauf der Rahmenhandlung löst sich die ursprüngliche Zuhörerschaft nach kurzer Zeit auf und es bleibt nur noch ein Zuhörer übrig, »beispielhafte Verkörperung des individuellen, lernbegierigen Lesers«, wie Winfried Freund formuliert hat. Eine »Individualisierung des Rezeptionsprozesses« hat stattgefunden. Die anfängliche (äußere) Rahmenhandlung aber, in der die Instanz des alten, auf der Stimme basierenden Mediums wenigstens noch als stummes Denkmal anwesend war, ist vollständig eskamotiert.

Rahmen-
handlung

das
»Gespenstige«

In der Niederschrift seiner letzten »Novelle« verteidigt Storm noch einmal die »epische Naivität« und löst sie zugleich auf; ein langer Prozess kommt an sein Ende, der folgendermaßen zu rekonstruieren ist: Während der Knabe der Urgroßmutter *zuhörte*, war hinter ihr im dunklen Winkel die Kopie des Füßlischen *Nachtmahrs*: die in Alptraumschlaf liegende Frau mit dem Ungeheuer auf der Brust und der glotzäugige Schimmel dahinter, *zu sehen*. Storms lebenslange Fixierung auf die *Schimmelreiter*-Sage rührt von der Spannung zwischen dem Hören der Stimme und dem Sehen des »Unheimlichen« her. Die Besänftigung durch die Stimme tritt in Konkurrenz mit dem Schrecken, aber auch der Faszination durch das Bild. Der Grund von Storms lebenslanger Suche nach der Quelle der *Schimmelreiter*-Sage bestand nicht in dokumentarischem Verlangen, nicht einmal ein besonderes inhaltliches Interesse muss angenommen werden; der Stoff ließ Storm nicht in Ruhe, weil er über das Signalwort »Schimmel« mit dem füßlischen Bild des »Unheimlichen« unauflöslich verbunden war. Das »Gespenstige« der Geschichte selbst war an den fundamentalen Konflikt der Rezeptionssituation gebunden, jenes unheimliche Schwanken der kindlichen Wahrnehmung zwischen Hören und Sehen, das sich allen Erzählungen der Urgroßmutter einprägte und Storms lebenslanges (Zuhörern oft peinlich unverständliches) Interesse an wilden Gespenstergeschichten begründete. Spuk besteht in der plötzlichen Entfremdung des Vertrauten, eine Entfremdung, die Storm in dem verstörend-anziehenden Wechsel vom Hören zum Sehen erfuhr. Diese Sensation übertrug sich ihm auf Beziehung und Differenz von mündlich und schriftlich vermittelter Literatur. Die Faszination des Gespenstischen hielt ihn auf der Schwelle zwischen Hören und Sehen/Lesen bzw. Erzählung (»Novelle«) und Roman fest.

Wichtige Motivketten im *Schimmelreiter* beruhen direkt oder indirekt auf der Spannung der audiovisuellen Dyade: Der Gesang der Lerche und Wienkes, des stammelnden Kindes Gespensterschau bilden markante Pole akustischer und optischer Ekstase. Bei den Korrekturen, die Storm zahlreich vornahm, fällt die starke topographische Verunsicherung auf, die sich im Augenblick der letztgültigen Fixierung der Schau-Plätze einstellte. Der »Augentrug« als zentrales Motiv des Textes greift am nachhaltigsten in die Bearbeitung des Schlusses und damit die Konstruktion des Rahmens ein. Denn der ursprüngliche Schluss des *Schimmelreiters* zerfällt in zwei Teile: in ein Spukbild, in dem »ein schwarzes Unding« (der Nachtmahr!) Haien in die Lüfte entführt, und in eine Erklärung des Schulmeisters, der alle Spukbilder dementiert. Als Storm diesen Schluss in *gedruckter* Form vor Augen hatte, strich er ihn. Durch mündliche Erzählung war das Gespenstische nicht zu bannen, denn es ging längst nicht mehr in einem Spukbild auf. Die Form der Novelle verschwamm Storm mit der Gestalt des Schimmels; und damit stand seiner erklärten Absicht, den *Schimmelreiter* »auf die vier Beine einer Novelle« zu stellen, *Füßli* entgegen.

»Augentrug«

Entstehungs- und Textgeschichte

Aufschub durch Einschub

Von dem Zeitpunkt, da Theodor Storm zum ersten Mal seinen Plan mitteilt, eine »Deichnovelle« zu schreiben, bis zu dem Tagebucheintrag, der die Fertigstellung des *Schimmelreiters* festhält, vergehen genau drei Jahre: Am 3.2.1885 lässt er Erich Schmidt (1853–1913), den jungen, ihm befreundeten Literaturwissenschaftler wissen, »ein alter mächtiger Deichsagenstoff« gehe ihm im Kopf um; unter dem Datum des 9.2.1888 findet sich in Storms Tagebuch die Eintragung: »[H]eute vormittag 11 Uhr den *Schimmelreiter* beendet.« In der Zeit dazwischen betreibt Storm für das Sammeln des Materials und die Recherche einen Aufwand wie für keines seiner Werke. Bis zum Schluss kümmert er sich akribisch um die historischen und technischen Details, mit denen ihn der Stoff seiner Novelle konfrontiert. Historisches Quellenstudium, topographische Nachforschungen und Austausch mit Spezialisten des Deichbaus sind die eine Ursache für die lange Entstehungszeit der letzten Novelle Storms; die andere besteht in der Eigengesetzlichkeit, die der Text entwickelt, welcher während dreier Jahre immer wieder in den Zustand der Latenz zurücksinkt. Storm ist ständig mit ihm befasst, auch wenn er in dem Zeitraum mehrere andere Novellen fertigstellt.

Aufschub durch Einschub: Die mehrmalige Unterbrechung der Arbeit am *Schimmelreiter* zum (vordergründigen) Zweck der Fertigstellung anderer Novellen – dieses Vorgehen kennzeichnet die Entstehungsgeschichte von Storms letzter Geschichte. Nachdem er im Februar 1885 das Projekt annonciert und auf den damit verbundenen Recherche-Aufwand hingewiesen hat, beginnt er erst einmal mit der Arbeit an der Novelle *Ein Fest auf Haderslevhuus*.

Nachdem er diesen Text abgeschlossen hat, kommt er gegenüber Paul Heyse wieder auf den *Schimmelreiter* zu sprechen: »Dann habe ich große Lust eine Deichnovelle zu schreiben, *der Schimmelreiter*, wenn ich es nur noch werde bewältigen können.« Hier verknüpft Storm erstmals die Nachricht über den Status des Projekts, das ihm am intensivsten beschäftigt, mit einem Hinweis auf seinen labilen Gesundheitszustand: »Mit meiner Gesundheit geht es leidlich.« Es wird deutlich, dass die Beeinträchtigung der schriftstellerischen Arbeit durch die alters- und krankheitsbedingt schwindenden Kräfte stets nur im Hinblick auf das *Schimmelreiter*-Projekt als Manko empfunden wird. Körperlich-seelisches Befinden und die Idee zur »Deichnovelle« stehen also in enger Beziehung.

labiler Gesundheitszustand

Im neuen Jahr 1886 rangiert das Vorhaben an erster Stelle; entsprechend schreibt Storm seinem Verlag, den Gebrüdern Erwin und Hermann Paetel: »Nach Neujahr hoffe ich mit der Deich- und Sturmfluth-Novelle *Der Schimmelreiter* zu beginnen, die wohl im Sommer ihre Vollendung finden könnte.« Im Sommer 1886 aber erfolgt nicht der Abschluss der Novelle, zu dieser Zeit beginnt Storm vielmehr damit, den Anfang der *Schimmelreiter*-Geschichte niederzuschreiben. Denn zwischen Jahresanfang und Sommer 1886 widmet er sich erst einmal der »wunderlichen Geschichte« von *Bötjer Basch*. Dass dieses Werk allein die Aufgabe hat, die gedanklich dauernd umkreiste »Deichnovelle« aufzuschieben, bekennt Storm gegenüber Heyse offen ein: »Vor der Deichnovelle habe ich einige Furcht und wollte erst diese leichtere Arbeit mal dazwischenschieben.« Umgekehrt klagt er bei Erich Schmidt darüber, dass die Interims-Arbeit ihn vom *Schimmelreiter* abhalte: »Ich begänne so gern die beabsichtigte Deich- und Sturmnovelle; doch ich kann nicht; auch fehlt mir so viel im Material, was ich zur Zeit nicht schaffen kann.« Und erneut folgt dem Gedanken an sein Hauptprojekt der Hinweis auf schwindende Kraft und Zeit: »Die kurze Zeit und die sich darin noch verkürzende Kraft, das drückt mich mitunter.« Im Sommer arbeitet Storm dann tatsächlich am Anfang des *Schimmelreiters*: »Unter so lebendiger Umgebung [. . .] ist es, abgesehen von meinen abnehmenden Kräften, nicht leicht zu arbeiten. Dennoch ist der *Schimmelreiter* begonnen, allerlei Studien sind dazu gemacht.«

Aber schon Anfang September unterbricht er die Arbeit erneut. Ein Versprechen ist zu erfüllen: Storm hat dem Verleger Karl Emil Franzos (1848–1904), dem Herausgeber der Zeitschrift *Deutsche Dichtung*, einen Beitrag zugesagt; so ist er zwischen

Juli und September mit der Novelle *Ein Doppelgänger* beschäftigt. Storm spricht von der Mühe, die ihn der neuerliche Interims-Text kostet, als von einer »Gewaltarbeit«. Als sie abgeleistet ist, meldet er sich bei Paul Heyse Ende September mit der Absichtserklärung: »In den nächsten Tagen setze ich mich wieder an meinen *Schimmelreiter*.« Daraus aber wird nichts, denn kurz darauf erkrankt Storm schwer. Eine Rippenfell- und Nierenentzündung verhindert jegliche schriftstellerische Arbeit.

Fünf Monate – bis zum Februar 1887 – laboriert der fast siebzigjährige Storm an der Krankheit. Während dieser Zeit stirbt sein alkoholkranker Sohn Hans (1848–1886). Storm ist gesundheitlich nicht in der Lage, die Reise zur Beerdigung auf sich zu nehmen. Einigermaßen genesen, teilt er Paul Heyse lapidar mit, dass ihn das »fünfmonatliche Krankenlager [. . .] zum Greis« gemacht habe. Tatsächlich wird sich Storm von diesem Zeitpunkt an bis zu seinem Tod Anfang Juli 1888 nicht mehr wirklich erholen. Seine gesundheitliche Situation hat sich nun – genau zwei Jahre, nachdem er den Plan zum *Schimmelreiter* gefasst hat – dramatisch zugespitzt.

Das Finale

»Aufschubs-
logik« Aber noch einmal – das letzte Mal – setzt sich jene »Aufschubslogik« durch, welche den Entstehungsprozess der Novelle prägt: Storm beginnt Ende Februar mit der Abfassung der Novelle *Ein Bekenntnis*, die er im Mai beenden kann. Aber schon in der Schlussphase der Erarbeitung dieser Geschichte, welche ein wenig überzeugendes Konstrukt darstellt, beginnt Storm dann konsequent damit, an der »Deichgeschichte« zu schreiben. Die Arbeit geht ihm leicht von der Hand. In einem Brief an den Verlag Paetel heißt es Anfang Mai: »*Der Schimmelreiter* hat heut ein wunderlich, mir angenehmes Kapitel erhalten.« Und als hätte er in den vergangenen zwei Jahren nicht immer wieder auf das Ausmaß des zu sammelnden und zu bearbeitenden Materials verwiesen, terminiert er den Abschluss der Novelle nun in der allernächsten Zukunft: »Ich denke über Sommer mit dieser eigenthümlichen, nicht eben ausgedehnten Arbeit fertig zu werden.« Optimistisch beurteilt er auch den Zustand seiner Gesundheit:

»[I]ch glaube zu fühlen, daß das fünfmonatliche Krankenlager, wenn auch meinen armen Leib, so doch mein besser Theil, die Seele nicht verletzt hat.«

Die produktive Arbeitsspannung hält während des Storm beson- Schreibprozess ders angenehmen Monats Juni, in den die Rosenblüte fällt, an. Ein Aufenthalt im Holsteinischen Grube, wo er im Haus seiner Tochter Lisbeth »köstliche Ruhe« genießen kann, kommt der Arbeit zugute. Am *Schimmelreiter*, so schreibt er seinen Verlegern, entstehe jetzt Woche für Woche »vier- oder fünfmal ein Stückchen« mehr. Der Schreibprozess, der – ganz entgegen der bisherigen Erfahrungen Storms – zwei Jahre lang nicht in Gang kommen wollte, läuft nun mit geradezu buchhalterischer Präzision und äußerster Zielstrebigkeit ab. Nur eins fällt auf: Nun, da die Ausführung endlich gut vorangeht und auch die umfangreichen Feierlichkeiten zu seinem 70. Geburtstag Mitte September Storm nicht aus dem Rhythmus der Niederschrift bringen, treten an die Stelle der resignierten Hinweise auf seine gesundheitlichen Probleme und die Abnahme der Kräfte Klagen darüber, dass er den Stoff mindestens zehn Jahre zu spät in Angriff genommen habe. »Mein vielgenannter *Schimmelreiter* ist bis Seite 92 der Reinschrift gediehen«, teilt er Heyse wenige Tage nach seinem Siebzigsten mit und bemerkt darüber hinaus: »Ich fürchte, das Thema hätte mir 10 Jahre früher kommen müssen.«

Obwohl er ständig unter quälenden Magenbeschwerden zu leiden hat, beschäftigt sich Storm während November und Dezember fast jeden Vormittag mit der Novelle; daneben beantwortet er noch über einhundert Briefe, die er anlässlich seines Geburtstags erhalten hat. Auch kümmert er sich weiter um die Klärung deichtechnischer Fragen, führt Unterredungen und bemüht Sachverständige. Er arbeitet sich in einem Maße in die Materie ein, dass der zuständige Provinzial-Bau-Inspector Christian Hinrich Eckermann (1833–1904) feststellt, Storm könne bald selbst einen Koog eindeichen. Die Zuversicht, ein bedeutendes Werk fertig zu stellen, wechselt mit der Skepsis, ob das Thema ihn letztlich nicht doch überfordert habe. An Tochter Dodo schreibt er Anfang November: »[S]o bin ich ungeachtet der gegenwärtigen Magenquälerei durchaus lebensfroh und schreib' getrost an meinem *Schimmelreiter*.« Als er jedoch einen Monat später Gottfried Keller (1819–1890) von der vor der Vollendung stehenden »Deichgeschichte« in Kenntnis setzt, relativiert er seinen Erfolg mit den Worten: »Nur leider – ich weiß nicht, ob ich noch die rechte Kraft hatte, den Stoff zu zwingen.«

Der Wechsel zwischen Zuversicht und Resignation bleibt bestimmend in Storms Äußerungen bis zum Ende der Niederschrift. Aber auch in der ihm danach noch verbleibenden Zeit bis zu seinem Tod steht die Freude über die Anerkennung neben der Befürchtung, bei der Erarbeitung der Novelle große Konzessionen gemacht zu haben. Das Urteil, der *Schimmelreiter* sei das »Größte, was [er] bisher schrieb«, hält ihn nicht von der nüchternen Einschätzung ab, die »Greisenmüdigkeit« habe in dem Werk ihre Spuren hinterlassen.

Das Ende

Fertigstellung
der Novelle Am 9.2.1888 schließt Theodor Storm die Geschichte von Hauke Haien ab. Noch am Abend desselben Tages liest er sie den Familienmitgliedern und Freunden in seinem Haus in Hademarschen vor. Als sein Vortrag zu Ende war – so wird überliefert – strich Storm liebevoll über das Bündel Papier in seiner Hand.

Nach Abschluss des *Schimmelreiter* erlahmt Storms Arbeitskraft rapide. Er ist froh, von seiten seines Verlegers nicht mehr zu großen Umarbeitungen genötigt zu werden; denn seine Kräfte, glaubt er, reichten dafür nicht mehr aus. Anfang Mai 1888 teilt er Paul Heyse mit, er sei »von Bleichsucht, Schlaflosigkeit usw. augenblicklich so herunter«, dass er nach einem langsamen Gang durch den Garten »immer 10 Minuten im Lehnstuhl keuchen [müsse], um nur die nötige Lebensluft wieder zu kriegen«. »Ich kann mich nicht mehr zurechtleben«, schreibt er vier Wochen vor seinem Tod an die Witwe Eduard Mörikes (1804–1875): Seit der Vollendung des *Schimmelreiters* hätten die gesundheitlichen Probleme derart zugenommen, dass er inzwischen »total arbeitsunfähig« geworden sei; ein »Brieflein«, wie sie es in Händen halte, könne von ihm nur noch selten »geleistet werden«.

Die einhellige Begeisterung der Freunde, besonders die Anerken-

nung durch Ferdinand Tönnies (1855–1936), versöhnt Storm
jedoch mit seinem »Altersprodukt«, als das er die Novelle inzwischen begreift. In seinem Antwortschreiben bekennt er Tönnies:

> »Ich weiß wohl, daß mein Mißtrauen begründeter ist, als ihr
> Entzücken; aber schon, daß es auf sie den Eindruck hat ma-
> chen können, tut mir gut, in der gekommenen Zeit, wo ich
> mir selbst nicht mehr traue! wie einst. Dann ist es ja auch ganz
> gedeihlich, daß einer aus der alten Schule einmal wieder et-
> was geleistet hat, was den Besten das Herz bewegt.« Und er
> schließt mit dem Satz: »So wäre der Zeitpunkt des Abtretens
> jetzt nicht ungünstig.«

Im Druck umfasste die Novelle 77 Seiten. In den Monaten April
und Mai 1888 erschien sie in Paetels *Deutscher Rundschau*. Als
im Herbst desselben Jahres *Der Schimmelreiter* in einer Buchausgabe erscheint, die auch »Erläuterungen für binnenländische
Leser« enthält, ist Storm bereits seit einigen Monaten tot.

Manuskript und Textgrundlage

– H und H²

Das ursprüngliche Manuskript ist verschollen. Die erhaltene
Handschrift des *Schimmelreiter* ist eine sog. »Reinschrift«, also
eine auf Lesbarkeit bedachte, Marginalien und später entstandene Zusätze in den Text integrierende Übertragung, die dem
Verleger zur Lektüre und den Druckern als verbindliche Vorlage
für den Satz diente. Hierüber herrscht Sicherheit, weil Storm
einen Zettel beigelegt hat, auf dem das Manuskript als »Eigen-
händiges Druckmanuskript zum *Schimmelreiter* 1886–1888
[. . .]« bezeichnet wird. Mit blauem und rotem Farbstift vorge-
nommene Anmerkungen des Verlags sowie Hinweise Storms,
die meist in lateinischer Schrift abgefasst sind, schließlich Blei-
stiftzeichen der Setzer samt ihren Namen (»Löffler«, »Hoyer«,
»Wolff«) belegen ebenfalls den Status des Manuskripts als
Druckvorlage.

Die eigentliche Niederschrift wird in der Storm-Forschung als
»Kladde« bezeichnet. In Form der Kladde sind sechs Seiten des
Anfangs von *Der Schimmelreiter* erhalten (Sigle H); allerdings

handelt es sich dabei nicht um die »Urkladde«, sondern um einen nachträglichen Zusatz zu dieser, der verschollenen Kladde. Der erhaltene Kladden-Zusatz findet sich textidentisch in der erhaltenen Handschrift (Reinschrift), wo er durch eine eigene Paginierung (1 bis 10) als ebenfalls nachträglich hinzugefügte Passage gekennzeichnet ist. Die erhaltene Handschrift umfasst darüber hinaus zwölf separat geheftete Konvolute mit insgesamt 222 Blättern, die durchgängig paginiert sind (Sigle H^2). Das Gesamtmanuskript (H + H^2) weist mithin 232 Seiten auf; sie wurden zu einem nicht bekannten Zeitpunkt zu einem einzigen Band zusammengebunden.

Zum Konvolut gehören noch ein Nachtrag von vier Seiten und die Korrekturfahnen des Schlussteils mit handschriftlichem Vermerk Storms: »Früherer Druck und anderes Ende als später festgestellt wurde.«

Nach Storms Tod ging die Handschrift des *Schimmelreiters* in den Besitz seines Sohnes Ernst über, durch diesen ist es auf den Kinderarzt Dr. Hans Storm (1886–1962), den Enkel Storms, gekommen. Hans Storm verkaufte das Manuskript 1936 an die Schleswig-Holsteinische Landesbibliothek in Kiel, wo es bis heute aufbewahrt wird.

– E und H^3

Der Erstdruck erfolgte in der *Deutschen Rundschau* 55, April und Mai 1888: Sigle E. Entsprechend diesem *Rundschau*-Druck neu gesetzte, umbrochene und paginierte Bögen dienten zusammen mit Storms handschriftlich angebrachten Korrekturen als Revisionsbögen für die Buchausgabe. Später wurden diese Bögen zurechtgeschnitten und zu einem eigenen Buch gebunden. H^3 lässt eine äußerst penible Korrekturarbeit Storms erkennen; insgesamt finden sich 62 kleine und kleinste sowie einige größere Verbesserungen eingetragen, darunter sieben Korrekturen der Himmelsrichtungen (vgl. Erl. zu 18,11). H^3 wird im Stadtmuseum von Heiligenhafen aufbewahrt.

– B

Buchausgabe Berlin, Paetel 1888: Sigle B. Mit Worterklärungen »Für binnenländische Leser« und Druckfehlerverzeichnis. Wid-

　　　　　　　　　　　　　　　Kommentar

mung: »Meinem Sohn Ernst Storm, Rechtsanwalt und Notar in Husum, zugeeignet«.

– S

1889 *Schriften*, Bd. 19, S. 99–326, mit der Datierung 1888: Sigle S.

– BDK und SBB

Nach S wurde durch Karl Ernst Laage und Dieter Lohmeier der Text für die vierbändige Ausgabe der *Sämtlichen Werke* Storms unter Berücksichtigung der Buchausgabe von 1888 (B) eingerichtet: *Bibliothek Deutscher Klassiker*, Frankfurt/M. 1988. Diesem Text folgt der vorliegende Band der Suhrkamp *BasisBibliothek* Nr. 9.

Wirkung

Die Reaktionen der Freunde Storms, denen er Gelegenheit gab, am Erarbeitungsprozess des *Schimmelreiters* teilzuhaben, fielen zustimmend bis enthusiastisch aus. Über hundert Jahre nach dem Erscheinen ist ihr Urteil, das nicht unwesentlich zur Motivation des Autors noch während der Entstehung des Textes beigetragen hat, gerechtfertigt. Das Urteil von Freunden und Rezensenten ist aber keineswegs repräsentativ für das öffentliche Bild Storms in den ersten Jahrzehnten nach der Publikation des *Schimmelreiters*. Storms um 1872 anzusetzende Wende zur episch gestraffteren, Stimmungshaftigkeit zurückdrängenden Prosa war dem Publikum weitgehend unvermittelt geblieben. Storm galt als Dichter von Ehestandsnovellen und intimer Seelenlagen; *Immensee* (1848), das ihn berühmt gemacht hatte, firmierte nach wie vor als sein Markenzeichen. Angesichts gründerzeitlicher Großspurigkeit und der Ästhetik des Naturalismus, der seine Sujets aus dem Umkreis von Industrie und Großstadt bezog, repräsentierte Storm den provinziellen Idylliker. An der Absatzzahl seiner 1868, also an der Schwelle zur Gründerzeit, erscheinenden *Gesammelten Schriften* lässt sich dies ablesen: 1877 waren davon erst 3 100 Exemplare verkauft. Storm schien einer vergangenen Zeit anzugehören; die Depression, in die er zu Anfang der Siebzigerjahre verfiel, seine Selbstbekundung, das Werk sei abgeschlossen, lassen erkennen, dass diese Entwicklung nicht spurlos an ihm vorübergegangen ist.

Erst nach der Jahrhundertwende, als in Reaktion auf die Zumutungen der Moderne das Thema »Heimat« Konjunktur erhält, zieht auch Storms Dichtung ein gewisses Interesse auf sich. H. Löns Er erscheint nun wie ein Vorläufer von Hermann Löns (1866–1914). Das Image des heimattümelnden Husumers löst das des *Immensee*-Idyllikers ab. Die hellsichtigen Rezensionen, die Wilhelm Brandes und Moritz Necker sowie ein Anonymus in der *Deutschen Dichtung* (1891/92) zu Storms »Deichgeschichte« veröffentlichen, können ebenso wenig wie eine 1911 erscheinende Studie von Georg Lukács (1885–1971) verhindern, dass Storm in den Kanon einer Heimatliteratur aufgenommen wird,

Kommentar

deren Apologeten sich zunehmend chauvinistisch gebärden und gemäß ihrem Blut-und-Boden-Weltbild die Ideologisierung speziell des *Schimmelreiters* anbahnen.

Der Umstand, dass Storm noch Jahre nach seinem Tod als Dichter weltabgewandter Innerlichkeit gehandelt wurde, verhinderte nicht, dass seine Gestalt des *Schimmelreiters* zu einer Projektionsfigur des wilhelminischen Männlichkeitskults und Heroentums wurde. Der Beginn der wilhelminischen Ideologisierung kann mit einer Darstellung in der Zeitschrift *Die Frau* angesetzt werden, deren Autorin Clara Lents 1898/99 jene Phraseologie intoniert, die aus dem *Schimmelreiter* das Inbild eines (deutschen) Helden macht. Lents schreibt, Hauke Haien sei ein Mann »Wie aus Erz gegossen [...] Ein Mann, ganz brennende Tatkraft, ganz Gemeinsinn, ganz geschaffen für den Kampf; kraftvoll bis zur Härte« (zit. n. Freund, S. 110). Ideologisierung des *Schimmelreiters*

Seine ideologische Breitenwirkung entfaltet die für die Heldenverehrung in Anspruch genommene Figur erst in der Zeit zwischen den Weltkriegen, als der *Schimmelreiter* zur bevorzugten Schullektüre avanciert. 1920 erscheint in der *Zeitschrift für Deutschkunde* der Aufsatz eines Kreuznacher Oberlehrers namens Rübmann, der den *Schimmelreiter* als Unterrichtslektüre für die Oberstufe empfiehlt. Dem Verfasser zufolge leiste die Novelle »die Gestaltung eines Männerlebens«, die belehrend und erzieherisch auf die Schüler wirken könne. Von diesem Zeitpunkt datiert die Karriere von Storms Alterswerk als »besonders geeigneter Schullektüre und Jugendschrift«. In den folgenden Jahrzehnten »unterwarf man den *Schimmelreiter* den jeweils geltenden didaktischen Leitbildern. Pädagogische und ideologische Voreingenommenheiten bestimmten das Verständnis und verzerrten den Text bis zur Unkenntlichkeit« (ebd., S. 111). Schullektüre

Die Heroisierung des *Schimmelreiters* erreicht ihren Höhepunkt in der Zeit des Nationalsozialismus. Ein besonders entlarvender Beleg für die ideologische Instrumentalisierung der Novelle ist die Ausblendung der Gestalt und des Schicksals von Wienke, der Tochter Hauke Haiens, in der erfolgreichen Verfilmung des Stoffes durch Curt Oertel und Hans Deppe im Jahr der Machtergreifung 1933: Eine Schwachsinnige als Heldentochter passte nicht in das Konzept der Rassereinheit. Der Film erhielt von der Heroisierung während der Nazizeit

Filmprüfstelle des Reichsministeriums für Volksaufklärung und Propaganda das Prädikat »künstlerisch besonders wertvoll«. Schulklassen besuchten geschlossen die Vorführungen des Films und sahen einen Deichgrafen, dem der Hauptdarsteller Mathias Wiemann die demagogischen Posen Adolf Hitlers verlieh.

Nach dem Krieg prägt Versachlichung die Herangehensweise an den *Schimmelreiter*-Stoff. Karl Hoppe entdeckt 1949 die Vorlage für Storms Geschichte in der von Pappe 1838 in Hamburg herausgegebenen *Lesefrüchten*. 1956 erscheint in der DDR eine von Peter Goldammer für den Aufbau-Verlag erarbeitete vierbändige Storm-Ausgabe; sie stellt für Jahrzehnte die verlässlichste Werkausgabe dar. Philologische Akribie und große Anstrengungen bei der Recherche führen 1970 zu der Maßstäbe setzenden *Schimmelreiter*-Edition von Karl Ernst Laage. Der Text erscheint zusammen mit einer Entstehungsgeschichte, Bildern der Schauplätze und den wichtigsten Quellen, v. a. der aus dem *Danziger Dampfboot*. Laage gelingt es auch, ein weiteres Exemplar von *Pappes Lesefrüchten* ausfindig zu machen, nachdem Hoppes Fund von 1949 wieder verschollen war. Schließlich entdeckt Laage Ende der Siebzigerjahre auch noch den ursprünglichen Schluss des *Schimmelreiters*.

weitere
Verfilmungen

1978 erfolgt die zweite Verfilmung des Stoffs unter der Regie und nach dem Buch von Alfred Weidenmann; das ZDF strahlt den Film 1981 aus. Auch hier findet das Schicksal der schwachsinnigen Wienke keine Berücksichtigung: Weidenmann verkürzt es recht radikal auf eine Totgeburt. 1983/84 liefert der DDR-Regisseur Klaus Gendries die dritte Verfilmung, die am Schauplatz der ursprünglichen Sage vom *Gespenstigen Reiter*, der Landschaft an der Weichsel, vorgenommen wurde.

Der Schimmelreiter ist nach wie vor auf den Lektürelisten deutscher Schulen erste Wahl. Eine Rechtfertigung für diesen beispiellosen Status besteht zum einen darin, dass es kein Stück Literatur gibt, an dem der Prozess der Ideologiebildung, wie er sich vom ausgehenden 19. Jahrhundert bis in die Gegenwart hinein in Deutschland vollzogen hat, besser studiert werden könnte; zum anderen darin, dass *Der Schimmelreiter* die mit Novelle und Roman verbundene Gattungsproblematik, aber auch die Beziehungen von mündlicher und Schrift-Kultur einzigartig zu studieren erlaubt.

Kommentar

Deutungsansätze

Die Gattungs-Diskussion: Der Schimmelreiter als Schwellentext

Moritz Necker, der 1889 den *Schimmelreiter* in *Die Grenzbo-* M. Necker
ten, Zeitschrift für Politik, Literatur und Kunst rezensierte, stellte fest, Storm hätte sein Werk »nach der gangbaren Einteilung
als einen Roman bezeichnen können«. Um die Aussage würdi-
gen zu können, muss man sich vergegenwärtigen, dass Storm als
Fundamentalist unter den Novellisten einen Ruf zu verlieren
hatte. Stets hatte er zu verstehen gegeben, dass seine schöpferi-
schen Möglichkeiten an die Form der Novelle gebunden seien; in
den Vierzigerjahren zeichnete er neben Heyse für die Forderung
nach einem strengen Kanon von Regeln verantwortlich, der verhindern sollte, dass diese Gattung zu einem Sammelbegriff für
Textsorten aller Art verkam. Die Industrialisierung des Buch-
und Zeitschriftenmarkts hatte zu einem enormen Bedarf an Le-
sefutter geführt, den auch unberufene Autoren bedienten. Dabei
hatte es sich eingebürgert, auch noch den dürftigsten Schwank
zur »Novelle« zu befördern und Verlagen und Redaktionen an-
zudienen. Gegen diese anekdotische Trivialisierung des Genres
setzten Storm und Heyse eine durchaus elitäre Auffassung von
Form und Bestimmung der Novelle. Sie wurde zur literarischen
Kunstübung par excellence geadelt, und ihr Status im deutschen
Literaturbetrieb des 19. Jahrhunderts ist allein der Wertschät-
zung zu vergleichen, die heutzutage der Roman genießt.
Wenn also Necker 1889 den *Schimmelreiter* nicht mehr der Novelle zurechnen mochte, ist dies bedeutsamer, als es aus heutiger
Sicht erscheinen mag. Neckers Rezension behauptet nicht weniger, als dass der Gralshüter der Novelle, Theodor Storm, aus-
gerechnet mit seinem wichtigsten Werk die Schranken der Gat- Überschreitung
der Gattungs-
schranken
tung überschritten habe. Der Leserschaft des Autors, die nach
Ablauf der Schutzfrist für seine Werke im Jahr 1917 durch die
zahlreich erscheinenden Ausgaben stark zunahm, konnte dies
gleichgültig sein. Außerdem hatte Storm selbst im Zusammenhang seiner finalen Publikation den lebenslang kultivierten Gen-
re-Purismus aufgegeben, ohne sich dafür anders als mit Hin-

weisen auf den eigengesetzlichen Prozess seiner Erarbeitung zu rechtfertigen. Sprach er zunächst noch unauffällig von einer »Deich- und Sturmfluth-Novelle«, die er zu schreiben beabsichtige, bot er im Fortgang definitorische Varianten des zu Erwartenden an, die sich jeder Gattungstheorie entwanden: Ein »Deichsagenstoff« war in Arbeit, ein »Deichspuk« wurde angekündigt, eine »Deichgespenstersage« verheißen. Nimmt man hinzu, dass Storm auch nach Abschluss des Textes die Bezeichnung »Novelle« nicht unbedingt mehr auf den *Schimmelreiter* angewendet wissen wollte, darf man feststellen, dass das Urteil Neckers, hier könne man eigentlich schon von einem »Roman« sprechen, eine provokative Steigerung der gattungssprengenden Tendenzen darstellt, die sich in Storms Kommentaren zum *Schimmelreiter* durchgängig nachweisen lassen.

Die Germanistik hat sich in der Auseinandersetzung mit Storms letztem Werk nicht von Necker herausfordern lassen. Für ihre Analysen blieb die normative Novellentheorie des 19. Jahrhunderts verbindlich, die freilich mit begrifflicher Geschmeidigkeit dem schillernden Status des *Schimmelreiter* angepasst werden musste. So fasst Franz Stuckert 1940 in seinem Buch *Theodor Storm. Der Dichter in seinem Werk* den Text als »tragische Schicksalsnovelle« auf. 1960 paraphrasiert Johannes Klein diesen zwanzig Jahre alten Befund in seiner *Geschichte der deutschen Novelle von Goethe bis zur Gegenwart*, indem er von einer »Charakternovelle, aber mit dem Einschlag von Schicksalhaftigkeit« (S. 298) spricht. Noch Hartmut Vinçons 1979 verfasstes Nachwort zü *Der Schimmelreiter und andere Novellen* ist dem Theorem gestalteter Schicksalhaftigkeit verpflichtet. Gemäß der für die Entstehungszeit seiner Analyse typischen Folgerung: Wo von »Schicksal« die Rede ist, steht »Gesellschaft« dahinter!, identifiziert er den *Schimmelreiter* als »bürgerliche Gesellschaftsnovelle« (S. 311). Vinçons Beitrag zur Gattungsdiskussion besteht in der historischen und sozialgeschichtlichen Relativierung der Novelle, er bleibt aber von den Konstituentien des Genres abhängig. Die Novellentheorie ist nach wie vor die Bezugsgröße.

Erstmals Ernst Alker in seiner 1962 erschienenen Literaturgeschichte *Die deutsche Literatur im 19. Jahrhundert* folgt mit

seinem Hinweis, Storm durchbreche im *Schimmelreiter* die novellistische Weltsicht und nähere sich dem Roman an (S. 504), Roman
der zu diesem Zeitpunkt über siebzig Jahre zurückliegenden
These Neckers. 1963 rückt Benno von Wiese in dem Buch *Novelle* Storms Werk in den Zusammenhang eines allgemeinen
Durchlässigwerdens der Gattungen: »Mit [. . .] Theodor Storm,
Paul Heyse, Wilhelm Raabe [1831–1910] und Theodor Fontane
[1819–1898] setzt dann eine Entwicklung ein, in der die Gren-
zen zwischen Roman und Novelle sich zu verwischen beginnen«
(S. 68), schreibt von Wiese und trägt damit einem der bedeutendsten Prozesse in der deutschen Literaturgeschichte des 19.
Jahrhunderts auf beeindruckend unaufwendige Weise Rechnung.

1984 führt Winfried Freund in seiner Analyse *Theodor Storm:
Der Schimmelreiter – Glanz und Elend des Bürgers* die offene
Gattungsproblematik betreffend endlich eine Flurbereinigung
herbei. Treffend resümiert Freund die Forschung:

> »Wenn immer man in einer Prosaerzählung kürzerer bis mitt-
> lerer Länge eine unerhörte Begebenheit, einen Rahmen,
> Dingsymbolik und eine bilaterale Struktur, gebildet von dem
> als objektiv erzählten Ereignis und der subjektiven Gestal-
> tungsform, entdeckt zu haben glaubte, erschien die Gattungs-
> frage eindeutig beantwortet« (S. 99).

Freund folgt nicht mehr der gängigen Methode, mittels einer
aktualisierten Novellen-Definition den *Schimmelreiter* doch
noch für den Kanon novellistischer Spitzenleistungen zu retten.
Stattdessen geht er von der durch Necker, Alker und von Wiese
vorformulierten Einsicht aus, dass »Storms Alterswerk [. . .] auf
der Schwelle zwischen Novelle und Roman« steht (S. 103). Dem Schwelle
zwischen
Novelle und
Roman
Nachweis der These legt Freund das bekannte, für die Novellentheorie zentrale Kriterium der schicksalshaften Determination
zugrunde, das am griffigsten Johannes Klein auf den Nenner zu
bringen wusste: »Roman betont [. . .] Erlebnis, [. . .] Novelle das
Begebnis!« Der Roman konzentriert sich auf das subjektive, die
Novelle auf das allgemeine Geschehen. Indem Freund diese De-
finition zu einem Gegensatz von aktivem Helden im Roman und
passivem Helden in der Novelle zuspitzt, kann er Hauke Haiens
Entwicklung als zunächst handlungsbestimmtes Verhalten, nach

der Feststellung des Deichschadens aber als in eine schicksalsbestimmte Existenz umschlagenden Prozess beschreiben: »Was romanhaft einsetzte, endet novellistisch« (S. 102).

»Schicksal« äußere sich im *Schimmelreiter* jedoch nicht als eine letztlich transzendente Mechanik, sondern manifestiere sich als ein Scheitern, hervorgerufen durch die »Unfähigkeit, eine Synthese zu bilden zwischen den objektiv-gesellschaftlichen Bedingungen und den subjektiv-persönlichen Ansprüchen«. Dieses Scheitern aber, so Freund, sei typisch »romanhaft« (S. 103). Freund versucht schließlich, den beschriebenen Gang des Geschehens auf den historischen Prozess in Deutschland zu projizieren: Seit der Reichsgründung 1871 habe es wieder »Hoffnung auf eine reale Selbstbewahrung des Subjekts« gegeben, die durch die Ereignisse von 1848 über zwei Jahrzehnte ausgelöscht gewesen sei. Hauke Haien sei »souverän und Herr seiner eigenen Entscheidungen« (S. 101). Folgt man dieser Darstellung, wäre die typische Stormsche Novelle in ihrem historischen Kern als literarische Apologie der resignativen Haltung zu charakterisieren, wie sie nach der gescheiterten Revolution das Bürgertum erfasste und nach dem Sieg über Frankreich und der Reichsgründung von neuem Selbstbewusstsein abgelöst wurde. Nach 1871 bewirkte demnach der um sich greifende Fortschrittsglaube eine »Überwindung fatalistischer Orientierungen«, wie sie die Epoche des Nachmärz kennzeichneten und bestimmend geworden waren für die novellistische Ästhetik der Zeit (S. 103).

Deichgraf als bürgerlicher Aktivist

Der Deichgraf ist gemäß Freunds Analyse das Inbild des statt am Fatum an Fortschritt und Emanzipation orientierten bürgerlichen Aktivisten der Gründerzeit. Sein Scheitern aber legt das soziale Defizit des Helden offen, das zu überwinden als sein Vermächtnis gedeutet werden kann.

Freunds Deutung gelangt über die Gattungsdiskussion zur historischen Analyse der Gestalt des *Schimmelreiters*. Nur auf diese Weise nämlich kann er das entstehende Dilemma lösen: Will er das Scheitern der Hauptfigur, die »romanhaft« selbstbestimmt den ersten Teil der Handlung absolviert, nicht als »novellistischen« Rückfall in fatalistische Determination deuten, muss er dem Untergang des Helden einen nachvollziehbaren Sinn unterlegen. Dies gelingt ihm, indem er dessen Scheitern als Beweis für

die Notwendigkeit sozialverträglicher Zügelung der egozentri-
schen Dynamik auslegt, die als Bedingung der großen Leistung
nicht wegdiskutiert werden kann. Damit aber hebt Freund den
poetologischen Status von Storms Werk, in dem er völlig zutref-
fend einen exemplarischen Schwellentext zwischen Novelle und
Roman erkennt, in einer voluntaristischen Studie über die not-
wendigen Beschränkungen liberalen Unternehmergeistes auf.
Die Leistung seiner Analyse besteht darin, im Unterschied zu den
auf Eindeutigkeit zielenden Interpreten die gattungstheoretische
Indifferenz des Textes als sein Wesen herausgestellt zu haben.

Ideologisierung und Ideologiekritik: Der Schimmelreiter – *ein
deutscher Held*

Im Zentrum der Deutungen von *Der Schimmelreiter* steht immer
wieder die Figur des Hauke Haien. Seine Gestalt zieht Interpre-
tationen weniger deshalb auf sich, weil es sich bei ihr um die
Hauptfigur des dramatischen Geschehens handelt, sondern weil
sich an ihr exemplarisch die Problematik des Helden abhandeln
lässt. Als generelle Tendenz lässt sich dabei eine Entheroisierung,
Verallgemeinerung und Verselbstständigung des Heldischen
feststellen. Nur wenige Deutungen beziehen die geschichtlichen
Aspekte in ihre Überlegungen mit ein, wobei jedoch die in jüngerer Zeit entstandenen Arbeiten die historischen Umstände, die
Hauke Haiens »Heldentum« bedingen, verstärkt berücksichti-
gen.

Problematik
des Helden

(Prä-)Faschistischer Führerkult

»Die Institution eines Kaisers in Deutschland hatte bereits nach
wenigen Jahren eine erhebliche Verwirrung in den Gemütern
gestiftet.« So resümiert Winfried Freund das politische Klima in
den Jahren nach dem Erscheinen des *Schimmelreiter*, das mit
dem Tod Kaiser Wilhelms I. (1797–1888) zusammengefallen
war (Freund, S. 110). Die Idealisierung des *Schimmelreiters* gemäß dem wilhelminischen Männlichkeitsideal setzte sich fort bis
in die Zeit des Nationalsozialismus hinein, zusätzlich durch-
drungen von rassischen, völkischen und nordischen Ideologe-

nationale
Instrumentali-
sierung

men. Besonders auffällig ist dabei die notorische Betonung von Hauke Haiens sog. »Gemeinsinn«, die der Motivierung seines Handelns durch Storm offensichtlich widerspricht. Persönlicher Ehrgeiz ist ein Hauptantrieb des Deichgrafen; eine Eigenschaft, die jedoch unvereinbar war mit der Ideologie der nationalen »Schicksalsgemeinschaft«.

Die Germanistik hat sich am ideologischen Missbrauch der Novelle beteiligt. Wolfgang Kayser (1906–1960) etwa ist es v. a. darum gegangen, Hauke Haien als Ausnahmemenschen herauszustellen, der außerhalb der Normen agiert und einem inneren, allerdings nicht mitteilbaren Antrieb folgt. Er wird zum Prototyp des nur sich selbst verantwortlichen (An-)Führers (Kayser, S. 44). Kaysers Storm-Deutung galt 1940 als vorbildlich. Nach 1945 machte ihr Autor erneut Karriere als Hochschullehrer.

Das »Faustische«

Nach 1945 versuchte man, der Hypothek der nationalsozialistischen Funktionalisierung des *Schimmelreiters* dadurch zu begegnen, dass man entweder das Scheitern des Deichgrafen herausstellt, seine Gestalt mythisch enträckt oder aber ihn existenzialistisch deutet.

Der amerikanische Literaturwissenschaftler Walter Silz (1894–1980) lenkt erstmals den Blick darauf, dass Hauke Haien am Konflikt mit der Dorfgemeinschaft scheitert. Das soziale Umfeld des *Schimmelreiters* wird damit nicht mehr unter der Perspektive einer unmündigen Masse von »Herdenmenschen« gesehen, wie dies der Führerkult stets nahe legte; vielmehr wird das Schicksal der Titelfigur aus dem Konflikt mit seinen Mitmenschen zu erklären gesucht. Silz gelangt schließlich zum Vergleich des »Schimmelreiters« mit dem Faust des zweiten Teils: »Es besteht eine gewisse Ähnlichkeit zwischen Hauke und dem Faust des zweiten Teils. Auch Hauke nimmt den Kampf mit dem Meere auf und entreißt ihm Land, wobei ihm der Teufel angeblich hilft« (Silz, S. 13). Wie bei Faust, so Silz, handele es sich bei Hauke um einen »Wohltäter der Menschheit, obwohl sein Verfahren manchmal tyrannisch« sei. Der grundlegende Unterschied sei aber der, dass Hauke Haien im entscheidenden Mo-

soziale
Konflikte

ment versage, indem er »aufhöre zu streben« und sich stattdessen – wie Silz es formuliert – auf ein »›Faulbett‹ des Zugeständnisses« lege. Dies werde ihm zum jede Erlösung ausschließenden Verhängnis.

Silz' Interpretation bleibt der heroischen Auffassung verpflichtet. Jedoch stellt er Storms Helden in einen geistes- und literaturgeschichtlichen Kontext. Des Weiteren lenkt er die Aufmerksamkeit auf die menschliche Fehlbarkeit der *Schimmelreiter*-Gestalt, der es am letzten, aber eben ausschlaggebenden Quentchen faustischer »Strebsamkeit« gebricht. Man könnte hier von Entheroisierung sprechen, würde nicht der Preis, den der Deichgraf zu bezahlen hat, allzu pathetisch aufgeladen: Weil die Logik der *Faust*-Figur nur Erlösung oder Verdammung kennt, muss der »Schimmelreiter« letzterer anheimfallen; dies gegen Storms Intention, der das Problem von Hauke Haiens Schuld offen gehalten wissen wollte.

Die von Silz eingeführte *Faust*-Thematik wurde von Ernst Loeb E. Loeb aufgenommen. Loeb wertet Hauke Haiens Deichbau-Unternehmen als Ausdruck eines »befreienden Zugs zur menschlichen Gemeinsamkeit« auf; gleichzeitig erscheint der faustische Trieb nicht mehr als letztlich positive Prägung des Helden, sondern als der seiner Sozialisierbarkeit »dämonisch« entgegenarbeitende Drang zur »Selbstverwirklichung«: »Wie bei Faust ist also auch bei ihm das gemeinnützige Anliegen des Deichbaus von einer Hybris der Selbstüberhebung durchtränkt, die sich zum Wettkampf mit den dämonisch-elementaren Mächten des gleichgearteten Meeres aufgerufen fühlt« (Loeb, S. 122 ff.).

Der Konflikt zwischen Gemeinschaft und prädestiniertem Individuum, den das *Faust*-Paradigma tragisch zuzuspitzen gestattet, wird von Fritz Martini zu einem existenziellen Paradox sti- F. Martini lisiert: »Der Mensch, vergeblich kämpfend, groß in seiner Natur- und Seelenkraft, seinem Ehrgeiz zu Ehre und Werk, der das Heldische in das bürgerliche Arbeits- und Willensethos, in die Moralität des sozialen Dienstes und Opfers umsetzt, bleibt gleichwohl ohne Schutz und Trost, einsam und als Geopferter, dem rätselhaft Paradoxen des Schicksals gegenüber« (Martini, S. 663f.).

Nachdem die Unlösbarkeit des menschlichen Konflikts einmal

festgeschrieben ist, lässt sich die gesamte Erzählung in eine Serie von Gegensätzen auflösen, vor denen es für den Helden – respektive den Menschen – kein Entrinnen gibt. Martinis Darstellung ist dem Jargon verpflichtet, wie er sich während der Fünfzigerjahre durch eine nicht sehr glücklich verlaufende Rezeption des französischen Existenzialismus in der Germanistik herausgebildet hat.

Kritik am gründerzeitlichen »Übermenschen«

J. Hermand Erst mit Jost Hermands *Schimmelreiter*-Aufsatz findet die ahistorische Überhöhung der Gestalt Hauke Haiens ihr Ende. Hermand analysiert den Text entlang sozialkritischer Betrachtung. Er erkennt in Hauke Haien den »gründerzeitlichen Übermenschen«, verschlossen, einsam, gewalttätig: Storm habe die »egoistisch, brutal und führergleich« vorgehende »Gewaltnatur« des Deichgrafen mit »unbewußter Verklärung« und »geheimer Scheu« gestaltet (Hermand, S. 50). Auch bei Hermand bleibt demnach der Held als Paradigma der Deutung erhalten; er bezieht sogar noch den Autor explizit in das Faszinationsverhältnis zwischen »Mensch« und »Übermensch« mit ein. Indem er das Heldenideal jedoch auf die Gründerzeit bezieht und damit historisch relativiert, kann er aus der Perspektive des die nachfolgende Geschichte überblickenden Interpreten dem Text eine »Warnung« entnehmen. Durch die ganze Novelle ziehe sich »ein untergründiges Zwiegespräch, das immer wieder in eine offene Frage mündet, nämlich die Frage nach der moralischen Bewertung des Übermenschen« (ebd.).

Rationalistisches Lebenskonzept als verhängnisvolle Überforderung

H. Segeberg Harro Segeberg hat im Rahmen einer Studie, die den Zusammenhang von Technik- und Literaturgeschichte untersucht, Hauke Haien als »entzauberten Übermenschen« identifiziert. Durch eine detaillierte und nicht nur allgemein an der Gründerzeit orientierte historische Analyse arbeitet er an dem Titelhelden die Verselbstständigung der Zweckrationalität zum Lebensprinzip als das Kerngeschehen des *Schimmelreiters* heraus, das letztlich den Untergang des Deichgrafen herbeiführt. Im Freitod Hauke Haiens gipfelt nach Segeberg ein »Prozeß fortschreitender Überanstrengung im religiös motivierten Selbstopfer« (Segeberg, S. 90).

Segeberg richtet zunächst das Augenmerk auf die Kunst des Deichbaus und ihre Relevanz für die technische Entwicklung zum Ende des 19. Jahrhunderts. Der von den einzelnen Erzählebenen überbrückte Zeitraum der Novelle reicht von der Mitte des 18. Jahrhunderts, der Lebenszeit Hauke Haiens, über das dritte Jahrzehnt des 19. Jahrhunderts, der Lebenszeit des erzählenden Schulmeisters, bis in die Gegenwart des ersten Rahmenerzählers hinein, also bis in die Achtzigerjahre des 19. Jahrhunderts. Damit ist er identisch mit der Zeitspanne der »Technisierung und Industrialisierung« in Europa.

Zum Zeitpunkt der Entstehung des *Schimmelreiters* aber, so Segeberg, stellt das Thema des Deichbaus, was die technikgeschichtliche Entwicklung betrifft, längst einen Anachronismus dar. Die Figur des genialen Deichbauers entspricht nicht mehr dem für die Zeit des ausgehenden 19. Jahrhunderts repräsentativen Typus des Ingenieurs. Hauke Haien ist ein »Einzel-Erfinder« (ebd., S. 60). Der einzelne Techniker aber spielt in den Achtzigerjahren der industriellen Revolution keine Rolle mehr. Ebenso wenig kommt der Deichbau noch als exemplarisches Modell technischer Innovation in Frage. Denn Leitsektor der industriellen Revolution in Deutschland ist zunächst die Textilerzeugung; sie wird um 1840 abgelöst von der Eisenerzeugung, dem Bergbau und dem Eisenbahnwesen. Daneben entstehen Chemo- und Elektroindustrie, die dann am Ende des Jahrhunderts tiefgehende gesellschaftliche und lebensweltliche Veränderungen hervorrufen.

Der mathematikbesessene Deichgraf ist demnach keine Figur, auf die sich die gründerzeitliche Problematik rasanten gesellschaftlichen und technischen Fortschritts ohne weiteres beziehen ließe. Dennoch wurde Storms Thema von den Zeitgenossen als äußerst aktuell empfunden. Um zu verstehen, wie die Novelle den kritischen Bezug zu den historischen Verhältnissen ihrer Entstehungszeit herstellt, darf man sich, so Segeberg, nicht von der »anachronistischen« Profession ihrer Hauptfigur ablenken lassen. Die Korrespondenz zwischen Zeit und Figur kommt auf »ideologischer« Ebene zu Stande. Hauke verkörpert den »stählernen« Menschen der 1871, im Jahr des Deutsch-Französischen Krieges, von Alfred Krupp (1812–1887) als »Stahlzeit« apostrophierten Epoche (ebd., S. 62).

Die Schwerindustrie dominiert im Deutschland der zweiten Hälfte des 19. Jahrhunderts nicht nur die Wirtschaft des Landes, sie beherrscht auch zunehmend die politisch-weltanschauliche Rethorik. Repräsentative Figur dieser Ideologie ist Otto von Bismarck (1815–1898), der »Eiserne Kanzler«. Mit »Stahlkraft« begabt hat aber auch Storm seinen Helden: Kurz bevor Hauke beim Eisboseln der Siegeswurf gelingt, fährt es beispielsweise wie »Stahlkraft in [seinen] Arm« (46,21). Auf der Ebene des gründerzeitlichen Ideal-Habitus, nicht auf der seiner Profession als Deichbauer also ist Hauke Haien echter Zeitgenosse des Krisenjahres 1888: Der vormoderne Techniker, dessen Arbeit die Ingenieurskunst vor der Epoche der industriellen Revolution repräsentiert, wird von Storm mit körperlichen und charakterlichen Merkmalen ausgestattet, die der fortschritts- und technikorientierten Mentalität des ausgehenden 19. Jahrhunderts zugehören. Entsprechend kann Segeberg folgern: »Die Modernität des vormodernen Typus ist [. . .] offensichtlich« (ebd., S. 67).

Dies zeigt sich auch daran, dass die Kehrseite der fanatischen Abhärtung, wie sie die Durchsetzung zunehmend gesteigerter Rationalität dem harten »Techniker« und Anführer abverlangt: eine nervliche Schwäche, Sentimentalität und Empfindlichkeit, in Hauke Haiens Psychogramm nicht fehlen. Mit seiner fast hysterischen Anhänglichkeit an Frau und Kind versucht er den Druck zu kompensieren, der in seiner sozialen Umgebung in Reaktion auf die Unerbittlichkeit entsteht, mit welcher er sein Deichprojekt betreibt. Auch für den Reichskanzler Bismarck, so Segeberg, ist das Nebeneinander von brutaler Härte und rührseliger Empfindlichkeit bezeugt. Sogar er selbst antwortete auf die Frage, ob er sich wirklich wie der »Eiserne Kanzler« fühle: »Im Gegenteil. Ich bin ganz Nerven.« Und Theodor Fontane, der Bismarck durchaus anerkannte, nannte ihn dennoch eine »Mischung von Heros und Heulhuber«. Der Selbstentwurf nach dem Konzept eines »eisernen« oder »stählernen« körperlichen und seelischen Habitus führt zu einer permanenten Überforderung, die ihren Ausgleich in übertriebener Gefühligkeit sucht. »Stahl und Nerven« – auf diese Formel lässt sich die sozialpsychologische Disposition der ausgehenden Gründerzeit bringen: Neben einem forcierten Rationalismus, der sich am Bild der »Härte« ausrichtet, steht eine Gefühlskultur, für die das mit Polstern und Stoffen ausgestattete Wohn-Futteral des bürgerlichen Heims typisch ist.

»Stahl und Nerven«

Literaturhinweise

Freund, Winfried: *Theodor Storm. Der Schimmelreiter. Glanz und Elend des Bürgers*, Paderborn/München/Wien/Zürich 1984.

Frühwald, Wolfgang: *Hauke Haien, der Rechner. Mythos und Technikglaube in Theodor Storms Novelle* Der Schimmelreiter. In: *Literaturwissenschaft und Geistesgeschichte. Festschrift für Richard Brinkmann*, hg. v. Jürgen Brummack u. a., Tübingen 1981, S. 438–457.

Hermand, Jost: *Hauke Haien, Kritik oder Ideal des gründerzeitlichen Übermenschen?* In: *Wirkendes Wort* 15 (1965), S. 40–50.

Kayser, Wolfgang: *Bürgerlichkeit und Stammestum in Theodor Storms Novellendichtung*, Berlin 1938.

Laage, Karl Ernst: *Theodor Storm. Studien zu seinem Leben und Werk mit einem Handschriftenkatalog*, Berlin 1985.

Laage, Karl Ernst: *Kommentar*. In: Theodor Storm. *Sämtliche Werke in vier Bänden*, hg. v. Karl Ernst Laage und Dieter Lohmeier. Band 3: *Novellen 1881–1888*, hg. v. Karl Ernst Laage, Frankfurt/M. 1988, S. 1049–1124.

Loeb, Ernst: *Faust ohne Transzendenz: Theodor Storms* Schimmelreiter. In: *Studies in Germanic Languages and Literatures. In Memory of Fred O. Nolte*, hg. v. Erich Hofacker und Liselotte Dieckmann, St. Louis/Missouri 1963, S. 121–132.

Mann, Thomas: *Theodor Storm*. In: Ders.: *Gesammelte Werke*, Bd. IX, *Reden und Aufsätze* 1, Frankfurt/M. 1965, S. 246–267.

Martini, Fritz: *Deutsche Literatur im bürgerlichen Realismus 1848–1898*, Stuttgart ²1964.

Pastor, Eckart: *Die Sprache der Erinnerung – Zu den Novellen von Theodor Storm*, Frankfurt/M. 1988.

Preisendanz, Wolfgang: *Theodor Storm: Novellistik im Zeitalter des Romans*. In: *Theodor Storm und das 19. Jahrhundert: Vorträge und Berichte des Internationalen Storm-Symposions aus Anlaß des 100. Todestages Theodor Storms*, hg. v. Brian Coghlan und Karl Ernst Laage, Berlin 1989, S. 12–17.

Rübmann, O.: *Storms* Schimmelreiter *als Lesestoff im deutschen Unterricht*. In: *Zeitschrift für Deutschkunde* 34 (1926), S. 290–304.

Segeberg, Harro: *Theodor Storms Erzählung* Der Schimmelreiter *als Zeitkritik und Utopie*. In: Ders.: *Literarische Technik-Bilder – Studien zum Verhältnis von Technik- und Literaturgeschichte im 19. und frühen 20. Jahrhundert*, Tübingen 1987, S. 55–106 (*Studien und Texte zur Sozialgeschichte der Literatur*, hg. v. Wolfgang Frühwald, Georg Jäger, Dieter Langewiesche, Alberto Martino, Rainer Wohlfeil, Bd. 17).

Silz, Walter: *Theodor Storms* Schimmelreiter. In: *Schriften der Theodor-Storm-Gesellschaft* 4 (1955), S. 9–30.

Wort- und Sacherläuterungen

im Hause [. . .] Frau Senator Feddersen: In seinen Erinnerungen 9.2–3
mit dem Titel *Von heut und ehedem* (1873), dem Kapitel »In
Urgroßvaters Haus«, beschreibt Storm die Lokalität; das Haus
stand in Husum, Schiffbrücke 16. Die »alte Frau Senator« ist
Elsabe Feddersen, geb. Thomsen (1741–1829), Storms Urgroßmutter mütterlicherseits, Frau des Bierbrauers und Senators Joachim Christian Feddersen (1740–1801).

»Leipziger«: Zeitschrift; vollständiger Titel: *Leipziger Le-* 9.7
sefrüchte, gesammelt in den besten literarischen Fruchtgärten
des In- und Auslandes (1832–1846).

»Pappes Hamburger Lesefrüchten«: Von Johann Joseph Chris- 9.7–8
tian Pappe (1768–1856) herausgegebene Zeitschrift, deren vollständiger Titel *Lesefrüchte vom Felde der neuesten Literatur des*
In- und Auslandes lautet (1811–1842). Storm hat darin die Geschichte *Der gespenstige Reiter. Ein Reiseabenteuer* gelesen; da
sie 1838 erschien, konnte er sie frühestens als 21-jähriger Stu-
dent kennen gelernt haben. Storm selbst war der Meinung, sie sei
ihm seit seiner Kindheit vertraut gewesen. In dem Lena Wies
gewidmeten Kapitel der Erinnerungen *Von heut und ehedem* ist
seine mütterliche Freundin die Erzählerin der *Schimmelreiter*-
Geschichte.

Deich: Hoher Erdwall an Fluss- oder Meeresufern zum Schutz 9.23
gegen dauernde oder vorübergehende Überflutung.

Wattenmeer: Meer über den »Watten« (nd.); das »Watt« ist der 9.26
bis zu 30 km breite, seichte Saum der niederl.-dt. Nordseeküste,
eine Schlick- und Sandfläche, auf der sich bei Ebbe »waten«
lässt. Das Meer spült bei Flut den Wattenschlick heran, der sich
in den höher gelegenen Bereichen als fruchtbarer Marschboden
absetzt.

Harden: Plural von »Harde« (dän. »herred«), mehrere »Kirch- 10.16
spiele« umfassender Gerichts- und Verwaltungsbezirk im Her-
zogtum Schleswig. In Landschafts- und Ortsnamen noch erhalten, so z. B. »Karrhade« bei Husum.

Perinette- und Grand-Richard-Äpfel: Périnette: alte, heute 10.20–21
nicht mehr bekannte Apfelsorte; Grand Richard: heute »Gelber
Richard« genannter Apfel.

11.21 **Wehle**: Tiefes Loch, das beim Bruch des Deichs durch die Wucht des Wasser ausgewühlt wird, bei der Wiederinstandsetzung ausgespart werden muss und danach hinter dem Deich als Teich erhalten bleibt.

11.33 **Binnendeiches**: Deich innerhalb des Marschlands, der entweder zur zusätzlichen Sicherung aufgeworfen wurde oder ein früherer Außendeich, der nach dem Hinzugewinn neuen Landes im Binnenbereich des neuen Seedeichs stehen geblieben ist.

12.13 **Plattdeutsch**: Entspricht der Bezeichnung »niederdt.« und umfasst diejenigen norddt. Mundarten, welche die zweite hochdt. Lautverschiebung nicht mit vollzogen haben.

12.14–15 **neben dem Friesischen**: Das Friesische wurde seit dem Mittelalter von dän. und im 19. Jh. zunehmend auch von plattdt. Elementen durchsetzt.

12.16 **Diekgraf**: Ndt. für »Deichgraf«; nach niederl. Vorbild Anfang des 17. Jh.s eingerichtetes Amt. Der Deichgraf präsidiert dem Deichverband.

12.16 **Gevollmächtigten**: Reiche und angesehene Hofbesitzer, die selbst wiederum von den Mitgliedern des Deichverbands gewählt und mit der Wahrung von deren Interessen beim Unterhalt des gemeinsam verantworteten Deichabschnitts beauftragt wurden.

12.20 **Punschbowle**: »Punsch«, Gemisch aus heißem Wasser, Zucker und Rum, auch Arrak; »bowl«: engl. für Schale, Terrine.

12.28–29 **die Deiche sind [. . .] nach altem Muster**: Gemeint sind die älteren Deiche, deren Profil auf Seiten der seewärts gelegenen Böschung steiler als das der neuen, flach ansteigenden Deiche ist.

12.30 **umgelegt**: Im Sinn von »verändern«, »anpassen«; Anpassung des Deichs an die neuen Gegebenheiten, nachdem er ganz oder teilweise fortgespült und seine Erneuerung nötig wurde; dabei konnten aktuelle deichtechnische Entwicklungen berücksichtigt werden, so hier das neue flache Profil.

13.10 **anno 17**: Gemeint ist die verheerende Sturmflut zu Weihnachten 1717, die größte des 18. Jh.s; Landverluste von dem damaligen Ausmaß hat es seither in Europa nicht mehr gegeben. Mit dieser Datierung konfligiert aber die Tatsache, dass Hauke Haiens, des »Schimmelreiters«, Lebenszeit später anzusetzen ist, er demnach für diese historische Flutkatastrophe als Unheil verkündendes Deichgespenst nicht in Frage kommt. In der ersten Handschrift lautet die Zeitangabe an dieser Stelle: »vor 13 Jahren«; zusammen mit dem Hinweis in 9,20: »Es war im dritten Jahrzehnt unseres Jahrhunderts« wird damit auf die Sturmflut von 1825 verwiesen, die Storm selbst miterlebte; in den Novellen *Carsten Curator* (1877) und *Der Herr Etatsrat* (1881) wird ebenfalls auf diese Flut Bezug genommen.

die Spreu vom Weizen sondern: Sprichwörtliche Redensart im 14.14–15 Sinne von »Das Wertlose vom Wertvollen trennen«, angelehnt an die biblische Beschreibung des Jüngsten Gerichts. Hier: »Das abergläubische Gerede von den Fakten trennen.«

»In der Mitte [...] hier einen Deichgrafen: Die zweite Hand- 14.17–19 schrift datiert: »Zu Anfang oder vielmehr, um genauer zu bestimmen, nach dem ersten Viertel des vorigen Jahrhunderts war es, als es hier einen Deichgrafen gab.« Gemäß der Endfassung genau bestimmt: 1756, das Jahr einer Sturmflut.

Sielsachen: Angelegenheiten, welche die »Siele« betreffen; Siele 14.20 sind verschließbare Röhren, Kanäle, Gräben oder Abflüsse, die Wasser aus dem Binnenbereich des Deichs ins Meer ableiten.

die Friesen rechnen gut: Als Quelle für den *Schimmelreiter* be- 14.25–26 nutzte Storm u.a. Claus Harms Darstellung der Gestalt des Deichvogts Hans Momsen, die dieser im *Schleswig-Holsteinischen Gnomon*, einem *Lesebuch in Sonderheit für die Schuljugend* (Kiel 1843) publiziert hatte; der Bericht ist wie folgt betitelt:

Hans Momsen
Ein Zahl-, ein Maß- und auch ein Kraftmann. Ein Friese.
(Die Friesen rechnen gut.)

Hans Mommsen: Gemeint ist Hans Momsen, ein Bauernma- 14.26–27 thematiker aus Fahretoft (1735–1811), einem Dorf etwa 30 km nordwestlich von Husum. In seiner Beschreibung des frühen Werdegangs von Hauke Haien hat sich Storm in vielen Einzelheiten am Vorbild Momsens orientiert.

Boussolen: Frz. Boussole, ital. Bussola: Büchse, Kapsel. Ur- 14.28 sprünglich ein um 1250 entstandener Kompass, bei dem im Gegensatz zu den bis dahin gebräuchlichen die Magnetnadel über einer Windrose installiert war. Seit dem 17. Jh. in Deutschland eingeführt und zum Zweck der Landvermessung, Bestimmung von Winkeln in der Fläche, eingerichtet.

14.28 **Seeuhren:** Eine tragbare Uhr, die eine genaue Positionsbestim-
mung auf hoher See erlaubte. Die Konstruktion einer trans-
portablen, von den äußeren Einflüssen einer Seereise unabhän-
gigen Uhr erschien bis in das 17. Jh. hinein als unmöglich. Die
Zeitbestimmung aber war nötig, um die Position eines Schiffs
bestimmen zu können. 1714 erließ das engl. Parlament die sog.
Longitude Act, die für die Lösung des Problems 20 000 Pfund
aussetzte. Der Autodidakt und Uhrenmacher John Harrison
(1693–1776) löste schließlich das Problem, indem er in jahr-
zehntelanger Konstruktionsarbeit einen für die damalige Zeit
winzigen (taschenuhrgroßen) Chronometer baute.

14.33–34 **ging unterweilen [...] auch aufs Landmessen:** Arbeitete als
Landvermesser.
Vermessung des Territoriums und Entwicklung hierfür geeigneter mathematischer und technischer Methoden sind eng verbunden mit der historischen Entwicklung der Rechtsverhältnisse be-
züglich Grund und Boden. Sobald infolge zunehmender Bevöl-
kerung Land nicht mehr in unbeschränktem Umfang dem Einzelnen zur Verfügung stand, erhielt der Boden Wert; die Festle-
gung von Grenzlinien wurde nötig. Die Landvermessung ist
demnach historisch von eminenter politischer und moralischer
Bedeutung. Darüber hinaus steht sie in Konkurrenz zu magi-
schen und rituellen Praktiken, wie sie für die archaische Mar-
kierung von Territorien üblich waren. Zum Dritten hat die Feldmesskunst Beziehung zur Geometrie, die aus ihr hervorgegangen
sein soll; sie gilt Immanuel Kant (1724–1804) in der *Kritik der
reinen Vernunft* (1781) als eine noch der Empirie verhaftete
Vorgeometrie.»Landvermessung« eignet sich entsprechend als
Modell für den nicht fixierbaren Sprung von der Empirie in die
Idealität ebenso wie zur Veranschaulichung der Konfrontation
von weltlicher, praktischer Sphäre und abstraktem Gesetz. Eine
der tiefgreifendsten Folgen der Französischen Revolution
(1789–1799) war die Zerschneidung gewachsener geschichtli-
cher Landschaften durch das abstrakte Netz der *Departements*.
In Deutschland wurden während der Aufklärung Ende des 18.
Jh.s einfache Methoden der Landvermessung durch die sog.
»Hausväterliteratur« verbreitet. Der Landvermesser fungiert als
Vertreter geometrischer und juristischer Idealität »vor Ort«. Er

bietet sich deshalb der Literatur als exemplarische »Konfliktfigur« geradezu an. In Franz Kafkas (1883–1924) Romanfragment *Das Schloß* (1926), dessen Hauptfigur der Landvermesser K. ist, findet sich die Spannung von Gesetz und Lebenswelt auf die Spitze getrieben. Hauke Haien verschreibt sich der Abstraktion, die eine Umprägung der natürlichen und geschichtlichen Formationen nach Maßgabe mathematischen Kalküls nach sich zieht. Sein Schicksal entfaltet sich im Bann des daraus entstehenden Konflikts; Haien kann in gewissem Sinn als ein Vorläufer von K. gelten.

ritzen: Älteres Wort für »reißen«, d. h.: zeichnen mit der »Reißfeder«. Das »Reißen« bezieht sich auf ein Bildfeld, verwandt dem des griech. Verbs »graphein«, das sowohl »graben« als auch »schreiben« heißt. Der materiale Aspekt des Schreib- und Zeichenprozesses wird damit festgehalten. Auch dem exakten topographischen Zeichnen eignet durch diese Konnotation noch ein materiale Seite: Die abstrakten, geometrische Idealität beanspruchenden Linien der Messblätter bleiben »Eingrabungen«. Die für die Feldmesskunst typische Dialektik der Linie ist also semantisch festgehalten. Im Fall des *Schimmelreiters* entsteht eine subtile Korrespondenz zwischen dem konstruierenden »Reißen« Hauke Haiens und den Grabungsarbeiten der Dorfbewohner am Deich. Der Graben in der Erde und die gedankliche Linie bleiben vermittelt. {14.35}

prickeln: Stechen, sticheln, stochern; älteres, im 18. Jh. aus ndt. »Prickel«, d. h. »Stachel«, entstandenes Verb. Auch hier bleibt der sinnliche Aspekt des auf Abstraktion gerichteten Tuns erhalten. {15.1}

Der Junge saß [. . .] selber irrst Dich.: Vgl zu dieser Passage den folgenden, aus Claus Harms' Bericht über den Bauernmathematiker Hans Momsen (vgl. Erl. zu 14,26–27) stammenden Abschnitt: »Sein Vater, der etwas vom Landmessen verstand, zeichnete einmal die Figur eines gemessenen Stück Landes. Der Sohn sah zu und fragte den zeichnenden und berechnenden Vater einmal, warum dieß eben so und nicht anders wäre. Die Frage schien dem Vater nicht übel, er konnte sie aber nicht beantworten, die Theorie ging ihm ab.« {15.1–10}

Fibel oder Bibel: Das Wort »Fibel«, d. h.: Leselernbuch, ent- {15.2} stand aus der kindlichen Aussprache von »Bibel« im 15. Jh. Texte in der Fibel stammten oft aus der Bibel. Im 16. Jh., mit der Erfindung der beweglichen Lettern und durch die Reformation, wuchs die Zahl der Fibeln sprunghaft. Storms Formulierung weist auch auf die enge Beziehung zwischen der Erlernen der Schrift und der »Heiligen Schrift« hin.

15.12 **Euklid**: Griech. Mathematiker des 4./3. Jh.s v. Chr., Lehrer an der platonischen Akademie in Alexandria, Verfasser der *Elemente* (griech. *Stoicheia*), des bekanntesten Lehrbuchs der griech. Mathematik, das bis zur Entstehung der nichteuklidischen Geometrie im 19. Jh. verbindlich blieb.

Haukes Lernprozess – von der »Fibel oder Bibel« zum »Euklid« – vollzieht sich entlang zunehmender Abstraktion; in nuce entwickelt sich hier die Kluft zu seiner an Magie, Religion, Tradition gebundenen Umwelt. In Storms Quelle, dem *Gnomon* (vgl. Erl. zu 14,25–26), heißt es entsprechend: »Immer gewohnt etwas anderes zu treiben als der Küster wollte, verfiel er [Hans Momsen] auf die Figuren des Euklides.«

15.17–18 **ein holländischer Euklid**: Im *Gnomon* (vgl. Erl. zu 14,25–26) heißt es: »[D]ie Figuren des Euklides, dessen 15 Bücher von dem Holländer Claas Janß Vooghter [übersetzt] er auf dem Boden seines Vaters gefunden hatte.« Seit Ende des 17. Jh.s fanden niederl. Lehrbücher in Nordfriesland Verbreitung.

16.6 **Ernst oder Schimpf**: In dieser Verbindung hielt sich die alte Bedeutung von »Schimpf« als »Scherz«.

16.13 **ingleichen**: Ebenso, in gleicher Weise; aus »in gleichem« entstanden. Im 19. Jh. bereits altertümlich klingend.

16.16 **Martini**: Der Tag des hl. Martin von Tours (um 316–397), kath. Feiertag am 11. November, an dem das landwirtschaftliche Arbeitsjahr endete: Ende der Erntezeit und der Kelterung des Weins, auch Zeitpunkt für Abgaben an den Grundherrn, Zinslieferungen und den Wechsel der Dienstboten. Literarhistorisch ist Martini von Bedeutung, weil das Datum den Beginn der Arbeit bei künstlichem Licht, so in den Spinnstuben, markierte; es begann die Jahreszeit des Märchen- und Geschichtenerzählens, die Zeit also der »mündlichen Überlieferung«.

16.20 **Vesper**: Von lat. »vespera«, Abend; in der kirchlichen Tageseinteilung ursprünglich die vorletzte Stunde vor Sonnenuntergang, später die Mitte des Nachmittags zwischen drei und fünf Uhr; im profanen Bereich identisch mit dem zu dieser Zeit eingenommenen Imbiss.

die Wasser beißen heute in den Deich: Das Meer wird mehrfach 17.14–15
gemäß dem Bild eines wilden Tiers beschrieben; so 133,8–9: »eine Sündflut war's, um Tier und Menschen zu verschlingen«; und: »Mit weißen Kronen kamen sie [Berge von Wasser] daher, heulend, als sei in ihnen der Schrei alles furchtbaren Raubgetiers der Wildnis« (129,2–4). Der Zusammenhang von Fressen und Gefressenwerden beherrscht die Novelle; neben Meer und festem Land (vgl. 129,1–4) stehen Menschen und Tiere unter dem elementaren Gesetz des Fressens. Weil Hauke seinen Eisvogel der Katze als Fraß verweigert und sie tötet, bringt er die Trien' Jans um ihre Erwerbsgrundlage; die Ratten können unbehelligt in ihren Schuppen eindringen. Als Hauke mit seinem Vater beim Deichgrafen wegen der Anstellung vorspricht, steht die Platte mit dem Gerüst der Ente vor dem Deichgrafen; er beklopft es mit dem Messer, während er redet. Die Geste ist Hinweis, worauf es ankommt, und enthüllt noch den Gewaltakt, den die Erhaltung des Lebens verlangt. Der Tod des alten Deichgrafen kündigt sich dadurch an, dass ihm der Vogel nicht mehr schmeckt. Der Grabstein zeigt ein »Bild des Todes mit stark gezahnten Kiefern«: Wer aufgehört hat, selber zu »fressen«, fällt der Erde anheim, die ihrerseits die Toten »auffrisst«. Das Meer wiederum »frisst« die Erde des Deichs weg, in dem die Mäuse wühlen. Die zentrale Instanz des universellen Fress-Zusammenhangs ist der Tod: »Dat is de Dot, de Allens fritt« (vgl. 59,31).

›Ja, sagte Hauke [. . .] diesmal noch nicht.‹: Die Antwort des 17.19–21
Vaters wirkt vor dem Hintergrund von Hauke Haiens späterem Schicksal wie Prophetie. Typisch für Szenen dieser Art bei Storm ist die »Abwesenheit« des Sprechers.

das Wunderkind aus Lübeck: Storm fand die Geschichte von 17.29
Christian Heinrich Heineken oder Heiniken (1721–1725) in Biernatzkis *Volksbuch auf das Jahr 1845*; das Kleinkind wird darin als ein Universalgenie vorgestellt, das nicht nur polyglott, sondern auch in sämtlichen Naturwissenschaften bewandert gewesen sei; daneben 200 Gesangbuchlieder aufzusagen wusste.

Kautabak: Heute kaum noch gebräuchliches, zu Rollen und 17.34

Tafeln gepresstes, aromatisch-klebriges Tabakerzeugnis, das durch Kauen genossen wird. V. a. Bergleuten, Steinhauern und Holzfällern diente er zur Bindung des bei der Arbeit entstehenden Staubs, der mitsamt den Tabakrückständen ausgespuckt wurde.

17.35 **Schrot:** Mhdt. »schrot« = Hieb, Schnitt, Wunde: kurzes Ende, abgebissenes oder abgeschnittenes Stück (hier vom Kautabak).

18.15 **nordwärts nach dem Haf:** Als sich Storm Anfang Februar 1885 mit dem Vorhaben, einen »alten mächtigen Deichsagenstoff« zu bearbeiten, trägt, besteht die erste praktische Maßnahme darin, sich durch Getrud Eckermann, die Tochter des Bauinspektors von Heide, einen historischen Lageplan »der Landtheile von Nordstrand, Husum, Simonsberg« anfertigen zu lassen: »wie es eben vor der großen Fluth von ann. 1634 war [. . .], die Deiche, wenn solche angegeben sind[,] möglichst deutlich, sowie die Ortsnamen«. Topographische Vergewisserung steht am Anfang des *Schimmelreiter*-Projekts. Sie vollzieht sich synchron mit der »Festsetzung« des neuen Stoffs in Storms »Kopf«. Bei der Überarbeitung (H³) des *Rundschau*-Erstdrucks (E) für die Buchausgabe (B) hat Storm an sieben Stellen die Himmelsrichtungen korrigiert. Drei davon wurden wieder rückgängig gemacht, zum Teil noch während des Drucks, sodass sie nur noch in der beigefügten »Druckfehlerberichtigung« berücksichtigt werden konnten. Exemplarisch für die auffällige Unsicherheit bei der späteren topographischen Revision des Schauplatzes ist 18,15: In der Reinschrift (H²) ist »nach dem Haf« mit Zusatz »nordwärts« präzisiert, erscheint aber in E und B, also den Publikationen, mit in »westwärts« geändert; die B angehängte Errata-Liste macht ihn schließlich wieder rückgängig: »statt westwärts: nordwärts«. Gründe für die Unsicherheit sind: die sich über drei Jahre hinziehende Arbeit, Unterschiede zwischen historischem Deich-/Küstenverlauf und dem zu Storms Zeit; aber auch, dass die Eigendynamik des imaginativen Prozesses, die sich zunehmend auf das Exemplarische des Geschehens richtete, gegen die anfängliche Verortung im Konkreten arbeitete (vgl. 24,17; 28,24–33; 29,30–30,7; 42,26; 93,13).

18.16 **Allerheiligentag:** Festlicher Gedenktag aller Heiligen und Märtyrer der röm.-kath. Kirche am 1. November. Termin für Beginn und Ende des Dienstbotenjahrs (vgl. Erl. zu 16,16).

Äquinoktialstürme: Lat. aequinoctium: »Nachtgleiche«. Ge- 18.17
fürchtete, zur Zeit der Tagundnachtgleiche (Frühlingsanfang,
21.3./Herbstanfang, 23.9.) auftretende Stürme.

Kleierde: Nd., zu engl. »clay«: Ton. In den Marschen aus ab- 18.32
gelagertem Schlick entstandene, fette, tonhaltige Bodenart.

Profil der Deiche: Deich-Seitenansicht; Hauke Haien erkennt, 19.3
dass bei einem abgeflachten Profil der Substanzverlust des
Deichs durch die Wucht der Wellen geringer ist als bei einem
steilen. Historisch geht diese Einsicht auf Johann Claussen Roll-
wagen (1563/64–1623/24) zurück.

Seeteufel: Bis zu 2 m langer (Knochen-)Fisch von unförmiger 19.17
Gestalt, mit sehr großem Maul und Kopf, der einen Stachelstrahl
trägt. Die bizarre zoologische dient hier als Schemen der
phantastischen Physiognomie. Die »Seeteufel«, die sich hier –
vgl. die Gestik der jungen Frau! – noch an dem existierenden,
von ihr irgendwann gesehenen Tier orientiert, verselbstständi-
gen sich in der Phantasie der kleinen Wienke später zu im Grunde namenlosen Schreckensgestalten (vgl. 114,19–20). Diese
doppelte Darstellung des Unbegreiflichen und Spukhaften ist typisch für den *Schimmelreiter*: Zum einen »Weibergeschwätz«,
zum anderen wird dem kindlichen, d. h. auch magisch bestimmten Erleben Rechnung getragen, das keiner Rationalisierung zu-
gänglich ist, wie dies am dramatischsten bei Haiens Tochter der
Fall ist.

in See: In der See; bei den Küstenbewohnern und Seeleuten üb- 19.24
liches Weglassen des Artikels wie z. B. auch bei »in See stechen«.

Er sah nicht um: Noch aus dem 16. Jh. stammender intransi- 20.35–21.1
tiver Gebrauch des Verbs »umsehen«; im 19. Jh. im Verschwinden.

Angorakater: Nach dem ursprünglichen Zuchtort Ankara 22.5–6
(griech. »Angora«) benannte Katzenart.

Kate: Hütte, Kleinbauern-/Tagelöhnerbehausung ohne zuge- 22.9
höriges Feld.

Strandläufer: Gattung kleiner, kurzbeiniger Schnepfenvögel; 22.23
sie suchen trippelnd, pickend am Strand Nahrung. Die vielen
verschiedenen Vögel, die Storm nennt, gehören überwiegend
zum Motiv Fressen-und-Gefressenwerden, das den gesamten
Text substruiert (vgl. Erl. zu 17,14–15).

23.4 **Eisvogel**: Gehört zur Gattung Klettervögel; nährt sich von Was-
serinsekten und kleinen Fischen. Der Eisvogel besticht Haien,
weil er »wie mit bunter Seide und Metall gefiedert« ist; deshalb
soll er nicht zum Fraß werden. Das Motiv des »Fressens« und
das der trügerischen Schönheit, das sich in Oberflächenreflexen
des Schillerns, Glänzens, Leuchtens etc. manifestiert, korrespondieren und konfligieren in der gesamten Erzählung (vgl. Erl.
zu 17,14–15; 22,23; 43,6–8). Dass Storm dabei die Ambivalenz
der Erscheinung im Bild des gefiederten Tiers erfasst, hat Tradition: In Platons *Phaidros* wird die Seele mit dem Gefieder
gleichgesetzt. In der Pracht des Gefieders erhält die Seele Leben,
andererseits ist das bunte Gefieder Inbild des Augentrugs (vgl.
Erl. zu 78,4). Mit dem dt. Wort »Federvieh« kann die Spannung
zwischen »Lebendigkeit« und »Fraß« angezeigt werden (vgl.
38,16).

23.7 **kein Katerfressen**: Haien verweigert die schon rituelle Fütterung. Die Szene nimmt seine spätere Weigerung vorweg, den
Hund im Deich zu begraben, d. h. vom Deich »fressen« zu lassen, um mit diesem Opfer zu vermeiden, dass das Meer den
Deich »frisst«. Schon hier lässt sich Haien durch einen Ober-
flächenreflex zur Inkonsequenz verleiten; die unterwühlte Stelle
im Deich wird er später der »günstig« stehenden Sonne wegen
als harmlos ansehen (vgl. 17,14–15; 100,21–103,5; 119,19–
120,6).

23.19 **würgte**: Haien tötet die Katze; später weigert er sich, den Hund
töten zu lassen. Als unbewusstes Motiv der Weigerung ist dabei
die Tötung der Katze wirksam (vgl. 100,21–103,5), aber sie
kann dadurch nicht gesühnt werden.

24.16 **dem seines Vaters und auch den übrigen vorbei**: Im 19. Jh. wurde das Verb »vorbeigehen« manchmal noch mit Dativ und ohne
Präposition gebraucht.

24.17 **nach Süden**: Zunächst in allen Textschichten »nach Osten«. In
B ist unter »Druckfehler-Berichtigung« vermerkt: »statt nach
Osten: nach Süden«. In H³, dem Revisionsbogen für B, ist diese
Korrektur wieder rückgängig gemacht – deutliches Indiz für die
unter 18,15 erläuterte topographische Unsicherheit Storms.

24.22 **als wär's ein Kind**: Eine der »Knotenstellen« in dem von zahl-
reichen Motiven subtil organisierten Text: Vorwegnahme der

Szene, in der Haien die ins Tuch gehüllte Wienke im Arm hält (vgl. 109,13–14; 110,18), und der Szene, in der er sich vor seinem letzten Ritt in den Mantel wickelt und noch ein Halstuch von Elke umgelegt erhält (vgl. 126,15–16; auch 108,16–17). Die »Gefährlichkeit« von Tüchern und Schürzen wird zu einem obsessiven Motiv bei Kafka (zum Gegensatz vgl. 50,3–4).

Entlang den Spuren solcher motivischer Determinationen entwickelt sich im Text ein Netz von Bedeutungen, das in immer neuen Facetten die Fortdauer der initialen Gewalttat Haiens vorführt; dass dieses Netz zugleich den ästhetischen Reiz des Texts mitbedingt, macht Storms Kompositionstechnik brisant.

Funkeln: Zum ersten Mal erscheint hier im Text das Motiv des gegen den Betrachter gewendeten Lichtreflexes im Zusammenhang mit dem Tod. »Funkeln« etc. kann von Lebendigkeit zeugen wie auch aggressiven Charakter haben; darin teilt es die im Text durchgängig zu beobachtende Ambivalenz der durch Licht hervorgerufenen Oberflächenreflexe (vgl. 23,4; 25,21–22; 26,2; 43,6–8; 68,12–25; 119,22–35; 132,19; 134,30–32). 24.35

Lebigs: Lebendiges. Im 19. Jh. ungebräuchlich in Norddt., nur in Süddt. u. der Schweiz gängig. Storm leitet es von ndt. »lewig« ab (K. E. Laage 1988, S. 1100). Die markante dialektale Abweichung des Worts hebt es neben der Häufigkeit, mit der es im Text erscheint, zusätzlich hervor. Es handelt sich um *das* Schlüsselwort der Novelle. Es steht im Zentrum der Motiv-Ketten des »Fressens-und-Gefressenwerdens« (vgl. Erl. zu 17,14–15; 30,10–29; 114,25–29; 114,31–32) sowie der Leben und Tod verheißenden Lichtreflexe (vgl. Erl. zu 24,35). Die »Totenklage« der Trien' Jans korrespondiert direkt dem Streit Haiens, den er wegen des Hunds mit den Arbeitern ausficht, die »was Lebiges« im Deich begraben wollen (70,26; 101,24; vgl. auch 23,7 u. 19). 25.21–22

Krontaler von Christian dem Vierten: Silber-, bisweilen auch Goldmünze, mit einer Krone beprägt. Christian IV.: dän. König (1588–1648). 26.7–8

Racker: Schinder, Abdecker, der vor der Stadt wohnte, weil er ein »unehrliches« = unreinliches, hygienisch und moralisch ausgegrenztes Gewerbe betrieb. 26.13

auf meinem ehrlichen Tisch: Der tote Kater auf dem Tisch 26.14

macht diesen »unehrlich«, weil ihn Totes, das auf den Schindanger gehört, berührt hat. Das Tabu, das die Sphären von Reinem und Unreinem, Tod und Leben trennt, wird dadurch verletzt. Hier wird auf eine hygienisch-magische Praxis verwiesen, die den sozialgeschichtlichen Kommentar zum Thema der Ununterscheidbarkeit (hier als »Vermischung«) von Leben und Tod liefert, wie es den ganzen Text bestimmt (vgl. Erl. zu 25,21–22).

27.17 **Saatgans:** Vmtl. ist damit eine Mastgans gemeint. Sie ist »dumm«, weil fett. Der Deichgraf wird damit dem Motiv des Fressens und Gefressenwerdens zugeordnet. Er besticht den Schulmeister mit Gansbraten (27,22), während er selbst Ente schätzt; sein Tod kündigt sich dadurch an, dass ihm der Vogel nicht mehr schmeckt. Selbst eine »Saatgans«, wird er vom Tod »gefressen« (17,14–15).

28.24–33 **Das langgestreckte Haus [. . .] alten Zeiten rauschte.:** Der Absatz wurde nachträglich eingefügt und gehört zu den »topographischen« Korrekturen (vgl. Erl. zu 18,15). Hier baute Storm ein magisch-mythologisches Topologem ein: Die Esche ist als Weltenbaum Yggdrasil ein wichtiges Element der germ. Mythologie. Sie verbindet das Luft- mit dem Erdreich und ist integrales Mal des Deichgrafengeschlechts. Luft und Erde stehen sich in Form von Sturm und Deich feindlich gegenüber, das Knarren und Rauschen der Esche kündet ebenso von möglicher Harmonie wie von Zwist zwischen Erde und Luft. Entscheidende Situationen des Geschehens spielen sich bei der Esche ab (vgl. 51,23; 52,21–24; 79,3; 126,21–22). Der Baum verbürgt die Zeit übergreifende elementare Kontinuität, artikuliert aber auch die ständige Bedrohung.

29.30–30.7 **Am anderen Tag [. . .] die Wand gelassen:** Absatz nachträglich eingefügt; topographische Korrektur wie in den Erl. zu 18,15 beschrieben, hier auf das Interieur bezogen. Storm unterzog von den Himmelsrichtungen bis zur Position der Möbel den gesamten Schauplatz einer Revision.

30.8 **schlagflüssige:** Zum »Schlagfluss«, d.h.: zur plötzlichen Lähmung durch eine Gehirnblutung oder einen Gefäßverschluss, neigend.

30.10–29 **Er hatte seine Hände [. . .] aus der Hand!:** Stichworte sind »Gerippe« und »Leibvogel« (= Lieblingstier unter kulinarischem

Aspekt); der Deichgraf »identifiziert« sich in gewisser Weise selbst mit dem Braten, dessen Gerippe er vor sich hat, und nimmt damit seinen eigenen künftigen Zustand vorweg, wenn der Tod ihn »gefressen« haben wird. Die Szene korrespondiert der Beobachtung des Gespensterpferds auf Jeverssand: »von hier aus geht's wie lebig, und drüben liegen nur die Knochen« (vgl. 78,20–21; auch 25,21–22.

Mopsbraten: Abfällige Bezeichnung für einen verfressenen, 30.32–33 dummen Menschen; aus dem Mund des korpulenten Schlemmers kommend beweist sie dessen Verblendung.

Fensterrähmen: Neben maskuliner, »Fensterrahmen«, auch fe- 31.5 minine Form: »Fensterrähme«; hier Plural.

rotem Vogelmuster genommen [. . .] Störche bedeuten sol- 34.5–7 **len**: Neben der Esche vor dem Haus des Deichgrafen (vgl. 28,26) sind die Vögel Vermittler zwischen Erd- und Luftreich: Sie bewegen sich am Himmel und im Wind, und sie picken in der Erde, um ihre Nahrung zu gewinnen. Storm bedient sich einer ganzen »Ornithologie«, um den Raum über und auf der Küste im Sinne der Logik des »Lebigen« (vgl. Erl. zu 25,21–22) zu bevölkern. Gab es im Mittelalter eine Beizvogelhierarchie, die mittels bestimmter Vogelarten den gesellschaftlichen Status genau bezeichnete, so differenziert Storm den Kosmos kreatürlicher Abhängigkeit mit Hilfe der in unterschiedlichem Grad an die Erde »gebundenen« Vogelarten. Die Menge der Vögel bezeichnet das Ganze des letztlich dem Fresszusammenhang unterworfenen Lebens (vgl. 46,33–34; 83,17–18; 92,23–27; 103,8–10; 111,7–11; 114,25–29; 114,31–32; 120,27–121,17). Wenn Vögel zu Motiven von Elkes Strickkunst werden, ist dies ein besonders markantes Beispiel für Storms artistische Kompositionsweise: Denn die Handarbeit der Frauen verweist im Text explizit (vgl. 73,13–14) und apokryph auf das mündliche Erzählen, das in den Spinnstuben die orale Tradition der Literatur sicherte und in dieser Funktion besondere Bedeutung für Storms Poetologie besitzt. Handwerk und Mundwerk standen in einem Verhältnis gegenseitiger (beispielsweise durch die Halbmechanik des Spinnrads erzeugten) Rhythmisierung und Gliederung, worauf auch die Herkunft des Worts »Text« von »Textur«, »Stoff« etc. hinweist. Storm legt hier sein eigenes Kompositionsprinzip der »Verwebung« von Motiven offen und stellt es in die weibliche Tradition des mündlichen Erzählens. Indem er es ins Bild bringt, überschreitet er es jedoch. Dadurch wird diese Stelle zu einem Beleg für den »Schwellen«-Charakter des *Schimmelreiters*, der zwischen Novelle (= orale Tradition) und Roman (= Schriftkultur) eingeordnet worden ist. Die Passage ist Storms persönlicher Abgesang auf die Erzählkultur, an die sein eigenes dichterisches Vermögen gebunden war (vgl. 73,13–14).

34.23–35.5 **Als sie aber [...] einen anderen bauen.**: Das »Vogelstricken« hat Elke von der Trien' Jans gelernt. Im Kontext von Storms Kombination der Erzählkultur mit dem von den Vogelarten angezeigten kreatürlichen Kosmos als Inbild der Totalität des Zu-Erzählenden (vgl. Erl. zu 34,5–7) rückt die alte Frau an die prominente Stelle der eigentlichen Gegenspielerin Hauke Haiens: Sie personifiziert die (weibliche) naturmagische Sphäre, gegen die sich Haien mit Rationalität und Berechnung wendet. Konsequent macht Storm die Trien' Jans zum Zentrum der verschiedenen motivlichen »Knoten«, in deren Netz sich das Schicksal Haiens verfängt. Da es sich hier unterschwellig auch um einen poetologischen Kommentar handelt, kann ermessen werden, welche »Mächte« Storm (unbewusst) mit einer romanhaften (= kalkulierten, rationalen) Behandlung des Stoffs heraufzubeschwören bzw. welche Kräfte er zu verlieren fürchtete.

35.29 **Frühlingsschau**: Die zur Frühlingszeit durchgeführte Besichtigung und Kontrolle der Deichanlagen. Besonders wichtig, weil durch die Winterstürme der Deich Schaden genommen haben konnte, der beurteilt und in der Sommerzeit behoben werden musste.

35.31 **Stieglitzer**: Ndt. Plural zu Stieglitz, auch Distelfink genannt; ernährt sich hauptsächlich von Distelsamen. Sie bezeichnen hier die durch mangelnde Pflege des Bewuchses entstehende Gefahr für den Deich; wobei ihr »lustiges Spiel« auf den trügerischen Charakter des Schönen, Oberflächlichen hinweist, das andererseits Substanz des »Lebigen« ist (vgl. Erl. zu 25,21–22; 23,4).

37.28–29 **Oberdeichgraf**: Musste ein Bewerber für das Amt des Deichgrafen genügend Land besitzen (vgl. 37,23–24), so war der Oberdeichgraf studiert und verbeamtet. Er vertrat die Landesverwaltung gegenüber der regionalen Selbstverwaltung.

Federvieh: Wo immer sich die Möglichkeit ergibt, spielt Storm 38.16
mittels des »Federviehs« entweder wie hier auf die reproduktive
Sphäre oder aber auf die der Freiheit/des Lebens an (vgl. 30,10–
29; 34,5–7; 38,16; 44,10).

›Eisboseln‹: Wettkampf mittels einer mit Bleikern versehenen 39.19
Holzkugel, die von zwei rivalisierenden Mannschaften abwech-
selnd entlang einer »Wurfbahn« geschleudert wird. Dabei ist es
wichtig, in den einzelnen Etappen möglichst weit, aber im finalen Abschnitt nicht über das Ziel (hier eine Tonne) hinaus zu
»bos(s)eln«.

Kretler: Vertreter der gegnerischen Mannschaften, die sich Re- 39.31
dekämpfe liefern und den Vorteil durch verbale Gewitztheit suchen.

zu Osten: Storm änderte mehrfach: In der Reinschrift ist »west- 42.26
wärts« in »nordwärts« verbessert. Im Erstdruck und der Buchausgabe steht noch »zu Norden«, in der »Druckfehlerberichtigung« erst »zu Osten«. Vgl. zu Storms Unsicherheit bei der topographischen Revision die Erl. zu 18,15.

funkelte durch [. . .] Schein der Nachmittagssonne: Eine beson- 43.6–8
ders signifikante Stelle der motivlichen Variation von Licht-
phänomenen (vgl. 23,4; 24,35; 68,12–25): Das »Funkeln« als
Signal der Lebendigkeit (nicht ohne aggressive Konnotation:
»die scharfen Schilfspitzen«!) und der an den Tod gemahnende
Aspekt des »bleichen Scheins« sind unauflöslich verbunden (vgl.
auch 78,20–21).

Gallimathias: Verballhornung einer lat.-frz. Bezeichnung für 44.10
ma. Disputanten, der seine Doktorthese zu vertreten hat; im Sinne von: »wirres Zeug«. Sogar in solchen Details folgt Storm dem
»Federvieh«-Motiv (vgl. Erl. zu 38,16), denn »Gallus« heißt
Hahn: Der Disputant/Kretler gockelt, er schmückt sich mit »fal-
schen Federn«.

Erzengel Michael: Als einer der wichtigsten Engel besiegte er 45.7
den Teufel (Offb 12,77 ff.); Prototyp des wehrhaften himmli-
schen Wesens. Ikonographische Attribute sind Schwert, Brust-
panzer und Flügel.

›Der Vogel ist dir wohl zu groß‹: Ole Peters' Spott bezieht sich 46.10
auf das Motivfeld der durch Vogelarten angezeigten Hierarchie
der Möglichkeiten und Strebungen (vgl. Erl. zu 34,5–7): Haiens
Ambition und Ziel werden als ihm unerreichbar hingestellt.

46.32–34 **plötzlich, schon weit [. . .] vom Deich herüberkam**: Die Silbermöwe markiert in der Motivik einer vertikal angelegten Hierarchie zunehmender Freiheit von der durch Nahrungsaufnahme
(Fressen) bedingten Bindung an den Boden den höchsten Punkt.
Für einen Augenblick hat Haien mittels seiner Kugel daran teil:
Fliegende Kugel und Silbermöwe verschmelzen scheinbar. Von
diesem Moment an bereits vollzieht sich eine »schleichende«
Zurücknahme der Sphäre der Freiheit, die schließlich im Sturz in
den Abgrund des gebrochenen Deichs ihren negativen Höhepunkt erreichen wird (vgl. 83,16–18; 92,23–27; 112,7–11;
114,33–35).

49.3 **Altenteil**: Bezeichnung für die Güter (Unterkunft, Verpflegung,
andere Leistungen), auf die der den Hof übergebende Bauer für
den Rest seines Lebens Anspruch hat.

50.2 **ein leichter Ostwind**: Gefürchtet wird der Wind aus Nordwest,
weil er die Wetter und die Sturmflut bringt. Der Ostwind bezeichnet hier den der Situation entsprechenden Gegensatz zum
aus NW kommenden Unheil.

50.3–4 **ohne viel Tücher und Umhang**: Im motivischen Kontext ein
Zeichen des Glücks, denn in Tücher *gehüllt* zu sein signalisiert
Unheil (vgl. 24,20–22; 109,13–14; 110,18, 126,15–16).

52.21–24 **Ein Windstoß fuhr [. . .] des Hauses waren**: Rauschen der Blät-
ter und Klappern der Läden sind Anzeichen der Bedrohung, die
in der Sturmflutnacht Wirklichkeit wird (vgl. 125,12–22; auch
Erl. zu 28,24–33.)

53.21–22 **die Krankheit unserer Marschen**: Storm starb an Magenkrebs.
Man hat in dem Hinweis ein Indiz dafür gesehen, dass der Autor
sich seiner Krankheit bei der Niederschrift des *Schimmelreiters*
bewusst war, obwohl er sich durch eine Scheindiagnose hatte
»illusionieren« lassen (Thomas Mann). Für einen Zusammenhang zwischen Marschen und Krebs gibt es keinerlei medizinischen Beleg (W. Freund).

55.3 **Herbstschau**: Besichtigung des Deiches zwecks Begutachtung
der im Sommer geleisteten Reparaturarbeiten (vgl. Erl. zu
35,29).

55.20 **Der Erzähler**: Storm hat die Passage der Rahmenerzählung erst
später eingefügt. Die nachträgliche Strukturierung weist darauf
hin, dass die Binnenerzählung dazu tendierte, sich zu verselbst-
ständigen.

selbst seine Enten: Ente bezeichnete der Deichgraf als seinen 59.22–23
»Leibvogel«; nun naht der Zeitpunkt der Entleibung (vgl. Erl. zu
30,10–29).

Traueresche: Anspielung auf die Esche vor dem Haus des 59.28
Deichgrafen, die das Symbol der Kontinuität des Geschlechts ist
(vgl. 28,24–33).

Dat is de Dot [. . .] em selik Uperstån.: Das ist der Tod, der alles 59.31–34
frisst,/Nimmt Kunst und Wissenschaft dir mit;/Der kluge Mann
ist nun vergangen,/Gott gebe ihm ein scliges Auferstehen (vgl.
auch Erl. zu 17,14–15).

der Spiegel [. . .] in der Stube: Dem Volksglauben galt der Spie- 61.9–12
gel als gefährlicher magischer Gegenstand. Das Blenden des
Spiegels im Haus eines Verstorbenen war Brauch in vielen Teilen
Deutschlands. Man glaubte, die Seele des Toten würde durch ihn
ins Haus gebannt oder es wäre todbringend, in einem Totenzim-
mer in den Spiegel zu sehen. Wahrnehmungsgeschichtlich kann
die Erfindung des Spiegels im 18. Jh. den Effekten zugeordnet
werden, die im 19. Jh. die Photographie zeitigte: Die Konfrontation mit der eigenen Körperlichkeit hatte Schockcharak-
ter. Honoré de Balzac (1799–1850) glaubte z. B., jede Aufnahme
bedeute einen schichtenweisen Substanzverlust. Ähnlich konnte
die Entauratisierung der körperlichen Erscheinung durch das
Spiegelbild als traumatisch empfunden und in die Nähe der To-
deserfahrung gerückt werden. Im Werk Ernst Jüngers (1895–
1998) ist der bedrohliche Charakter des Spiegels durchgängig
nachzuweisen. Bei Storm rückt das Blenden des Spiegels mit Tüchern zum einen in den motivischen Zusammenhang der unheil-
trächtigen Verhüllung (vgl. 24,20–22; 50,3–4; 126,15–16), zum
anderen in den der »Lebigs« (vgl. Erl. zu 25,21–22) anzeigenden
Lichtphänomene, die gegen die Gebote der Trauer verstoßen
würden: »es blinkte nichts mehr in der Stube« (vgl. Erl. zu 24,35;
43,6–8).

Beilegerofen: An die Wand montierter Ofen, der von oben 61.11
durch einen Schacht geheizt wird.

Ringreiten: Geschicklichkeitswettbewerb zu Pferde, bei dem 61.22
mit einem Speer an Seile aufgehängte Ringe durchstochen werden müssen; meist im Rahmen eines Volksfests zu Pfingsten ver-
anstaltet.

64.25 **ehelichen Güterrechten**: Bis zur einheitlichen Regelung durch das Bürgerliche Gesetzbuch (1900) wiesen die bei einer Eheschließung geltenden Regelungen der Eigentumsverhältnisse große regionale Unterschiede auf.

66.9 **Deichlasten**: Der durch den Unterhalt des Deichs anfallende Aufwand an Geld und Arbeitseinsatz, der von den Einzelnen zu leisten war.

67.9 **so daß er sich im Spiegel sehen mußte**: Ein Todesomen, denn der Spiegel ist genau der, welcher beim Begräbnis des alten Deichgrafen verhängt worden war (vgl. 61,9–12).

67.27 **südwärts**: In der Reinschrift ursprünglich »ostwärts« (vgl. Erl. zu 18,11).

68.12–25 **und die goldene [. . .] Kopf vorhanden war.**: Das »glitzernde« Licht-»Spiel« der Sonne im Bereich des künftigen Deichs markiert diesen als gefährliche Zone (vgl. Erl. zu 24,35; 25,21–22; 43,6–8; 78,20–21).

69.35 **Anwachs**: Sowohl das Anwachsen von Pflanzen als auch der »Zuwachs« an Land durch Anschwemmung.

70.24–31 **›Als ich Kind [. . .] ihr Kind verkaufen!‹**: Storm fand die Geschichte in Karl Müllenhoffs Sammlung von *Märchen, Sagen und Lieder[n] der Herzogthümer Schleswig, Holstein und Lauenburg*, an der er zu Anfang der vierziger Jahre selbst mitgearbeitet hatte und die 1845 in Kiel erschienen war, unter Nr. CCCXXXI, auf S. 242:
»*Das vergrabene Kind*. Bei *Heiligensteden* war am Stördeich [Stör = Nebenfluss der unteren Elbe in Holstein] ein großes Loch, das man auf keine Weise ausfüllen konnte, soviel Erde und Steine man auch hineinwarf. Weil aber der ganze Deich sonst weggerissen und viel Land überschwemmt wäre, muste [!] das Loch doch auf jeden Fall ausgefüllt werden. Da fragte man in der Noth eine alte kluge Frau: die sagte, es gäbe keinen andern Rath als ein lebendiges Kind da zu vergraben, es müste [!] aber freiwillig hinein gehn. Da war da nun eine Zigeunermutter, der man tausend Thaler für ihr Kind bot und die es dafür austhat. Nun legte man ein Weißbrot auf das eine Ende eines Brettes und schob dieses so über das Loch, daß es bis in die Mitte reichte. Da nun das Kind hungrig darauf entlang lief und nach dem Brot griff, schlug das Brett über und das Kind sank unter. Doch tauchte es

noch ein paar Mal wieder auf und rief beim ersten Mal: ›Ist
nichts so weich als Mutters Schooß?‹ und beim zweiten Male:
›Ist nichts so süß als Mutters Lieb?‹ und zuletzt: ›Ist nichts so fest
als Mutters Treu?‹ Da aber waren die Leute herbeigeeilt und
schütteten viel Erde auf, daß das Loch bald voll ward und die
Gefahr für immer abgewandt ist. Doch sieht man bis auf den
heutigen Tag noch eine Vertiefung, die immer mit Seegras be-
wachsen ist.«

leuchtenden Blitz: Ambivalenz des Lichtphänomens, das Angst   72.6
und Freude zugleich bedeutet (vgl. Erl. zu 23,4; 24,35; 25,21–
22).

um Allerheiligen die Spinnräder an zu schnurren fangen: Li-   73.13–14
terarhistorisch und Storms Poetologie betreffend wichtige Be-
merkung: Die Spinnstuben-Erzählung ist das Urbild der oralen
Tadition von Literatur; Storms Dichtung ist ihr zutiefst verpflichtet. Dass sie in den Zusammenhang von spukseligem Geschwätz gerückt wird, markiert unterschwellig die Proble-
matisierung des »novellistischen« Erzählens (vgl. Erl. zu
34,5–7).

Kiewiet: Kiebitz; besitzt ein dunkelgrünes, bronzen *schillerndes*   78.4
Gefieder. Auch hier ist wieder zu beobachten, wie konsequent
Storm seine Motive einsetzt: Der (bunte) Vogel als Inbild des
Trugs und des Lebens zugleich verbirgt sich hinter dem Geripps
(vgl. Erl. zu 23,4).

von hier aus [. . .] nur die Knochen: Obwohl der Satz innerhalb   78.20–21
der vom Erzähler ausdrücklich abgewerteten Spuk-Passage
steht, gehört er zu den zentralen Sentenzen der gesamten Erzählung. Das durchgängig zu findende Motiv des Augentrugs, der
schließlich auch die Katastrophe herbeiführt, wird hier prägnant
formuliert. Die Zone »zwischen der Erscheinung und den Knochen«, der Übergang vom Toten zum Numinosen, ist nicht zu
fassen. Die Territorien der Erzählung, in deren Bereich die Entscheidungen fallen (Eisfläche beim Boseln, vgl. 43,6–8; Region
des zu errichtenden Deiches, vgl. 68,12–25), zeigen jenes trügerischen *Zwielicht*, das der »Mondduft« über der Hallig kol-
portiert.

Wallach: Kastrierter Hengst. So genannt nach der rumänischen   79.6
Wallachei, einer Region, deren Pferdezucht in hohem Ansehen
stand.

79.32–33 **während der Abendschein [. . .] den Wänden spielte**: Das Licht-
spiel der Dämmerung korrespondiert dem farblich changieren-
den Fell des Pferds, von dem gleich erzählt werden wird (vgl.
82,6).

82.2 **Priesterhandel**: Günstiger, aber auch ungünstiger Handel; bezieht sich auf die den Priestern zugestandenen günstigen Kauf-
bedingungen, aber auch auf ihre Weltfremdheit.

82.6 **blau geapfeltes Fell**: Gescheckt, mit apfelgroßen Flecken be-
decktes bläulich-graues Fell. Die schillernde, irisierende Wir-
kung des Gefieders der Vögel (vgl. 23,4; 78,4) erscheint hier im
Fell des (Gespenster-)Schimmels wieder.

83.16–18 **Schrei einer Lerche [. . .] einer Wasserratte endete**: Die zur Beute
werdende Lerche ist das Zeichen für eine allmähliche Einschränkung der von den Vogelarten, v. a. ihrem Flug und Gesang, angezeigten Freiheits-Sphäre des Himmels auf die Sphäre repro-
duktiver Notdurft am Boden (vgl. 92,23–27; 112,7–10).

85.17–18 **›so rasch wird [. . .] vom Zaun gebrochen!‹**: »Hier im Sinn von:
so schnell wird mit der eigentlichen Arbeit am Deich nicht begonnen« (K. E. Laage 1988, S. 1113).

85.21–22 **so breit [. . .] nicht lang war**: Wahrscheinlich aus Hamburg
stammende Redensart: Um 1600 soll ein gewisser Laurentius
Damm einen Sohn gehabt haben, der zur Zeit seiner Konfirma-
tion etwa 2,80 m groß gewesen sein soll.

87.23 **Sturzkarren mit Gabeldeichsel**: Einachsiger Karren zum Erd-
transport, der nach dem Ausspannen gekippt – »umgestürzt« –
wurde, um seine Ladung zu plazieren. Die Gabeldeichsel stellt
das verbindende Gespannstück zwischen Zugpferd und Karren
dar.

91.13 **Grassoden**: Einzelne, mit dem Spaten ausgehobene Rasenstü-
cke, mit denen der Deich belegt wurde, um seine Oberfläche
durch den Bewuchs zu verdichten.

92.23–27 **den Möwen [. . .] die bettelnden Vögel**: Die Einschränkung der
Sphäre der Freiheit wird motivisch konsequent fortgesetzt: Die
Möwen kommen des Fressens wegen fast auf den Boden (vgl.
83,16–18; 112,7–10).

93.13 **wo westwärts**: In der Reinschrift ursprünglich »wo südwärts«,
dort nachträglich geändert. Die Probleme, die Storm bei der
»topographischen Revision« entstanden, korrespondieren der

motivischen Spannung zwischen der Sphäre des Himmels und der Erde (vgl. Erl. zu 18,15).

Kindbettfieber: Früher häufig auftretendes Wundfieber bei Wöchnerinnen. 1865 starb Storms erste Frau Constanze Esmarch (1825–1865) daran.   93.29–30

Warmkorb: Korb mit Wasserbecken darin, der die Funktion der späteren Wärmflasche hatte.   94.31

Konventikel: Heimliche Zusammenkünfte häretischer religiöser Gruppierungen.   95.1–2

Strahlenmeer: *Der Schimmelreiter* endet mit dem Bild des schwarz aufgewühlten Meers, über welches das Licht des Kirchturms als Funken zittert; die Vernichtung von Leben und Liebe wird sich im Rückblick in der Beschreibung der dem Tod Entronnenen bereits angelegt finden (vgl. 134,30–32).   96.5

Kajedeich: Behelfsdeich, der zum Schutz vor einem beschädigten oder bis zum Winterbeginn nicht mehr auszubessernden Deich errichtet wird.   97.12

der alte Eschenbaum [. . .] ließ es schaukeln: Der Baum wird zur Wiege, nachdem schon im Zusammenhang mit dem Grabstein des Großvaters auf ihn angespielt wurde (vgl. 28,24–33; 59,28).   98.17–18

Schluß: Deichschluss. Beim Schließen der letzten Lücke im neuen Deich erhöht sich der Wasserdruck der gegen den Bau gerichteten Strömung auf ein Maximum; dadurch können Stücke des Deichs wieder weggerissen werden.   99.19

Avosetten über Land [. . .] Geknorr der Rottgänse: Avosetten sind Sumpfvögel aus der Familie der Regenpfeifer, auch Säbelschnäbler genannt. Zum Zeitpunkt der Fertigstellung des Deichs herrscht noch einmal Ausgleich zwischen der Sphäre des Himmels (»schwebende« Avosetten) und der Erde (»knorrende« Rottgänse): das retardierende Moment. Vgl. Erl. zu 34,5–7.   103.8–10

Frakturschrift: »Deutsche« oder »gotische« Schrift mit fragmentiertem (= gebrochenem) Linienzug.   104.12

idealen Anteile in wirkliche zu verwandeln: Anteile am neu eingedeichten Koog werden zunächst als nur »ideale« verteilt und verkauft, da der zu erhoffende Ertrag noch nicht genau eingeschätzt werden kann. Wenn die Ertragsqualität des Koogs nach Jahren feststeht, werden die Parzellen »wirklich« verteilt.   105.9

Zuckerkistenholz: Dauerhaftes, für die Herstellung anderer   106.11

Gegenstände verwendetes Holz von Import-Kisten für Rohrzu-
cker.

108.16–17 **wickelte ihn**: Wienke macht es mit »Claus« wie die Trien' Jans
mit dem erschlagenen Angorakater. Die fürsorgliche Geste erhält im Kontext des negativ konnotierten Motivs »Einwickeln«,
»Verhüllen« Bedrohlichkeit (vgl. 24,20–22).

112.7–11 **die Zugvögel waren [. . .] einige kreischend davonfliegen**: Die
Einschränkung der von den einzelnen Vogelarten, ihrem Flug
und Gesang, angezeigten vertikalen Hierarchie zwischen der der
Not gehorchenden Gebundenheit an die Erde und der Freiheit
am Himmel ist fast total: Die Lerchen sind nur noch beim Fressen zu hören. Der Himmel ist frei für die Macht des Unheils (vgl.
83,16–18; 92,23–27; 114,33–35).

113.27–29 **Sie wollte es [. . .] sagte die Alte**: Die Gleichsetzung von »Mären«-Hören und »Erlebnis« stellt einen impliziten Kommentar
zu Selbstverständnis und Psychologie der oralen Erzählkultur
dar (vgl. Erl. zu 34,5–7; 73,13–14).

114.25–29 **›Sieh nur wieder [. . .] rauchenden Spalten kommen.‹**: Haien er-
klärt das von seinem Kind als gespenstisch wahrgenommene
Treiben zur »harmlosen« »Fressszene«. Dass eben darin der
Schrecken besteht, beweist die Reaktion des Mädchens wenig
später.

114.31–32 **das Alles ist lebig [. . .] Gott ist überall!**: Das »Lebige« ein-
schließlich des Menschen wird hier explizit auf den Fresszusammenhang reduziert. Dem religionsfernen Haien bleibt als Kom-
pensation fehlender Transzendenz, deren Auswirkung auf das
Erleben seines Kindes er nicht erträgt, nur der allgemeine und
hilflose Verweis auf »Gott« (vgl. Erl. zu 25,21–22).

114.33–35 **ihre Augen fest [. . .] in einen Abgrund.**: Der Prozess der Reduktion des weiten, Freiheit anzeigenden Raums erreicht im Blick
des »beschränkten« Kindes endgültig den Boden; der »Abgrund«, den es zu sehen scheint, nimmt den Abgrund vorweg, in
dem es untergehen wird. Der hohe Himmel hat sich in den »Abgrund« verkehrt, dessen Richtung nun das weitere Geschehen
folgt (vgl. 83,16–18; 92,23–27; 112,7–11; 116,6).

115.32 **Süd-Ostecke**: In den Revisionsbogen zunächst in »Süd-West-
ecke« verändert, dann wieder rückgängig gemacht (vgl. Erl. zu
18,15).

Nord-Ostecke: In der Reinschrift und den Korrekturfahnen 115.34
»Nord-Westecke« (vgl. Erl. zu 18,15).

Gewirr von Mäusegängen: Während bestimmte Vögel nur pi- 116.6
ckend in den Boden eindrangen, überschreiten die Mäuse diese
Grenze nun. Der Prozess der Einschränkung auf den Erdboden,
der in Wienkes Blick gipfelte, setzt sich fort in einer Unter-
schreitung des Bodens.

Sturmflut: Durch anhaltend aus einer einzigen Himmelsrich- 117.1
tung wehenden Wind hervorgerufene Flut.

eine lichte Frühlingssonne [...] ihn getäuscht haben: Die ent- 119.22–35
scheidende Täuschungs-Szene des Geschehens, in der Storm
Haiens »Schuld« begründet sah. Sie ist durch die vorhergehende
motivische Bewegung der *Zweideutigkeit des Lebigen, die sich
in der Zwielichtigkeit des Lichtspiels manifestiert*, angebahnt.
Der Himmel, die Sphäre der Freiheit, ist hier zum Medium der
Täuschung geworden: Sein Licht blendet Haien. Hinzu kommt
seine Bereitschaft, sich »illusionieren« zu lassen, die durch
Wienkes Erschrecken vor dem »Abgrund« motiviert ist (vgl.
114,33–35).

Gewissensbiß: Auch die moralische Sphäre wird dem Fresszu- 120.27
sammenhang unterstellt (vgl. Erl. zu 17,14–15).

hohe Kimmung: »Kimmung: Horizont; hohe Kimmung: Luft- 121.30
spiegelung bei Erwärmung der unteren Luftschichten, die – nor-
malerweise nicht sichtbare – Landschaften und Landschaftsteile
(Halligen, Warften, Bäume) über dem Horizont sichtbar macht«
(K. E. Laage 1988, S. 1119).

flimmernden Silberstreifen [...] die Kammer schimmerte: Die 121.31–33
vexierende Optik als Logik des Trugbilds (vgl. Erl. zu 24,35;
119,22–35).

hippokratische Gesicht: Hippokrates (460–377 v. Chr.), 122.3
griech. Arzt, beschrieb die Anzeichen des nahenden Todes, darunter die Veränderung des Gesichtsausdrucks.

Lätare: Dritter Sonntag vor Ostern, so genannt nach dem aus 122.35
Jesaia 66,10 entlehnten Introitus der Messe: »Laetare, Jerusalem« (Freue dich, Jerusalem).

goldene Hahn durch einen Wirbelwind herabgeworfen: Der 123.1
motivischen Logik des von allen Vögeln geleerten Himmels ent-
sprechendes Bild (vgl. z. B. 112,7–11).

123.26–27 **Blut ist wie Regen vom Himmel gefallen**: Als böses Vorzeichen angesehene Naturerscheinung; »Blut« konnte z. B. dadurch entstehen, dass Regen durch in große Höhe gewirbelte Wolken roten Wüstenstaubs fiel und gefärbt wurde.

126.15–16 **Hauke hüllte sich [. . .] um den Hals**: Ein-/Verhüllen und Einwickeln sind im Text durchgängig mit Unheil und Tod konnotiert (vgl. Erl. zu 61,9–12).

126.21–22 **die alte Esche [. . .] sie auseinanderstürzen solle**: Die Katastrophe kündigt sich an durch die drohende Zerstörung des stabilsten Elements im Ausgleich der zwischen Himmel und Erde bestehenden vertikalen Spannung (vgl. Erl. zu 28,24–33; 59,28).

128.3–8 **Schar von weißen Möwen [. . .] ›Armer Claus!‹**: Bodennähe der Möwen – um den Hals gewickeltes Band: Die motivischen Signale für die Reduktion des Raums, die im Einhüllen und -wickeln hier die Enge der Strangulation erreicht (vgl. 112,7–11; 61,9–12; 126,15–16), bleiben auch im Schlussabschnitt erhalten.

129.3–4 **Schrei alles furchtbaren Raubgetiers der Wildnis**: Gleichsetzung von Meer und »Raubgetier«. Der Raum wird beherrscht von der feindlichen Macht der Natur, die alles zu »fressen« droht (vgl. Erl. zu 17,14–15).

133.10 **Lichtschein**: Auch das letzte Signal des Trosts und des Versprechens von »Lebigem«, das Haien empfängt, besteht in einer Lichterscheinung (vgl. Erl. zu 24,35).

134.19–20 **›Herr Gott, nimm mich; verschon die Andern!‹**: Die letzten Worte Haiens sind Echo und Antwort auf die letzten Worte der Trien' Jans (vgl. 122,16).

134.30–32 **die einsame Leuchte [. . .] die schäumenden Wellen**: Die Erzählung endet mit einer Variation des Motivs der trügerisch-tröstlichen Lichterscheinung, in der auf das ambivalente Wesen alles »Lebigen« angespielt wird (vgl. Erl. zu 24,35). Das »Strahlenmeer« aus den Augen Elkes ist erloschen (vgl. 96,5).

136.12–13 **Aufklärern**: Vertreter einer Geisteshaltung, die sich auf Vernunft und kritisches Denken stützt. Die Aufklärung wurde von Kant als »Ausgang des Menschen aus seiner selbstverschuldeten Unmündigkeit« definiert. Inbegriff der Unmündigkeit ist der Aberglaube, gegen den Storms Erzähler sich verwahrt.

136.15–16 **Sie können [. . .] doch nicht mißtrauen**: Der Deichgraf schlägt sich auf die Seite des Augenscheins. Der zentrale Konflikt der Erzählung und der Auslöser der Katastrophe – Haiens »Verblendung« angesichts des Schadens im Deich – werden damit noch einmal thematisiert.

Suhrkamp BasisBibliothek
Text und Kommentar in einem Band

»Die Suhrkamp BasisBibliothek hat sich längst einen Namen gemacht. Als ›Arbeitstexte für Schule und Studium‹ präsentiert der Suhrkamp Verlag diese Zusammenarbeit mit dem Schulbuchverlag Cornelsen. Doch nicht nur prüfungsgepeinigte Proseminaristen treibt es in die Arme der vielschichtig angelegten Didaktik, mit der diese unprätentiösen Bändchen aufwarten. Auch Lehrer und Liebhaber vertrauen sich gerne den jeweiligen Kommentatoren an, zumal die Bände mit erschöpfenden Hintergrundinformationen, Zeittafeln, Entstehungsgeschichten, Rezeptionsgeschichten, Erklärungsmodellen, Interpretationsskizzen, Wort- und Sacherläuterungen und Literaturhinweisen gespickt sind.«
Frankfurter Allgemeine Zeitung

Ingeborg Bachmann. Malina. Kommentar: Monika Albrecht und Dirk Göttsche. SBB 56. 389 Seiten

Jurek Becker. Jakob der Lügner. Kommentar: Thomas Kraft. SBB 15. 351 Seiten

Thomas Bernhard
- Amras. Kommentar: Bernhard Judex. SBB 70. 144 Seiten
- Erzählungen. Kommentar: Hans Höller. SBB 23. 171 Seiten

Peter Bichsel. Geschichten. Kommentar: Rolf Jucker. SBB 64. 194 Seiten.

Bertolt Brecht
- Der Aufstieg des Arturo Ui. Kommentar: Annabelle Köhler. SBB 55. 182 Seiten
- Die Dreigroschenoper. Kommentar: Joachim Lucchesi. SBB 48. 170 Seiten

NF 279b/1/6.07

- Der gute Mensch von Sezuan. Kommentar: Wolfgang Jeske. SBB 25. 214 Seiten
- Der kaukasische Kreidekreis. Kommentar: Ana Kugli. SBB 42. 189 Seiten
- Leben des Galilei. Kommentar: Dieter Wöhrle. SBB 1. 191 Seiten
- Mutter Courage und ihre Kinder. Kommentar: Wolfgang Jeske. SBB 11. 185 Seiten

Georg Büchner
- Danton's Tod. Kommentar: Joachim Hagner. SBB 89. 200 Seiten
- Lenz. Kommentar: Burghard Dedner. SBB 4. 155 Seiten

Adelbert von Chamisso. Peter Schlemihls wundersame Geschichte. Kommentar: Thomas Betz und Lutz Hagestedt. SBB 37. 178 Seiten

Paul Celan. »Todesfuge« und andere Gedichte. Kommentar: Barbara Wiedemann. SBB 59. 186 Seiten

Annette von Droste-Hülshoff. Die Judenbuche. Kommentar: Christian Begemann. SBB 14. 136 Seiten

Joseph von Eichendorff. Aus dem Leben eines Taugenichts. Kommentar: Peter Höfle. SBB 82. 180 Seiten

Max Frisch
- Andorra. Kommentar: Peter Michalzik. SBB 8. 166 Seiten
- Biedermann und die Brandstifter. Kommentar: Heribert Kuhn. SBB 24. 142 Seiten
- Homo faber. Kommentar: Walter Schmitz. SBB 3. 301 Seiten

Theodor Fontane
- Effi Briest. Kommentar: Dieter Wöhrle. SBB 47. 414 Seiten
- Irrungen, Wirrungen. Kommentar: Helmut Nobis. SBB 81. 258 Seiten

Johann Wolfgang Goethe
- Götz von Berlichingen. Kommentar: Wilhelm Große.
  SBB 27. 243 Seiten
- Die Leiden des jungen Werthers. Kommentar: Wilhelm
  Große. SBB 5. 222 Seiten
- Wilhelm Meisters Lehrjahre. Kommentar: Joachim Hagner.
  SBB 85. 700 Seiten

Jeremias Gotthelf. Die schwarze Spinne. Kommentar:
Michael Masanetz. SBB 79. 172 Seiten

Grimms Märchen. Kommentar: Heinz Rölleke.
SBB 6. 136 Seiten

Norbert Gstrein. Einer. Kommentar: Heribert Kuhn.
SBB 61. 157 Seiten

Peter Handke. Wunschloses Unglück. Kommentar: Hans
Höller. SBB 38. 131 Seiten

Friedrich Hebbel. Maria Magdalena. Kommentar: Florian
Radvan. SBB 74. 150 Seiten

Christoph Hein. Der fremde Freund. Drachenblut.
Kommentar: Michael Masanetz. SBB 69. 236 Seiten

Hermann Hesse
- Demian. Kommentar: Heribert Kuhn. SBB 16. 233 Seiten
- Narziß und Goldmund. Kommentar: Heribert Kuhn.
  SBB 40. 407 Seiten
- Siddhartha. Kommentar: Heribert Kuhn. SBB 2. 192 Seiten
- Der Steppenwolf. Kommentar: Heribert Kuhn. SBB 12. 306 Seiten
- Unterm Rad. Kommentar: Heribert Kuhn. SBB 34.
  275 Seiten

NF 279b/3/6.07

E. T. A. Hoffmann
- Das Fräulein von Scuderi. Kommentar: Barbara von Korff-Schmising. SBB 22. 149 Seiten
- Der goldene Topf. Kommentar: Peter Braun. SBB 31. 157 Seiten
- Der Sandmann. Kommentar: Peter Braun. SBB 45. 100 Seiten

Ödön von Horváth
- Geschichten aus dem Wiener Wald. Kommentar: Dieter Wöhrle. SBB 26. 168 Seiten
- Glaube Liebe Hoffnung. Kommentar: Dieter Wöhrle. SBB 84. 152 Seiten
- Italienische Nacht. Kommentar: Dieter Wöhrle. SBB 43. 162 Seiten
- Jugend ohne Gott. Kommentar: Elisabeth Tworek. SBB 7. 195 Seiten
- Kasimir und Karoline. Kommentar: Dieter Wöhrle. SBB 28. 147 Seiten

Franz Kafka
- Der Prozeß. Kommentar: Heribert Kuhn. SBB 18. 352 Seiten
- Das Urteil und andere Erzählungen. Kommentar: Peter Höfle. SBB 36. 188 Seiten
- Die Verwandlung. Kommentar: Heribert Kuhn. SBB 13. 134 Seiten
- In der Strafkolonie. Kommentar: Peter Höfle. SBB 78. 133 Seiten

Marie Luise Kaschnitz. Das dicke Kind und andere Erzählungen. Kommentar: Uwe Schweikert und Asta-Maria Bachmann. SBB 19. 249 Seiten

Gottfried Keller. Kleider machen Leute. Kommentar: Peter Villwock. SBB 68. 192 Seiten

Heinrich von Kleist
- Penthesilea. Kommentar: Axel Schmitt. SBB 72. 180 Seiten.

NF 279b/4/6.07

- Der zerbrochne Krug. Kommentar: Axel Schmitt.
  SBB 66. 186 Seiten

Heinar Kipphardt. In der Sache J. Robert Oppenheimer.
Kommentar: Ana Kugli. SBB 58. 220 Seiten

Wolfgang Koeppen. Das Treibhaus. Kommentar: Arne Grafe.
SBB 76. 290 Seiten

Gert Ledig. Vergeltung. Kommentar: Florian Radvan.
SBB 51. 233 Seiten

Gotthold Ephraim Lessing
- Emilia Galotti. Kommentar: Axel Schmitt. SBB 44. 171 Seiten
- Minna von Barnhelm. Kommentar: Maria Luisa Wand-
  ruszka. SBB 73. 172 Seiten
- Miß Sara Sampson. Kommentar: Axel Schmitt.
  SBB 52. 170 Seiten
- Nathan der Weise. Kommentar: Wilhelm Große.
  SBB 41. 238 Seiten

Eduard Mörike. Mozart auf der Reise nach Prag. Kommentar: Peter Höfle. SBB 54. 148 Seiten

Novalis. Heinrich von Ofterdingen. Kommentar: Andrea
Neuhaus. SBB 80. 254 Seiten
Ulrich Plenzdorf. Die neuen Leiden des jungen W.
Kommentar: Jürgen Krätzer. SBB 39. 157 Seiten

Rainer Maria Rilke. Die Aufzeichnungen des Malte Laurids
Brigge. Kommentar: Hansgeorg Schmidt-Bergmann.
SBB 17. 299 Seiten

Patrick Roth. Riverside. Kommentar: Grete Lübbe-Grothes.
SBB 62. 148 Seiten

NF 279b/5/6.07

Friedrich Schiller
- Kabale und Liebe. Kommentar: Wilhelm Große. SBB 10. 175 Seiten
- Maria Stuart. Kommentar: Wilhelm Große. SBB 53. 220 Seiten
- Die Räuber. Kommentar: Wilhelm Große. SBB 67. 272 Seiten
- Wilhelm Tell. Kommentar: Wilhelm Große. SBB 30. 196 Seiten

Arno Schmidt. Schwarze Spiegel. Kommentar: Oliver Jahn.
SBB 71. 150 Seiten

Arthur Schnitzler. Lieutenant Gustl. Kommentar: Ursula
Renner-Henke. SBB 33. 162 Seiten

Theodor Storm. Der Schimmelreiter. Kommentar: Heribert
Kuhn. SBB 9. 199 Seiten

Hans-Ulrich Treichel. Der Verlorene. Kommentar: Jürgen
Krätzer. SBB 60. 176 Seiten

Martin Walser. Ein fliehendes Pferd. Kommentar: Helmuth
Kiesel. SBB 35. 164 Seiten

Peter Weiss
- Abschied von den Eltern. Kommentar: Axel Schmolke.
  SBB 77. 192 Seiten
- Die Ermittlung. Kommentar: Marita Meyer. SBB 65. 304 Seiten.
- Die Verfolgung und Ermordung Jean Paul Marats.
  Kommentar: Arnd Beise. SBB 49. 180 Seiten

Frank Wedekind. Frühlings Erwachen. Kommentar: Hansgeorg
Schmidt-Bergmann. SBB 21. 148 Seiten

Christa Wolf
- Der geteilte Himmel. Kommentar: Sonja Hilzinger.
  SBB 87. 320 Seiten
- Kein Ort. Nirgends. Kommentar: Sonja Hilzinger. SBB 75. 158 Seiten